W0171422

ROM
Ein literarischer Reiseführer

ROM

Ein literarischer Reiseführer

Herausgegeben von
Franz Peter Waiblinger

Mit Fotos von
Gertrud Leutenegger

Wissenschaftliche Buchgesellschaft

Für Inge

Einbandgestaltung: Neil McBeath, Stuttgart.
Umschlagabbildung: Engel vom Ponte S. Angelo. Foto: Ulrich Schmitzer.

Die Deutsche Bibliothek verzeichnet diese Publikation
in der Deutschen Nationalbibliografie;
detaillierte bibliografische Daten sind im Internet über
http://dnb.ddb.de abrufbar.

2., unveränderte Auflage 2005
© 2000 by Wissenschaftliche Buchgesellschaft, Darmstadt
Veränderte Neuausgabe 2000
Gedruckt auf säurefreiem und alterungsbeständigem Papier
Printed in Germany

Besuchen Sie uns im Internet: www.wbg-darmstadt.de

ISBN 3-534-14994-7

INHALTSVERZEICHNIS

IX

ANKUNFT IN ROM

Erfüllung eines Traums

Ja, ich bin endlich in dieser Hauptstadt der Welt angelangt! Wenn ich sie in guter Begleitung, angeführt von einem recht verständigen Manne, vor funfzehn Jahren gesehen hätte, wollte ich mich glücklich preisen. Sollte ich sie aber allein, mit eignen Augen sehen und besuchen, so ist es gut, daß mir diese Freude so spät zuteil ward.

Über das Tiroler Gebirg bin ich gleichsam weggeflogen. Verona, Vicenz, Padua, Venedig habe ich gut, Ferrara, Cento, Bologna flüchtig und Florenz kaum gesehen. Die Begierde, nach Rom zu kommen, war so groß, wuchs so sehr mit jedem Augenblicke, daß kein Bleiben mehr war, und ich mich nur drei Stunden in Florenz aufhielt. Nun bin ich hier und ruhig und, wie es scheint, auf mein ganzes Leben beruhigt. Denn es geht, man darf wohl sagen, ein neues Leben an, wenn man das Ganze mit Augen sieht, das man teilweise in- und auswendig kennt. Alle Träume meiner Jugend seh' ich nun lebendig; die ersten Kupferbilder, deren ich mich erinnere (mein Vater hatte die Prospekte von Rom auf einem Vorsaale aufgehängt), seh' ich nun in Wahrheit, und alles, was ich in Gemälden und Zeichnungen, Kupfern und Holzschnitten, in Gips und Kork schon lange gekannt, steht nun beisammen vor mir; wohin ich gehe, finde ich eine Bekanntschaft in einer neuen Welt; es ist alles, wie ich mir's dachte und alles neu. Ebenso kann ich von meinen Beobachtungen, von meinen Ideen sagen. Ich habe keinen ganz neuen Gedanken gehabt, nichts ganz fremd gefunden, aber die alten sind so bestimmt, so lebendig, so zusammenhängend geworden, daß sie für neu gelten können.

Johann Wolfgang Goethe (1749–1832)

O wie fühl' ich in Rom mich so froh

O wie fühl' ich in Rom mich so froh! gedenk' ich der Zeiten,
    Da mich ein graulicher Tag hinten im Norden umfing,
Trübe der Himmel und schwer auf meine Scheitel sich senkte,
    Farb- und gestaltlos die Welt um den Ermatteten lag,
Und ich über mein Ich, des unbefriedigten Geistes
    Düstre Wege zu spähn, still in Betrachtung versank.
Nun umleuchtet der Glanz des helleren Äthers die Stirne;
    Phöbus rufet, der Gott, Formen und Farben hervor.
Sternhell glänzet die Nacht, sie klingt von weichen Gesängen,
    Und mir leuchtet der Mond heller als nordischer Tag.
Welche Seligkeit ward mir Sterblichem! Träum' ich? Empfänget
    Dein ambrosisches Haus, Jupiter Vater, den Gast?
Ach! hier lieg' ich und strecke nach deinen Knieen die Hände
    Flehend aus. O vernimm, Jupiter Xenius, mich!
Wie ich hereingekommen, ich kann's nicht sagen: es faßte
    Hebe den Wandrer und zog mich in die Hallen heran.
Hast du ihr einen Heroen herauf zu führen geboten?
    Irrte die Schöne? Vergib! Laß mir des Irrtums Gewinn!
Deine Tochter Fortuna, sie auch! die herrlichsten Gaben
    Teilt als ein Mädchen sie aus, wie es die Laune gebeut.
Bist du der wirtliche Gott? O dann so verstoße den Gastfreund
    Nicht von deinem Olymp wieder zur Erde hinab!
„Dichter! wohin versteigest du dich?" – Vergib mir: der hohe
    Kapitolinische Berg ist dir ein zweiter Olymp.
Dulde mich, Jupiter, hier, und Hermes führe mich später,
    Cestius' Mal vorbei, leise zum Orkus hinab.

Johann Wolfgang Goethe (1749–1832)

Einzug des Kaisers (356 n. Chr.)

Als Constantius dann Rom betreten hatte, die Heimstätte des Rei-
ches und aller Tugenden, und zur Rednerbühne gelangt war, zum
Forum, das die ehemalige Macht noch deutlich erkennen ließ, da

kam er aus dem Staunen nicht mehr heraus; und auf allen Seiten, wohin er auch die Augen schweifen ließ, blendete ihn die große Menge der Wunder. Nachdem er in der Kurie zum Adel und von der Rednerbühne zum Volk gesprochen hatte, wurde er unter vielfachen Beifallskundgebungen im Palatium empfangen und genoß die Freude, nach der er sich gesehnt hatte. (…) Dann betrachtete er zwischen den Gipfeln der sieben Hügel die Teile der Stadt, die an den Abhängen und in der Ebene und vor ihren Toren liegen, und glaubte, daß das, was er gerade sah, alles andere übertreffe: der Tempel des Jupiter Tarpeius, so majestätisch, wie eben Göttliches das Irdische überragt; die Bäder, so groß wie ganze Provinzen angelegt; der Riesenbau des Amphitheaters, festgefügt aus tiburtinischem Stein, zu dessen Gipfel sich die menschliche Sehkraft kaum erheben kann; das Pantheon, das sich wie ein rundes Stadtviertel in imponierender Höhe wölbt; die hochragenden mit Wendeltreppen besteigbaren Säulen, die die Standbilder früherer Kaiser tragen; der Tempel der Stadt; das Forum des Friedens; das Theater des Pompeius; das Odeum, das Stadium und andere Glanzstücke der Ewigen Stadt. Doch als er zum Trajansforum kam, das sich mit keinem Bauwerk unter dem Himmel vergleichen läßt und das, wie wir glauben, selbst nach Meinung der Götter Bewunderung verdient, da blieb er wie vom Donner gerührt stehen und ließ seine Gedanken um die riesigen Konstruktionen schweifen, die man nicht schildern kann und die nie wieder von Sterblichen erreicht werden können. So gab denn Constantius alle Hoffnung auf, je etwas Derartiges unternehmen zu können, nur das Pferd Trajans, das mitten im Atrium steht und den Kaiser selbst trägt, wolle und könne er, wie er sagte, nachbilden. Der Königssohn Hormisdas, der neben ihm stand (…), antwortete mit dem ihm angeborenen Witz: „Vorher, mein Kaiser, solltest du dir einen solchen Stall bauen lassen, wenn du dazu imstande bist; dann kann das Pferd, das du dir anfertigen lassen willst, so weit ausgreifen wie dieses da, das wir hier sehen!" Auf die Frage, was er denn von Rom halte, sagte derselbe Prinz, ihm habe nur gefallen, daß seiner Erfahrung nach auch hier die Menschen sterben müssen.

Ammianus Marcellinus (geb. um 330)

Erster Eindruck

An Giovanni Colonna, aus der Stadt Rom

Was soll wohl jemand von der Stadt Rom erwarten, der schon so viel über ihre Hügel vernommen hat? Du glaubtest, ich würde etwas Großes schreiben, sobald ich nach Rom gekommen wäre. Vielleicht hat sich mir für die Zukunft ein gewaltiger Stoff zum Schreiben geboten, im Augenblick gibt es nichts, was ich anzufangen wagte, überwältigt von solchen Wundern und von der Masse dessen, worüber ich staune. Nur dies Eine möchte ich nicht ungesagt sein lassen: das Gegenteil von dem, was du vermutet hast, ist eingetreten. Du hast mir nämlich, wie ich mich erinnere, ständig von der Reise hierher abgeraten, hauptsächlich mit dem Vorwand, durch den Anblick der in Trümmern liegenden Stadt, der ihrem Ruhm und meiner aus Büchern gewonnenen Vorstellung nicht entspricht, könnte meine glühende Begeisterung nachlassen. Und auch ich habe es, obwohl ich vor Sehnsucht loderte, nicht ungern aufgeschoben, in der Furcht, meine Augen und die berühmten Namen stets feindliche Gegenwart könnten mir verkleinern, was ich mir selbst im Geist vorgestellt hatte. Aber sie hat wunderbarerweise nichts vermindert, sondern alles vergrößert. Rom war wirklich größer, als ich glaubte, und größer sind seine Trümmer! Schon wundert mich nicht mehr, daß der Erdkreis von dieser Stadt unterworfen wurde, vielmehr daß er so spät erst unterworfen wurde.

Leb wohl.

Rom, an den Iden des März (15. 3. 1337), auf dem Kapitol

Francesco Petrarca (1304–1374)

5

Beim Betreten Roms

Was, o Rom, ist geblieben, außer dem Ruhm der Ruinen,
  von den Konsuln all, von den Cäsaren zugleich?
Alles verschlingt die gefräßige Zeit, nichts dauert auf Erden.
  Tugend und Schriften allein, sie nur haben Bestand.

Conrad Celtes (1459–1508)

Pilgerfahrt 1575

Und von dannen passierten die Pilgram durch Ronciglione, Monterosa, Baccano, Isoletta, schlechte unachtsame Flecken, da wir nichts fanden, das uns dienet, außer genugsame Gelegenheit patientiam und Geduld zu üben, wurden doch ihres Leids bald ergötzt, dann nit überlang, nämlich den folgenden Tag, erblickten sie das erwünschte Ort, die h. Stadt Rom, von fernen, hoben an, das Te Deum laudamus miteinander zu singen und kamen also dahin mit Glück und Freuden, eilten bald S. Peters Hauptkirchen und der gulden Pforten daselbsten zu, sagten Gott Dank umb alle seine Gnaden, so er uns bis dahin verliehen, und taten uns seiner väterlichen Barmherzigkeit noch weiters befehlen.

Jakob Rabus (um 1545–1585)

Beschwerliche Bildungsreise 1740

Ich danke dem Himmel, daß er mich gnädig bis in die Heilige Stadt geleitet hat, wenn auch nicht ohne Beschwerden und Gefahren, aber doch ohne daß mir ein ernstliches Unglück zugestoßen wäre. Auf der Via Flaminia bewog mich die Vorsicht, von meinem Sitz abzusteigen und neben den Pferden zu gehen. Denn nicht ohne Grund mußte ich befürchten, daß mein ebenso nachlässiger wie geiziger Kutscher einen Sturz nach dem andern verursachen werde, weil seine Pferde nicht ausreichend mit Eisen beschlagen waren. Und ich hatte nicht unrecht. Immer und immer wieder rutschten die armen

Klepper aus, und es war ein großes Glück, daß sie nicht auf der Strecke blieben. Dieser Mann, von Beruf Friseur, war von mir und den Gefährten für die ganze Reise von Venedig bis Neapel und wieder zurück nach Venedig verpflichtet worden. Wir waren übereingekommen, wieviele Tage wir an den bedeutenderen Orten bleiben wollten. Für jeden Tag sollte er für Reise und Verpflegung eine Zechine von mir erhalten. Das war schlecht vereinbart. Ich möchte jedem, der die nämliche Reise machen will, davon abraten, es ebenso zu halten. Lieber soll man sich den Extraposten anvertrauen oder sich an einen Vermieter wenden, in diesem Fall allerdings für keine größere Entfernung als von einem Ort zum andern. So behält man volle Handlungsfreiheit, den Kutscher entweder aufs neue zu verpflichten, oder aber, wenn es besser zu sein scheint, einen anderen Führer zu mieten. Und es ist vollends eine Torheit, mit Speise und Trank vom Kutscher abzuhängen. Ich fühle mich verpflichtet, wenigstens alle meine Freunde zu warnen, diesem wohlgemeinten Rat nicht zu folgen. Sie könnten gar zu leicht in die verschiedensten Ungelegenheiten und Betrügereien verwickelt werden, worin die Italiener eine Erfahrung ohnegleichen besitzen. Unser Führer, der wegen seines Berufes den Namen „Parrucca" trug, begann mir schon in Rovigo zu mißfallen, als er mit ziemlicher Unverfrorenheit einen Vorschuß von zwölf Zechinen von mir verlangte; und dann auf der Straße von Loreto, als er den Rockelor meines Dieners verlor, was er dazu mit unaussprechlicher Frechheit leugnete. Immerhin wird er ihn mir am Ende ersetzen müssen. Hier in Rom schließlich gab es neue Differenzen. Nach unserem Abkommen hatte er sich verpflichtet, uns auf seine Kosten einen Galawagen zu stellen. Auch dies leugnete er jetzt in unverschämter Weise ab. Schließlich doch dazu gebracht, mietete er einen so armseligen Wagen, daß es besser gewesen wäre, zu Fuß zu gehen; die Vogelfedern, mit denen die Sitze gepolstert waren, flogen um uns herum und schließlich zum Fenster hinaus, so daß wir oft zum Gegenstand des Gelächters wurden. Aus diesen mißlichen Umständen zog ich die Lehre, daß man selten, vielleicht niemals, ungetrübten Genuß erfährt. So muß man sich mit stoischem Gleichmut wappnen.

Johann Caspar Goethe (1710–1782)

Lösung der Rätselfragen an Kunst und Leben

Die bis zum Meere reichende Campagna breitete sich vor den sehnsüchtigen Blicken aus. Links traten in langer Reihe die schön geformten Sabinerberge hervor, und in der Mitte der weiten Hügelebene entdeckte das Auge die Kuppel von St. Peter, den Bau, welcher im Herzen des deutschen Vaterlandes vor dreihundert Jahren den Anlaß zur großen Kirchentrennung gab. Wie manches deutsche Künstlerherz hat hier beim ersten Erblicken dieses kleinen Punktes, welcher die Lage Roms bezeichnet, höher geschlagen, dem Ziel seiner langgehegten Wünsche.

Ecco Roma! Ecco San Pietro! rief der Vetturin uns zu, und nun ging es bald in rascherem Trabe durch die einsame Gegend weiter. Hier und da erhob sich ein Turm oder ein antikes Gemäuer, an welchen Hirten mit ihren Schaf- und Ziegenherden sich gelagert hatten, fast die einzige Staffage auf diesem weltgeschichtlichen Boden. (…)

Als der Vetturin am deutschen Gasthof anhielt, war die Nacht bereits angebrochen, denn die Untersuchung auf der Dogana hatte viel Zeit gekostet, und so war nach dem Abendessen keine Zeit mehr auszugehen.

Welch glückseliges Erwachen brachte nun der Morgen! Ich mußte mich einige Augenblicke besinnen, ob ich wirklich wach sei oder vielleicht nur träume, ich wäre in Rom.

Aber es war kein Traum, und so sprang ich mit einem Satze aus dem Bette und lief zum Fenster, um mir den augenscheinlichsten Beweis dieser Tatsache zu verschaffen. Es war noch ziemlich früh. Die Via Condotti lag noch still und menschenleer im kühlen Morgenschatten; aber am Ausgang derselben leuchtete bereits im goldenen Glanz der Sonne der Pincio mit der Kirche Trinità de' Monti über der spanischen Treppe. Ich kleidete mich rasch an, und das Herz pochte gewaltig in ahnungsvoller Erwartung der Dinge, die da kommen sollten.

Was werde ich hier sehen und erleben? Werden die Rätselfragen an Kunst und Leben für mich eine Lösung finden? – Mein Leben – so hoffte ich – sollte hier Gepräge und Richtung bekommen, und wie wird diese ausfallen? – Und endlich: Wen werde ich von Kunstgenossen, von bekannten und noch unbekannten antreffen? Tausend Empfindungen und Fragen bewegten das Gemüt, und vor allem war ich in gespannter Erwartung, was zunächst Kunst und Natur mich würden schauen lassen, und gleich dem andächtigen Pilgersmann betrat ich den Boden der heiligen Stadt mit dem glückseligen Gefühle, am Ziele jahrelang gehegter Wünsche angelangt zu sein.

Ludwig Richter (1803–1884)

Romantisches Rom

Unterwegs erfuhr ich, daß ich nur noch ein paar Meilen von Rom wäre. Da erschrak ich ordentlich vor Freude. Denn von dem prächtigen Rom hatte ich schon zu Hause als Kind viele wunderbare Geschichten gehört, und wenn ich dann an Sonntagsnachmittagen vor der Mühle im Grase lag und alles ringsum so still war, da dachte ich mir Rom wie die ziehenden Wolken über mir, mit wundersamen Bergen und Abgründen am blauen Meer und goldnen Toren und hohen glänzenden Türmen, von denen Engel in goldnen Gewändern sangen. –

Die Nacht war schon wieder lange hereingebrochen, und der Mond schien prächtig, als ich endlich auf einem Hügel aus dem Walde heraustrat und auf einmal die Stadt in der Ferne vor mir sah. – Das Meer leuchtete von weitem, der Himmel blitzte und funkelte unübersehbar mit unzähligen Sternen, darunter lag die heilige Stadt, von der man nur einen langen Nebelstreif erkennen konnte, wie ein eingeschlafener Löwe auf der stillen Erde, und Berge standen daneben, wie dunkle Riesen, die ihn bewachten.

Ich kam nun zuerst auf eine große, einsame Heide, auf der es so grau und still war wie im Grabe. Nur hin und her stand ein altes, verfallenes Gemäuer oder ein trockener, wunderbar gewundener Strauch; manchmal schwirrten Nachtvögel durch die Luft, und mein eigener Schatten strich immerfort lang und dunkel in der Einsamkeit neben mir her. Sie sagen, daß hier eine uralte Stadt und die Frau Venus begraben liegt und die alten Heiden zuweilen noch aus ihren Gräbern heraufsteigen und bei stiller Nacht über die Heide gehen und die Wanderer verwirren. Aber ich ging immer gerade fort und ließ mich nichts anfechten. Denn die Stadt stieg immer deutlicher und prächtiger vor mir herauf, und die hohen Burgen und Tore und goldenen Kuppeln glänzten so herrlich im hellen Mondenschein, als ständen wirklich die Engel in goldnen Gewändern auf den Zinnen und sängen durch die stille Nacht herüber.

So zog ich denn endlich erst an kleinen Häusern vorbei, dann durch ein prächtiges Tor in die berühmte Stadt Rom hinein. Der Mond schien zwischen den Palästen, als wäre es heller Tag, aber die Straßen waren schon alle leer, nur hin und wieder lag ein lumpiger Kerl, wie ein Toter, in der lauen Nacht auf den Marmorschwellen und schlief. Dabei rauschten die Brunnen auf den stillen Plätzen, und die Gärten an der Straße säuselten dazwischen und erfüllten die Luft mit erquickenden Düften.

Wie ich nun eben so weiter fortschlendere und vor Vergnügen, Mondschein und Wohlgeruch gar nicht weiß, wohin ich mich wenden soll, läßt sich tief aus dem einen Garten eine Gitarre hören.

Joseph Freiherr von Eichendorff (1788–1857)

D-Zug Paris–Rom

Unter dem nächtlichen Himmel werden die oberen Scheiben der Stazione Termini wie undurchsichtige Spiegel sein, wenn du, deinen Koffer in der Hand, den Bahnsteig unter dem zarten Betongewölbe entlanggehst, zwischen den viereckigen Pfeilern aus poliertem schwarzem Marmor, inmitten der noch verschlafenen Menge, die hastig zum Ausgang eilt, und wenn du dem italienischen Beamten an der Sperre einen Teil des Fahrscheins gibst, den du heute morgen an der Gare de Lyon gekauft hast und der sich jetzt zusammengefaltet in deiner Brieftasche neben deiner Kennkarte, dem Ausweis für kinderreiche Familien und den anderen Papieren befindet; und in der Bahnhofshalle, in der die Buchhandlungen und die anderen Läden noch geschlossen sein werden, wirst du durch die riesigen Glasscheiben und das Spiegelbild einer zweiten phantastischen Halle hindurch nicht die dunklen Thermen des Diokletian auf der anderen Seite des Platzes, aber die Lichter der Straßenlaternen, die blauen Funken der Straßenbahnen und ein paar Autoscheinwerfer dicht über dem Boden sehen können.

Wenn du dann deinen Espresso in der Bar getrunken hast, die, wenn sie nicht schon geöffnet ist, doch ungefähr um diese Zeit geöffnet wird, wenn du dann, nachdem du im Albergo Diurno im Kellergeschoß ein Bad genommen, dich rasiert und umgekleidet hast, wieder heraufkommst und deinen Koffer an der Gepäckaufbewahrung abgibst, wird langsam und zögernd der Morgen zu dämmern beginnen; aber erst gegen sechs oder gar sieben Uhr wird die Sonne wirklich aufgehen und alle Häuserfassaden und Ruinen um den Platz in ihrem Grau und Ockergelb enthüllen, während du langsam, mit unbeschwerten Händen und freiem Geist, einen schaumigen caffè-latte trinken wirst, bequem vor dem Schauspiel sitzend, um dich mit Gelassenheit in diesen neuen Tag hineinzufinden und darin Fuß zu fassen, die Zeitungen lesend, die du gekauft hast, kurz nachdem sie der Zeitungsfahrer gebracht hat, indes das Licht stärker, reicher und allmählich wärmer wird; wenn du dann bei Tagesanbruch den Bahnhof verläßt, während die Stadt wie in tiefes Rot getaucht erscheint und das alte Blut aus all ihren Steinen schwitzt und allem Staub die gleiche Farbe gibt, über dir den Himmel, der – woran du nicht zweifelst – wolkenlos und schön ist, wirst du – da dir noch fast zwei Stunden bis zu dem Augenblick bleiben, an dem du die nichtsahnende Cécile, die wie an jedem Wochentag zur Botschaft eilt, vor ihrem Haus überraschen kannst – in aller Muße in die klare römische Luft eintauchen, die nach dem Pariser Herbst wie der wiedergefundene Frühling sein wird, ohne daß irgendetwas einen Zwang auf dich ausüben, ohne daß dich etwas abhalten könnte, all die Umwege, die dich reizen und verlocken, auszukosten, so lang, so verwinkelt und so phantasievoll sie auch sein mögen.

Doch in großen Zügen wird dich dein Weg zuerst zu der Piazza dell' Esedra führen (du fragst dich, ob ihr Brunnen im Stil von neunzehnhundert um diese Stunde bereits in Gang und ob seine lasziven, köstlichen und ein wenig lächerlichen Frauengestalten aus Bronze vom Wasser besprüht oder noch trocken sein werden), mit dem Unterschied jedoch, daß du als Fußgänger diesmal unter den Arkaden entlanggehen kannst; dann wird dich dein Weg durch die

Via Nazionale führen, wo die Geschäfte gerade geöffnet werden und zahlreiche Motorräder mit ihrem widerlichen Geknatter gerade anfahren, während du morgen, anstatt anzuhalten, einzutreten und deinen Koffer abzugeben, schnell auf der anderen Straßenseite an dem noch schlafenden Hotel Quirinal vorbeigehen wirst, wenn du nicht gar, was von übertriebener und ein wenig lächerlicher Vorsicht wäre, an dieser Stelle eine Parallelstraße benutzt, um dich vor seinem Portier zu verbergen, anstatt dich von ihm empfangen, dich in unterwürfiger Weise begrüßen und dir helfen zu lassen; du wirst zum Denkmal Victor Emanuels hinunter und am Tunnel vorbeigehen, wirst den schon vom Verkehr verstopften Corso rechts liegen lassen, am Palazzo Venezia entlanggehen und über die Kirche del Gesù hinaus deinen Weg bis zu Sant' Andrea della Valle fortsetzen; oder nein, denn es wird immer noch zu früh sein, trotz all der Bogen und Umwege und trotz der Unterbrechungen, mit denen du deinen Weg abwechslungsreich machen, ihn schmücken und verschönern wirst, die Strecke, die dir so endlos und oft so langweilig erscheint, wenn du sie im Taxi zurücklegst oder sie in umgekehrter Richtung nachts zu Fuß gehst, wenn du von Cécile kommst und ins Hotel zurückkehrst, die aber morgen nicht lang genug sein wird, trotz all deiner Langsamkeit und trotz deiner Müdigkeit infolge der im Zug verbrachten Nacht; nein, du wirst einen ausgedehnteren Spaziergang machen müssen, wirst diese für dich seltene Stunde besser ausnützen müssen und die ungewöhnliche Beleuchtung, die sie für dich bereit hält, dieses Vorspiel zu der Überraschung und Fröhlichkeit Céciles, das Präludium zu diesen drei Tagen, den Vorboten künftiger Zeiten, wirst nicht einfach so weitergehen, nein, nicht einmal bis zur Piazza del Gesù, sondern zum Beispiel um das Kapitol herum oder besser noch bis zur Piazza del Campidoglio hinauf und dann zum Tiber hinunter, wirst durch die große Straße hindurch, deren Name dir nicht einfällt, die auf den Ponte Garibaldi trifft und durch die ihr geht, wenn ihr in Trastevere essen wollt, auf den Largo Argentina stoßen und seinen mittelalterlichen Turm und den tiefen, von ausgehungerten Katzen übervölkerten Graben in der Mitte, mit seinen vier zerfallenen Tempeln aus der republikanischen Zeit, oder aber...

Michel Butor (geb. 1926)

12

Heruntergekommenes Arkadien

Halb 9 kam dann Rom.

Als ich aus dem Zug gestiegen war und an der langen Reihe Wagen entlangging zur Halle hin, verlängerte sich wieder der Eindruck einer schmutzigen Verwahrlosung beträchtlich, wieder überall Zerfall, eine latente Verwahrlosung des Lebens, die sich in der riesigen Menge der Einzelheiten zeigt – und vielleicht hatte ich immer noch Reste einer alten Vorstellung in mir, daß eine Weltstadt wie Rom funkelnd sein würde, bizarr, blendend und auch gefährlich für die Sinne – eben ein wirbelnder Tagtraum und voll rasanter Betriebsamkeit, statt dessen war da ein grauer Zug erschlaffter Reisender, die stumpfe Monotonie der Bahnhofshalle, zwischen den Ankommenden die italienischen Kulis mit großen eisernen Schubkarren – ich hatte vielleicht gedacht, ich würde bereits am Hauptbahnhof in ein verwirrendes Miniatur-Labyrinth kommen – schließlich ist Rom doch eine Weltstadt – ich fragte mich, ob inzwischen Italien eigene italienische Gastarbeiter einstelle – unterwürfig im Verhalten, wirklich Kulis: diese Atmosphäre habe ich weder in London gesehen, auch nicht in Amsterdam oder einem sonstigen großen Bahnhof – ratternde Eisengestelle, serviles Verhalten, bettelnde Angebote, die aus faden, verblaßten Gestalten kamen. Sie drangen vom Rand des Blickfeldes her ein und erhielten tatsächlich bei näherem Hinsehen keine eindeutige Kontur. – So etwas gibt es tatsächlich! – „Auch ich in Arkadien!" hat Göthe geschrieben, als er nach Italien fuhr. Inzwischen ist dieses Arkadien ganz schön runtergekommen und zu einer Art Vorhölle geworden. – Die Wechselbank hatte natürlich gerade vor Eintreffen des Zuges geschlossen. Eine fast unsichtbare Gestalt kam heran in einem langen Mantel, von dem ich nachher meinte, er sei verschossen und fleckig geworden, fragte immerzu „Travellerchecks? Travellerchecks? You? Money?" und zog ein Papierfetzen heraus und kritzelte darauf flink einige Zahlen, alles in der viel zu hohen großen Halle – warum bauen sie eigentlich diese hohlen, hohen sinnlosen Monstren?- mitten unter den hin und her treibenden Gestalten. Ich tauschte 1 DM gegen 173 Lire, was bei diesem illegalen Wechsler gar nicht übertrieben war, denn die Bank zahlt 179 Lire für 1 DM –

also wohl in Deutschland umtauschen, oder?- also tausche ich einen 20-Mark-Schein bei ihm und ging erstmal telefonieren, aber in der Villa meldete sich niemand. – Dann raus aus der Halle zum Taxistand, und da schlichen wieder diese undeutlichen Gestalten herum, kamen von der Seite und boten Fahrten an, einer wollte bereits das Gepäck nehmen – nix da! Tatsächlich hilft da nur ein direktes Wegtreten dieser Leute, sie wissen, was mit ihnen läuft und erwarten auch gar nichts anderes. – Ein ödes Taxi, das mir bereits ausgewrackt vorkam, aber sauberste Musik-Wiedergabe des Radios, innen ramponiert, verwetzt – und im Rundfunk wurde ein Stück von Duke Ellington angesagt, kurz angespielt und unterbrochen durch eine dieser elenden italienischen Todesmelodien im Barock-Verschnitt mit Cembalo und Bachtrompeten-Melancholie, während ich eine alte Mauer vorüberziehen sah, also paßte das auch irgendwie exakt, Richtung Largo di Villa Massimo, Fahrt 800 Lire, und der Taxifahrer war freundlich, war ein offizieller Fahrer- sind die anderen von der Mafia und machen enorme Umwege?- In Köln hätte ich auch nicht mehr bezahlt.

Rolf Dieter Brinkmann (1940–1975)

Von einem, der nie angekommen ist

Ich bin in meinem Leben viel gereist und wäre gern nach Rom gegangen, aber ich fühlte mich dem Eindruck dieser Stadt nicht gewachsen. Schon Pompeji war übergenug, die Eindrücke überschritten beinahe meine Aufnahmefähigkeit. Ich konnte Pompeji erst besuchen, als ich durch meine Studien von 1910 bis 1913 einigen Einblick in die Psychologie der Antike erlangt hatte. 1917 fuhr ich von Genua zu Schiff nach Neapel. Ich stand an der Reling, als wir auf der Breite von Rom der Küste entlang fuhren. Dort hinten lag Rom! Dort lag der noch rauchende und glühende Brandherd alter Kulturen, eingeschlossen in den Wurzelgeflechten des christlichen und abendländischen Mittelalters. Dort war noch lebende Antike in ihrer ganzen Herrlichkeit und Ruchlosigkeit.

Ich wundere mich immer über Menschen, die nach Rom reisen wie z. B. nach Paris oder nach London. Gewiß kann man das eine wie das andere ästhetisch genießen, aber wenn man von dem Geist, der hier gewaltet hat, auf Schritt und Tritt im Innersten betroffen ist, wenn ein Mauerrest hier und eine Säule dort mich mit einem soeben wiedererkannten Gesicht anblicken, dann ist das eine andere Sache. Schon in Pompeji wurden unabsehbare Dinge bewußt und Fragen gestellt, denen mein Können nicht gewachsen war.

Als ich 1949, bereits in meinem hohen Alter, das Versäumte nachholen wollte, erlitt ich eine Ohnmacht beim Einkauf der Fahrkarten. Danach wurde der Plan einer Romfahrt ein für allemal ad acta gelegt.

Carl Gustav Jung (1875–1961)

· S · P · Q · R ·
VRBIS ROMAE SIMVLACRVM
PVBLICA PECVNIA REDEMPTVM
IN CAPITOLIVM TRANSTVLIT
ATQ LOCO ILLVSTRIORE COLLOCAVIT
CLEMENTE VIII · P · M ·
GABRIELE CÆSARINO I · V · D ·

HAUPTSTADT DER WELT

Hymnus auf Rom

Gruß dir, Roma, Tochter des Ares, Herrin!
Kühnes sinnend hinter geschmückter Stirne,
wohnst du uneinnehmbar über der Erde
auf dem Olympos.

Deiner Herrschaft, Königin, hat Fortuna
einzig unverbrüchlichen Ruhm verliehen,
hat dir Macht und Würde gegeben als erste
unter den Städten.

Deine Hand hält Meer und Erde zusammen,
kraftvoll lenkst du ihres Gespannes Zügel,
vor dem Fall bewahrt deine feste Führung
Städte und Völker.

Alles zwingt die mächtige Zeit zu Boden,
immer neu erschafft sie Formen des Lebens,
dir allein bläht unverändert die Segel
günstiger Fahrwind.

Sind doch deine Söhne unter den Helden
weit und breit die stärksten Männer im Kampfe,
ihre Taten sind der Reichtum des Landes,
Frucht deiner Erde!

Melinno (2. Jh. v. Chr.)

Gottgewollte Weltherrschaft

Andere formen geschmeidiger einst die atmenden Bilder
aus dem Erz, gestalten aus Marmor lebendige Züge,
besser reden sie wohl vor Gericht, beschreiben des Himmels
Bahnen mit Zirkel und Stab, verkünden steigende Sterne –
Du aber, Römer, gedenk als Herr zu lenken die Völker!
Darin bist du der Meister: Dem Frieden Gesittung zu geben,
Unterworfne zu schonen und niederzukämpfen die Frechen.

Vergil (70–19 v. Chr.)

Schmelztiegel aller Völker

Wirf einen Blick auf diese Masse, für die die Häuser der unermeß-
lich großen Stadt kaum ausreichen. Der größte Teil dieser Men-
schenmenge hat keine Heimat. Aus ihren Kleinstädten und Kolonien, ja aus der ganzen Welt sind sie hier zusammengeströmt. Die
einen hat der Ehrgeiz hergeführt, andere der Zwang eines öffentlichen Amtes, wieder andere ein Auftrag, den man ihnen aufgebür-
det hat; andere die Genußsucht, die einen günstigen und reichen
Ort für ihre Laster sucht, andere die Leidenschaft für die Wissen-
schaften, andere die Schauspiele. Manche zog die Freundschaft her,
manche ihr Unternehmungsgeist, der hier ein uneingeschränktes
Feld, die eigene Leistung sehen zu lassen, gefunden hat. Manche
haben käufliche Schönheit, manche käufliche Beredsamkeit mitge-
bracht. Es gibt keinen Menschenschlag, der nicht in dieser Stadt, die
für Tugenden und Untugenden gut zahlt, zusammenströmt. Laß all
diese Leute namentlich aufrufen und frag, woher ein jeder kommt.
Du wirst sehen, die Mehrheit hat ihre eigenen Wohnsitze verlassen
und ist in eine Stadt gekommen, die zwar die größte und schönste,
aber nicht ihre eigene ist.

Seneca (ca. 4 v. Chr. – 65 n. Chr.)

Mit nichts zu vergleichen

Göttin der Länder und Völker, Roma,
der nichts gleicht und nichts nahekommt.

Martial (ca. 40–102)

Erste unter den Städten, Wohnsitz der Götter, goldenes Rom

Ausonius (ca. 310 – ca. 393)

Ehrwürdige alte Stadt

Zu der Zeit, als sich Rom, das leben wird, solange es Menschen gibt,
aus den ersten Anfängen zu weltweitem Glanz erhob, kamen Virtus
und Fortuna, obwohl sie meistens uneins sind, in einem ewigen
Friedensbund überein, damit die Stadt in erhabenem Wachstum ge-
fördert werde. Wenn eine von beiden gefehlt hätte, wäre Rom nicht
zur vollendeten Höhe gelangt. Sein Volk hat von frühester Kindheit
bis zum Ende des Knabenalters in einem Zeitraum, der etwa 300
Jahre umfaßt, Kriege in seiner nächsten Umgebung geführt; als es
dann ins Alter eines Heranwachsenden eingetreten war, drang es
nach vielfacher Kriegsmühsal über die Alpen und das Meer vor.
Zum Jüngling und zum Mann herangereift trug es aus allen Gegenden, die der unermeßliche Erdkreis umgibt, Lorbeerkränze und
Triumphe davon. Jetzt ist es dem Greisenalter nahe und hat sich,
manchmal allein durch seinen Namen siegreich, zu einem ruhige-
ren Leben zurückgezogen.

Darum hat die verehrungswürdige Stadt, nachdem sie den hoch-
mütigen Nacken wilder Völker niedergedrückt und ihnen Gesetze
als ewiges Fundament und Band der Freiheit gegeben hatte, wie eine
besonnene, kluge und reiche Mutter den Kaisern gleichsam als
ihren Söhnen die Verwaltung ihres Erbes überlassen. Und wenn
auch die Tribus längst untätig und die Zenturien friedlich sind und
es keine Wahlkämpfe mehr gibt, sondern die Sicherheit der Zeit des
Numa Pompilius wiedergekehrt ist, so wird Rom doch in allen Gegenden und Ländern der Welt als Herrin und Königin anerkannt,

und überall wird das graue Haar der Senatoren verehrt, und der Name des römischen Volkes ist hoch angesehen und verehrungswürdig.

Ammianus Marcellinus (geb. um 330)

Neue Begründung für den Herrschaftsanspruch

Hymnus auf die heiligen Apostel Petrus und Paulus

Dem Leiden der Apostel weiht
Die Kirche diese Festeszeit,
Petri Triumph und Gnadenlohn
Und Pauli blut'gen Marterkron

Vereint zu gleicher Sterbensnoth,
Zu Kerkerqual und Siegertod
Hat Christ den treuen Knechten jetzt
Die Glaubenskronen aufgesetzt.

Am hellsten leuchtet Petri Stern,
Ihm gleich Sanct Paul durch Huld des Herrn
Von Christo sonderlich erwählt
Mit Petri Glauben treu vermählt.

Das Haupt hinab, hinauf den Fuß
Beut Simon Gott den Todesgruß;
Verkehrt wird er am Kreuz erhöht;
Des Herrn Wort in Erfüllung geht.

Gegürtet wird er und geleit't,
Wie ihm der Herr geprophezeit,
Von andern, wo er nicht hin will,
Zum Martrertod, und hält doch still.

Drum Roma nun das Haupt erhebt,
Von Glorienschein und Glanz umwebt,

Auf solchen Blutes Grund erblüht,
Von solcher Zeugen Licht durchglüht.

Es hat die Stadt nicht Raum genug
Für Pilgerzug zu Pilgerzug,
Der hier allein zu feiern mag
Der heil'gen Zeugen Ehrentag.

Es zieht die ganze Welt daher
Von Süd und Nord ein Völkerheer,
Zur Hauptstadt, die sich Gott erkürt
Und die der Stuhl des Meisters ziert.

Ambrosius (ca. 334–397)

Rettet die Ruinen!

Freude bereitet mir, Rom, der Blick auf deine Ruinen:
   Denn noch aus dem Verfall leuchtet der einstige Ruhm.
Aber dein Volk: es bricht aus deinem uralten Gemäuer
   hartes Marmorgestein – und verbrennt es zu Kalk!
Frevelhaftes Geschlecht! Macht dreihundert Jahre so weiter:
   nirgends wird eine Spur früheren Glanzes mehr sein.

Pius II., Enea Silvio Piccolomini (1415–1464)

Römische Zustände

Ich hab gesehen von Rom die halbverfallenen Mauern,
   hier, wo mit Heil'gem zugleich Gott wird selber verkauft;
auch den gewaltigen Papst, die heil'ge Versammlung, o Crotus,
   und, aneinander gereiht, Kardinäle von Rang;
so viele Schreiber, Menschen zuhauf, die niemandem nützen,
   die mitsamt ihrem Roß wallender Purpur bedeckt;
viele, o Crotus, die Unzucht an sich und anderen treiben,
   orgiastischen Kults Freunde, doch bieder zum Schein;

jene sodann, die Anstand nicht heucheln noch anständig leben,
    die für die Sitte nur Spott kennen, für Gute nur Hohn,
die gar Bosheit erfreut – und denen sie freisteht, vor deren
    Joch sich das deutsche Land beugt auf erbärmliche Art.
Und die geben und nehmen, die öffnen, wo vorher sie schlossen,
    und nach eigener Lust teilen den Himmel uns zu,
römische Weiber sind sie, und nicht mehr römische Männer!
    Luxus ist allüberall, alles voll schamloser Gier:
All das hat nach Pompeius, nach Curius und nach Metellus
    – traurige Sitten und Zeit – duldsam ertragen dies Rom?
Wünsche nicht mehr, o Crotus, das heilige Rom zu besuchen:
    Römisches triffst du hier nicht, hier, wo doch Rom einmal war!

Ulrich von Hutten (1488–1523)

Auf das alte und das neue Rom

Wer da erblickt die erbärmlichen Spuren der uralten Roma,
    der kann wahrlich mit Recht sagen: Rom ist dahin.
Wer die herrlichen Bauten im Rom von heute betrachtet,
    der wird wahrlich mit Recht sagen: Lebendiges Rom.

Georg Cassander (1513–1566)

Aufgebrochene Koffer, zensierte Bücher

Den Leuten, die ihm die Freiheit Roms mit der Venedigs verglichen, widersprach er hauptsächlich mit folgenden Gründen: selbst die Häuser waren hier so wenig sicher, daß jedem, der etwas reichliche-re Mittel mitbrachte, gewöhnlich geraten wurde, seine Börse den Bankiers in der Stadt zur Aufbewahrung zu übergeben, wenn er nicht seinen Koffer aufgebrochen finden wolle, was verschieden passiert war; item, nachts durch die Straßen zu gehen, war das Un-ratsamste; item, eben in diesem Monat Dezember wurde der Or-densgeneral der Franziskaner ganz plötzlich seiner Stellung ent-hoben und eingesperrt, weil er in seiner Predigt, der der Papst und die Kardinäle beigewohnt, den Müßiggang und die Prachtliebe der Kirchenprälaten aufs Korn genommen hatte, wobei er nicht auf einzelne angespielt, sondern nur, mit einer gewissen Schärfe im Ton, die Gemeinplätze über dieses Thema benutzt hatte; item, das Gepäck des Herrn von Montaigne war beim Betreten der Stadt von den Zollbeamten untersucht und dabei noch bis in die letzten Kleinigkeiten der Packsäcke durchstöbert worden, während in den meisten anderen Städten Italiens die Beamten sich damit zufriedengegeben hatten, daß man ihnen seine Sachen einfach zeigte; abgesehen davon, hatte man ihm bei dieser Gelegenheit auch noch alle seine Bücher genommen, die man fand, um sie zu untersuchen – eine Prüfung, die so hingezogen wurde, daß jemand, der andres zu tun hatte, sie verloren geben konnte; die Vorschriften waren so außerordentlich, daß das Gebetbuch von Notre-Dame verdächtig war, weil die Gebete von Paris und nicht von Rom waren, ebenso die Bücher einiger deutscher Doktoren gegen die Ketzer, weil bei der Bekämpfung der Irrtümer diese selbst erwähnt wurden. In dieser Hinsicht lobte er sehr sein Glück, daß er, der doch von dieser Revision nichts gewußt habe, während seiner Reise durch Deutschland nichts von verbotenen Büchern gehört hatte, die er sich bei seiner Wißbegierde doch sicher nicht hätte entgehen lassen. Einige Herren versicherten ihm, wenn solche Bücher bei ihm gefunden worden wären, hätte er nichts mehr von ihnen gesehen. (…)

Was er von Frauenschönheit sah, schien ihm nicht ungewöhnlich und keineswegs dem Ruf der Besonderheit zu entsprechen, den diese Stadt vor allen anderen hat; auch meinte er, daß, wie in Paris, die besondere Schönheit sich bei denen fand, die daraus einen Handel machen.

Michel de Montaigne (1533–1592)

Lausige Hauptstadt

Rom ist das Haupt der Welt / voll Witz wie ich befinde /
Voll Weißheit / voll Verstand / doch auch voll Läuß und Grinde.

Andreas Gryphius (1616–1664)

Schönheit und Mißwirtschaft

Überhaupt sind für mein Empfinden das Allerschönste an Rom seine Brunnen. Der auf der Piazza Navona zum Beispiel wirkte auf mich so gewaltig wie nichts auf meiner ganzen Reise. Die springenden Brunnen, denen man auf Schritt und Tritt begegnet, die Flüsse förmlich, die sich aus ihnen ergießen, sind noch erstaunlicher und erfreulicher als selbst seine Bauten. Und dabei sind auch die prächtig, vor allem aber die antiken: denn was von denen, wiewohl trümmerhaft und verunstaltet, noch vorhanden ist, steht durch seine schlichte Größe so hoch über den neuzeitlichen, wie die alte römische Republik über dem Kirchenstaat. Kurz, wenn ich Ihnen mit einem Wort sagen soll, wie ich über Rom denke, so ist es in Anlage und Bauwerken nicht nur die schönste Stadt der Welt, sondern einfach einzig. Selbst Paris kann sich nicht mit ihm vergleichen, so sehr es ihm, was Handel und Wandel angeht, überlegen ist.

Die Kirchenfürsten haben seit Sixtus V. ganz Ungeheueres für die Verschönerung der Stadt geleistet, dabei aber die Bebauung der Campagna schmählich vernachlässigt, wo denn auch buchstäblich weder Haus noch Strauch mehr zu sehen ist. Die Regierung ist so erbärmlich, wie man sich spaßeshalber nur eine ausmalen kann. Machiavelli und Morus haben sich nach ihrem Gefallen ein Nirgendheim zurecht gedichtet, sein genaues Gegenteil finden Sie hier verwirklicht. Denken Sie sich ein Volk, das zu einem Drittel aus Priestern, zum zweiten aus Statisten und zum letzten aus völligen Nichtstuern besteht; einen Staat, in dem es keinen Ackerbau, keinen Handel, keine Manufakturen gibt, und der mitten in einem fruchtbaren Lande und an einem schiffbaren Flusse liegt, dessen Fürst stets ein alter Mann ist, der kurz regiert, und oft schon nichts mehr allein tun kann, umringt von Verwandten, die nur darauf ausgehen, schleunigst ihren Schnitt zu machen, solange sie es tun können; wo bei jedem Regierungswechsel neue Diebe auftauchen und an die Stelle derer rücken, die das Nehmen nicht mehr nötig haben; wo die Kardinäle bei Hof ihr Leben damit hinbringen, sich gegenseitig eminenzliche Kujonenstreiche zu spielen; wo jeder Rechtsbrecher straflos bleibt, wenn er nur Bekannter eines hohen Herrn oder nahe einer Freistatt ist; wo alles Geld für das tägliche Leben aus fremden

Ländern kommt, eine freiwillige Steuer auf die menschliche Torheit, – die doch täglich abnimmt. Mit einem Wort, wo das „System", das wir auch in Frankreich erlebt haben, nicht ganz so toll freilich, eine ständige Einrichtung geworden ist.

Charles de Brosses (1709–1777)

Stadt ohne Staat

Staat nennst du dich, du ungesund Gefilde,
Wo brach und ausgestorben rings das Land!
Mit hagerblassem Antlitz, blutbefleckter Hand,
Führt dein geknechtet Volk Verbrechen feig im Schilde!

Unfrei birgt der Senat, die übermütige Gilde,
Nur schnöde Hinterlist im purpurnen Gewand;
Patrizier, reich zumeist im Mangel an Verstand;
Fürsten, durch andrer Torheit glücklich; Stadtgebilde,

Doch ohne Bürgersinn. Die Ungerechten
Gesetze wechseln jedes Lustrum, doch zum Schlechten!
Erhabner Tempel viel, doch keine Religion;

Schlüssel, dereinst bestimmt, zum Himmelsthron
Die Pforten aufzuschließen – längst in Schächerhand;
O Rom, du aller Laster Heimatland!

Vittorio Alfieri (1749–1803)

Spaziergang im Mondschein

Man hatte mir empfohlen, im Mondschein spazierenzugehen. Von der Höhe des Monte Trinita erschienen die fernen Gebäude wie Skizzen eines Malers oder wie die vom Bord eines Schiffes gesehenen umnebelten Küsten des Meeres. Das Gestirn der Nacht, dieser Globus, den man für eine untergegangene Welt hätte halten können, ließ seine bleichen Einöden über die Einöden Roms einhergleiten. Er erleuchtete die Straßen, die ohne Einwohner waren, die Plätze, die Gärten, in denen niemand mehr weilte, die Klöster, aus denen man nicht mehr die Stimme des Cenobiten vernahm, jene Klöster, die ebenso stumm, ebenso entvölkert sind wie die Mauern des Kolosseums.

Was hatte sich zu solcher Stunde an eben diesen Stätten vor achtzehn Jahrhunderten ereignet? Welche Menschen haben hier den Schatten jener Obelisken überquert, nachdem dieser Schatten nicht mehr auf den ägyptischen Wüstensand fiel? Nicht nur das antike Italien, auch das Italien des Mittelalters ist verschwunden. In der Ewigen Stadt ist noch immer die Spur jener beiden Italien zu sehen. Wenn das moderne Rom seinen Sankt Peter und seine Meisterwerke vorweist, stellt das antike Rom ihm sein Pantheon und seine Ruinen entgegen. Wenn das eine seinen Konsul vom Kapitol herabsteigen läßt, führt das andere seine Päpste aus dem Vatikan. Der Tiber trennt die beiden Ruhmesbereiche. Eingebettet in den gleichen Staub versinkt das heidnische Rom mehr und mehr in seinen Gräbern, und das christliche Rom steigt allmählich in seine Katakomben zurück.

François-René de Chateaubriand (1768–1848)

Kloake der Menschheit

Rom ist oft die Kloake der Menschheit gewesen, aber vielleicht nie mehr als jetzt. Es ist keine Ordnung, keine Justiz, keine Polizei; auf dem Lande noch weniger als in der Stadt: und wenn die Menschheit nicht noch tiefer gesunken ist, als sie wirklich liegt, so kommt es bloß daher, weil man das Göttliche in der Natur durch die größte Unvernunft nicht ganz ausrotten kann. Du kannst denken, mit welcher Stimmung ein vernünftiger Philanthrop sich hier umsieht. (…)

Ich will das Betragen der Franzosen hier und in ganz Unteritalien nicht rechtfertigen: aber dadurch, daß sie die Sache wieder aufgegeben haben, ist die Menschheit in unsägliches Elend zurückgefallen. Ich weiß, was darüber gesagt werden kann, und von wie vielen Seiten alles betrachtet werden muß: aber wenn man schlecht angefangen hat, so hat man noch schlechter geendiget; das Zeugnis wird mit Zähneknirschen jeder rechtliche Römer und Neapolitaner geben. Geschichte kann ich hier nicht schreiben. Durch ihren unbedingten, nicht notwendigen Abzug ist die schrecklichste Anarchie entstanden. Die Heerstraßen sind voller Räuber; die niederträchtigsten Bösewichter ziehen bewaffnet im Lande herum. Bloß während meiner kurzen Anwesenheit in Rom sind drei Kouriere geplündert und fünf Dragoner von der Begleitung erschossen worden. Niemand wagt es mehr, etwas mit der Post zu geben. Der französische General ließ wegen vieler Ungebühr ein altes Gesetz schärfen, das den Dolchträgern den Tod bestimmt, und ließ eine Anzahl Verbrecher vor dem Volkstore wirklich niederschießen. Die Härte war Wohltat; nun war Sicherheit. Jetzt trägt jedermann wieder seinen Dolch und braucht ihn. Die Kardinäle sind immer noch in dem schändlichen Kredit als Beschützer der Verbrecher. Man erzählt jetzt noch Beispiele mit allen Namen und Umständen, daß sie Mörder in ihren Wagen aus der Stadt in Sicherheit bringen lassen.

Johann Gottfried Seume (1763–1810)

Von allem Gemeinen getrennt

Ich habe oft darüber und über die ganze Wirkung nachgedacht, die Rom macht, und mich gefragt, wieviel wohl daran objektiv sein mag. Schelling hat, denke ich, irgend einmal gesagt, daß das klassische Altertum eine Trümmer eines ursprünglicheren höheren Menschengeschlechts sei, und etwas Wahres liegt darin; jede Vergleichung zwischen Modernem und Altem hinkt, weil es für uns nicht mehr dieselbe Gattung ist, die beide umfaßt. Ein Vers Homers, selbst ein unbedeutender, ist ein Ton aus einem Lande, das wir alle als ein besseres und doch uns nicht fernes anerkennen, jeder ergreift zugleich und in Einem Gefühl mit Götterehrfurcht und mit Heimatssehnsucht. Vieles kommt zusammen, das hervorzubringen, schon das trägt bedeutend dazu bei, daß jene Glücklichen eine Sprache redeten, die für uns nie zum Gepräge des Gemeinen dient. Aber der eigentliche Erklärungsgrund liegt für mich in den Zeiten der

Barbarei. Durch das Christentum und den Zustand gesellschaftlicher Wildheit (die Griechen kannten nur eine Natur-Wildheit) wurde der Mensch so mürbe gemacht, daß natürliche Ruhe, ungestörter innrer Friede auf ewig für ihn verloren war, und beide jetzt nur erst durch einen sauren Sieg erkämpft werden müssen. Man spaltete seine Natur, setzte der Sinnlichkeit eine reine Geistigkeit entgegen, und erfüllte ihn mit nun nie mehr weichenden Ideen von Armut, Demut und Sünde. Wenn er nun so, in seinem Inneren zerknirscht durch ein Gemisch gnostischer Spitzfindigkeiten und Schwärmereien, und engherzigen, schreckenvollen Begriff des Judentums, in seinem Äußern geschreckt und geplagt durch willkürliche Gewalt, die aber immer mit dem Namen des Rechts (wie keine Tyrannei bei den Alten) Unterwerfung forderte, wenn er so zum erstenmal aufblicken konnte zu jenen Geschlechtern, die in ganz entgegengesetztem Zustand gelebt hatten, wenn er ihre Werke noch dazu mit allem Zauber der Einbildungskraft umgeben sah, so mußte er nieder fallen, wie vor Göttergestalten, und da wir noch immer, nur hie und da geringer, in demselben innren und äußren Zwiespalt fortleben, so muß auch jene Anbetung bei uns fortdauern. Niemand hat je die moderne Welt aus der Alten eigentlich deduziert und niemand kann es. Es ist da eine Kluft, die jeder bemerken muß, wo nur noch das plötzliche Erscheinen des Christentums einen notdürftigen Erklärungsgrund abgibt.

Rom ist der Ort, in dem sich für unsre Ansicht das ganze Altertum in Eins zusammenzieht, und was wir also bei den alten Dichtern, bei den alten Staatsverfassungen empfinden, glauben wir in Rom mehr noch als zu empfinden, selbst anzuschauen. Wie Homer sich nicht mit andern Dichtern, so läßt sich Rom mit keiner andern Stadt, Römische Gegend mit keiner andern vergleichen. Es ist allerdings also das meiste an diesem Eindruck subjektiv, aber es ist nicht bloß der empfindelnde Gedanke zu stehen, wo jener oder dieser große Mann stand. Es ist ein gewaltsames Hinreißen in eine von uns nun einmal, sei es auch durch eine notwendige Täuschung, als edler und erhabener angesehene Vergangenheit; eine Gewalt, der selbst, wer wollte, nicht widerstehen kann, weil die Öde, in der die jetzigen Bewohner das Land lassen, und die unglaubliche Masse der Trümmer selbst das Auge dahin führen; und da nun diese Vergangenheit dem innern Sinn in einer Größe erscheint, die allen Neid ausschließt, an der man überglücklich sich fühlt nur mit der Phantasie teilzunehmen, ja an der keine andere Teilnahme nur denkbar ist, und dann dem äußeren Sinn zugleich die Lieblichkeit der Formen, die Größe und Einfachheit der Gestalten, den Reichtum der Vegetation (die doch wieder nicht überüppig ist, wie in noch südlicheren Gegenden), die Bestimmtheit der Umrisse im klaren Medium und die Schönheit der Farben in durchgängige Klarheit versetzt – so ist nur hier der Naturgenuß reiner, von aller Bedürftigkeit entfernter Kunstgenuß. Überall sonst reihen sich Ideen des Kontrastes daran, er wird elegisch oder satirisch. Freilich indes ist es auch nur für uns so. Horaz empfand Tibur moderner, als wir Tivoli. Das beweist sein *beatus ille qui procul negotiis*. Aber es ist auch nur eine Täuschung, wenn wir selbst Bewohner Athens und Roms zu sein wünschten. Nur aus der Ferne, nur von allem Gemeinen getrennt, nur als vergangen muß das Altertum uns erscheinen. Es geht damit, wie wenigstens mir und Zoëga mit den Ruinen. Wir haben immer einen Ärger, wenn man eine halb versunkene ausgräbt. Es kann höchstens ein Gewinn für die Gelehrsamkeit auf Kosten der Phantasie sein. Ich kenne für mich nur noch zwei gleich schreckliche Dinge, wenn man die *campagna di Roma* anbauen und Rom zu einer polizierten Stadt machen wollte, in der kein Mensch mehr Messer trüge. Kommt je ein so ordentlicher Papst, was aber die 72 Kardinäle verhüten mögen! so ziehe ich aus. Nur wenn in Rom eine so göttliche Anarchie und um Rom eine so himmlische Wüstenei ist, bleibt für die Schatten Platz, deren Einer mehr wert ist als dies ganze Geschlecht.

Wilhelm von Humboldt (1767–1835)

Elendes Neu-Rom

Rom, den 17. Oktober 1816

Rom sollte gar nicht diesen Namen tragen, sondern höchstens Neu-Rom (wie Neu-York) heißen. Hier gehet keine einzige Straße in der Richtung der alten: es ist eine ganz fremdartige, auf einem Teil des Bodens der alten erwachsene neue Vegetation, so modern und unbedeutend wie möglich, ohne Nationalität, ohne Geschichte: es ist sehr charakteristisch, daß die wirklich alte und die neue Stadt beinahe ganz nebeneinander liegen. Die abscheuliche Bauwut des 16. und 17. Jahrhunderts hat eine Menge Kirchen und Gebäude hervorgebracht, die man ohne Vorurteil, geradehin elend und geschmacklos nennen muß, und alles Alte weggeschafft und verkleistert. Was sich von einem Ort nach einem andern hat fortschaffen lassen, ist nirgends geblieben. Die Ruinen sind alle aus der Kaiserzeit, und wer sich an denen enthusiasmiert, muß auch wenigstens Martial und Sophokles nebeneinander nennen. An Gemälden ist Rom, den Vatikan ausgenommen, arm gegen jene beiden Städte [Venedig und Florenz]: Bologneser Fabrikarbeiten und noch schlechtere zähle ich nicht; die Peterskirche, die Sixtina, die Logen sind freilich herrlich: aber die Peterskirche ist doch im Innern durch die jämmerlichen Statuen und Dekorationen entstellt: – und wer will denn freilich leugnen, daß auch Rom seine Herrlichkeiten hat? Den Statuen muß ich allmählich Interesse abgewinnen: die Türen des Battistero, besonders der Randschmuck derjenigen, die nicht vom Ghiberti, sondern nach Giottos Zeichnung ist, spricht mehr an als alle Basreliefs. – Wissenschaft ist hier vollkommen tot: von Philologen, den alten sterbenden de' Rossi ausgenommen, ist gar die Rede nicht. Das Volk ist freudenlos, und wahrhaftig, wenn es ehemals bedeutende Persönlichkeit gehabt haben sollte, so muß es wunderbar verändert sein. In ganz Italien haben wir – mit wenigen Ausnahmen in Venedig – nicht ein einziges schönes Gesicht gesehen – wahrlich auch hier nicht: – wohl aber weit mehr Häßlichkeit als in Deutschland. So hört man auch, was uns noch immer unbegreiflich ist- eben so wenig von Menschenstimmen als aus Vogelkehlen Gesang: nur zuweilen ein widriges Geschrei.

Das also ist das Land und der Ort meines Lebens!

Barthold Georg Niebuhr (1776–1831)

Entspricht nicht der Erwartung

Rom, am 12. Juni [1833]

Mit Verlegenheit nehme ich die Feder zur Hand, um über unser heutiges Tagewerk zu berichten. „Rom ist herrlich und entspricht jeder Erwartung!" riefen wir gestern in der Begeisterung, zu der die Großtaten der Vergangenheit, welche das alte Rom verherrlichten, notwendig hinreißen müssen, und das Dunkel des Abends hüllte uns in den farbigen Schleier der Täuschung. Ach, auch in Rom haben wir uns betrogen! (...) Denn wie alle übrige Städte Italiens besteht auch Rom aus engen, schmutzigen Straßen, die Häuser haben, mit weniger Ausnahme, räucherige, grauschwarze, unten mit Kot und Spinngeweben behangene und von Kalk entblößte Mauern; auch hier vertreten oft bloß schwarze viereckige Löcher die Stelle der Fenster; die so sehr gerühmten Paläste sind meistenteils alte, finster drohende Steinklumpen. Ruinen der Gegenwart neben den Ruinen der Vergangenheit! – Ein enthusiastischer Verehrer Italiens hatte mir einmal gesagt, die Leipziger Straße in Berlin erinnere fast an den Corso in Rom. Welch ein Bild schwebte mir daher vom Corso vor! Und was sah ich? Eine lange schmale, schmutzige Gasse mit vielen hohen, räucherigen Häusern! Freilich ist diese Straße, die in Berlin zu den schlechtern gehören würde, für Rom eine Zierde; denn mit Ausnahme der Babuino-, der Ripettastraße und weniger anderer, sind die Straßen Roms erbärmlich; viele bringen durch Kot und das Höhlenhafte der Wohnungen Ekel hervor. Dieser Ekel steigert sich dadurch, daß auch hier die schmutzigsten Handwerke im Freien getrieben werden. Besonders widerlich sind die Fleischläden, vor denen man die geschlachteten Tiere mit abgezogner Haut aufgeblasen, oft noch in der Gestalt des Lebens, aufstellt, oder bläuliches, blutiges, und anscheinend schon in Fäulnis übergangenes Fleisch am Haken aushängt. Die Fleischer selbst gleichen mit ihren struppigen schwarzen Haaren, in ihrer schmutzigen Kleidung mit aufgekrempelten Ärmeln und nackten Waden eher wilden Kannibalen, als Mitgliedern einer zivilisierten Völkerschaft. Die Schmiedeknechte haben ihr Feuer auf den Straßen angeschürt und schmieden, schwarzen Zigeunern gleich, daß die Funken umherstieben, während ein erstickender Schwefelgeruch die Luft verunreinigt.

Wohin man blickt, hängen aus den Fenstern, selbst der vornehmen Häuser dieser angeblich prächtigen Stadt, Hosen, Strümpfe und Hemden zum Trocknen aus, so daß man sich überall in einem Kasernenviertel zu befinden glaubt. An vielen Straßenecken steht in der schon erwähnten Art mit schwarzen Buchstaben auf einem weiß getünchten Viereck: *immondezzajo* (Schmutzwinkel). In einigen dieser polizeilich sanktionierten Unflatwinkel lagen Haufen von Mist und Kehricht. Oft sahen wir Käseladen, vor denen die italienischen Käse in der ihnen eigentümlichen Flaschenform hängen und eben nicht zur Reinigung der Luft beitragen. Sonst ist von kaufmännischem Leben und Treiben wenig zu bemerken. Mönche und Weltgeistliche schleichen in den Straßen umher. Die Weltgeistlichen tragen in ganz Italien schwarze Überröcke, kurze Beinkleider und Strümpfe von gleicher Farbe, Schuhe mit Schnallen und dreieckige Hüte. Zuweilen rollt eine Karosse vorbei; ist sie vergoldet und stehen mehrere Bediente in reicher Livree hintenauf, so weiß man, sie gehört einem Kardinal. Auch sieht man hier und da zweirädrige Ochsenkarren, oder Landleute auf Eseln langsam vorüberziehen. Das aber ist *Roma, la superba!* – Ihr Helden der Vorzeit, vermöchtet ihr einen Blick zu werfen auf die Stadt eurer Nachkommen!

Gustav Nicolai (1795–1852)

Immer Kirchen, Kirchen und Klöster

Rom, 9. April 1851

(…) Aber sprechen wir von Rom, Du erwartest das natürlich. Nun, Alter, es tut mir leid, es zuzugeben, mein erster Eindruck war ungünstig. Ich habe, wie ein Bourgeois, eine Enttäuschung erlebt. Ich suchte das Rom Neros und habe nur das von Sixtus V. gefunden. Die Pfaffenluft vergiftet die Stadt der Cäsaren mit Langeweile. Das Jesuitengewand hat alles mit einem trüben und seminaristischen Anstrich bedeckt. Ich konnte mich peitschen und suchen, so viel ich wollte – immer Kirchen, Kirchen und Klöster, lange Straßen, weder bevölkert noch leer genug, mit großen einfarbigen Mauern, die sie säumen, und das Christentum so zahlreich und aufdringlich, daß das Antike, das in der Mitte noch besteht, erdrückt und ertränkt wird.

Das Antike gibt es in der Campagna, unbebaut, leer, verflucht wie die Wüste, mit ihren großen Aquäduktteilen und ihren weit ausgedehnten Ochsenherden. Das ist wirklich schön und schön geträumte Antike. Was Rom selbst betrifft, in dieser Hinsicht habe ich mich noch nicht wieder gefaßt. Um ihm wieder beizukommen, warte ich darauf, daß dieser erste Eindruck ein bißchen verschwindet. Was sie aus dem Kolosseum gemacht haben, die Elenden! Sie haben ein Kreuz in die Mitte des Zirkus gestellt und um die Arena herum zwölf Kapellen! Aber was Bilder, Statuen, 16. Jahrhundert anbelangt, ist Rom das prächtigste Museum der Welt. Die Menge der Meisterwerke, die es in dieser Stadt gibt, das macht einem schwindlig. Es ist wirklich die Stadt der Künstler. Man kann dort sein Leben in einer vollkommen idealen Atmosphäre verbringen, außerhalb der Welt, über ihr.

Gustave Flaubert (1821–1880)

Eine welthistorisch interessante Zeit

Rom, Sonnabend, 2. November 1867. Früh 6 Uhr Die Postverbindungen sind aufgehoben, Eisenbahnen und Telegraphen zerstört, Garibaldi in der Umgegend der Stadt, das ganze Land insurgiert, in Tivoli, Albano, Marino, Genzano, Velletri provisorische Regierungen, und in Rom und Civitavecchia wieder französische Besatzung!

Es ist schwer, Nachrichten zu senden. Heute früh geht ein österreichischer Kurier, dessen Abgang aber gestern so spät festgesetzt wurde, daß ich die halbe Nacht gearbeitet habe, um nach Berlin zu berichten.

Es ist eine welthistorisch interessante Zeit, jede Stunde ereignisvoll. Die Eroberung Monterotondos durch Garibaldi am Sonnabend, 26. Oktober, macht die Leute hier denn doch etwas stutzig. Zum Glück für den Vatikan lief am Montagabend, 28. Oktober, die französische Fregatte „Provence" mit Landungstruppen in Civita ein.

Kurd von Schlözer (1822–1894)

34

Ende des Mittelalters

[30. 10. 1870]

Der Papst hat sich zum Gefangenen erklärt, Protest erlassen, durch Bulle das Konzil suspendiert. Am Vatikan stehen italienische Wachen; in der halbgeöffneten Türe des Säulenganges sah ich verschüchterte Schweizer. Im Vatikan wohnen die Vertrauten des Papstes, darunter auch Kanzler. Die Kardinäle zeigen sich nie, oder wenn sie ausfahren, so sind ihre Wagen ohne Abzeichen. All ihr Pomp und alle ihre Magnifizenz ist in Rauch aufgegangen. Nur einzelne Priester durchschleichen die Straßen, furchtsam und Schatten gleich. Ich fand indes eines Abends den Kardinal Silvestri beim Herzog von Sermoneta, welcher doch Präsident der Giunta war und dem König das Plebiszit Roms überbracht hatte. Lamarmora ist hier Gouverneur. Die Aktionspartei drängt den König zur sofortigen Verlegung der Residenz nach Rom, um eine Tatsache zu schaffen. Er zögert. Er hat nicht einmal einen Palast in Rom, darin zu wohnen. Auf das Quirinal, dessen Schlüssel die päpstlichen Beamten verweigerten, besitzt er kein Recht. (…)

Rom wird die weltrepublikanische Luft einbüßen, die ich hier 18 Jahre geatmet habe. Es sinkt herab zur Hauptstadt der Italiener, welche für eine große Lage, in die sie unsere Siege versetzt haben, zu schwach sind. Es ist ein Glück, daß ich meine Arbeit fast vollendet habe – heute könnte ich mich nicht mehr in sie versenken. Nur noch drei Monate der Mühe und ich bin am Ziel. Das Mittelalter ist wie von einer Tramontana hinweggeweht, mit allem geschichtlichen Geist der Vergangenheit. Ja, dies Rom ist ganz entzaubert worden.

Ferdinand Gregorovius (1821–1891)

WELTLICHE HAUPTSTADT

Trotzdem der alte Zauber

Roma, 8. Dezember [1874]

Rom übt wieder ganz den alten Zauber auf mich aus. Es hat sich sehr verändert, der klerikale Charakter der Stadt, das wehmütig Träumerische, das sie wie zu einem Kirchhof der Jahrhunderte machte, ist verwischt, die Vorteile des modernen Lebens, aber auch die Nachteile desselben breiten sich mehr und mehr aus, man vermißt die malerische Staffage von ehedem und sieht ungern den unmalerischen modernen Zuschnitt des ganzen Lebens an dieser Stätte, wo ein großer künstlerischer Gedanke die Regeneration hätte leiten müssen. Aber – dennoch ist es Rom, und neben der unvermeidlichen Banalität aller großen modernen Städte wird es ewig einen Zauberkreis behalten, in dem die beschauende Seele ihre Nahrung findet und eine stille Heimat wie an keinem andern Ort der Welt. Auch bin ich entschlossen, wenn es irgend tunlich ist, mir hier die letzte Heimat aufzuschlagen.

Malwida von Meysenbug (1816–1903)

Die neue Hauptstadt

Auf dem Esquilin und Viminal, jenseits des von Sixtus V. angelegten Straßenzuges, östlich vom Bahnhof und im Rücken von Maria Maggiore, erheben sich jetzt eine Anzahl reiner, moderner Häuser, in gerader Linie und unter rechten Winkeln aneinander geschlossen. Hat man lange in den labyrinthischen Stadtvierteln geirrt und steigt dann, übersättigt von malerischen Motiven, zu diesen Anfängen einer amerikanischen Stadt auf, dann kann man vorübergehend ein Wohlsein fühlen, wie derjenige empfindet, der nach staubiger Fußwanderung oder langer schmutziger Arbeit in den Fall kommt, frische Wäsche anzulegen. Das neue Finanzministerium freilich, ein kolossaler Bau, tut im Punkte rücksichtsloser Prosa des Guten zuviel; wandert man aber auf der neuen *Via nazionale*, die zum Teil noch unvollendet ist, von dem Platz der Thermen des Diokletian weiter über die Abhänge des Quirinal zum Forum des Trajan oder nach SS. Apostoli und sieht zu beiden Seiten die aufgedeckte römische Erde, verwilderte, jetzt offene Klostergärten, alte Mauern, formlose Ruinen, herüberragende Türme, dunkle Bäume, dann mag man bedauern, daß diese schwermütige Wildnis verschwinden, jener tausendfach geweihte Boden monotone quadratische Häuserreihen und paarweise gepflanzte japanische Bäume tragen soll. Man mag es bedauern, aber abzuwenden wäre es nur, wenn die Zeit stille stünde, zu tadeln nur, wenn Rom *nicht* Hauptstadt der Italiener sein sollte. Gesündigt wird dabei in mancherlei Weise, wie überall in dieser endlichen Welt; auch geht die Arbeit nur mühselig und langsam fort. Da bauten die Päpste energischer – so noch *Pio nono* den prachtvollen Viadukt von Albano nach Ariccia –, aber ihnen floß das Gold dazu aus allen Teilen des gläubigen Erdkreises zu, und sie hatten nicht zu fragen, ob arme Bürger die auferlegten schweren Steuern auch erschwingen könnten. Jetzt muß die Gemeinde Rom aufbringen, was sie braucht, und die Kosten nicht bloß des Nötigen, sondern auch des Gewünschten, des Prächtigen und Anständigen aus eigenem Säckel bestreiten. Das kann sie auch, sollte man meinen, mit Leichtigkeit: ist Rom jetzt nicht Sitz eines glänzenden Hofes oder vielmehr zweier Höfe und eines aus allen Teilen der Halbinsel, sogar aus Sizilien und Sardinien, beschickten Parlaments und zugleich aller Ministerien und Zentralgewalten; führen nicht drei oder mehr Eisenbahnen dahin und gehen von da wieder aus; sind nicht Regiment und Gesetze so frei, wie sie noch nie gewesen, weder im Altertum noch im Mittelalter noch unter der Despotie der Dominikaner und der Gesellschaft Jesu; kann nicht jeder Bürger lesen und studieren, was er will, ohne in den Kerker geworfen zu werden, wenn er über einem verbotenen Buche, z. B. der Bibel, ertappt worden; kann er nicht ohne den mindesten Zwang erwerben und berechnen und unternehmen, Briefe und Telegramme absenden und empfangen, kurz seine Kräfte brauchen und, wenn ihm etwas gelungen, der Früchte seines Fleißes sich freuen? Und wirklich –

39

kehrt man in einem der neu entstandenen Gasthöfe ein, im Quirinale an der *Via nazionale* oder bei Constanzi in *S. Niccolò da Tolentino*, da erinnert Ausstattung und Einrichtung an die vornehmsten Anstalten der Art in den ersten Hauptstädten Europas, und an der Mittagstafel sitzend oder auch die tägliche Rechnung überschlagend, fragt man sich: bin ich in Rom, der Zuflucht der Trauernden, der lieben Heimat der Künstler, dem alten geistlichen Ratten- und Eulennest? Dann im Corso – welches Gewühl und Rasseln der Räder, welch betäubendes Geschrei! Die Straße, die sonst so schön zu dem darin sich bewegenden mäßigen Leben im Verhältnis stand, sie ist jetzt zu eng, oft überfüllt, und der Fremde sehe sich nur vor, daß er nicht zerstreut sei und Unheil anrichte oder erfahre. Ein Kaffeehaus, ein Speisewirt und Liquorista neben dem andern, mit Spiegeln, Marmortischen und roten Sammetpolstern! *Guardie Municipali* stolzieren, Juwelen blitzen hinter Spiegelscheiben, Friseure schaffen die Köpfe um! Wo sonst das glimmende Lämpchen an der . Ecke der Nebenstraße vor dem Marienbilde hing und die Umgebung mit rotem Schein spärlich beleuchtete, ergießen jetzt Gasflammen ihr weißes Licht, und riesengroße Kandelaber auf *Piazza Colonna* wecken selbst die halberhobenen Gestalten der verwitterten Antoninsäule aus ihrem langen, mehr als tausendjährigen Schlaf. Auf Monte Citorio rollen die Wagen der Minister und der Volksvertreter vor den Eingang des Parlamentes und drinnen wogen die Reden herüber und hinüber und erschüttern die Luft, ganz so klangvoll und wortreich, wie einst, nur tausend Schritte davon, die Deklamationen *Pro T. Annio Milone* und *In Catilinam*. Auch die Theater abends fehlen nicht, sowie Festdiner und Bälle und Konzerte und jene andere halbverhüllte Verführung, die vordem in der Priesterstadt sich nicht blicken lassen durfte. So wäre also der Corso seinem bewunderten Vorbilde, dem Boulevard des Italiens oder des Capucines, schon recht nahe gekommen? Aber Paris ist nicht bloß die Stadt des Lasters und der Eleganz, sondern auch der Sparsamkeit und unermüdlichen Arbeit und immer neuen Erfindung und Unternehmung. In Rom aber darf man seine Schritte nur ein wenig seitwärts lenken, und das um *Piazza Colonna* sich treibende Leben schwindet – ich will nicht sagen als bloßer Schein, aber doch als geringer, sehr geringer Anflug. Mit Trauer und Freude, je nachdem, findet man da das alte Rom wieder, wie es aus dem achtzehnten in das neunzehnte Jahrhundert herübergekommen und wie es von geistlichen Würdenträgern und ihren Nepoten, von Kardinälen und Mönchen geschaffen worden. Da öffnen sich die schönen stillen Plätze, ganz umgeben von Wandflächen, sanft von Luft und Licht gefärbt, mit wenigen, unregelmäßigen Fenstern, Architektur des 16. und 17. Jahrhunderts, drüber der Himmel mit fliegenden Wolken oder ewigen Sternen (…) Aus der Stille solcher verlassenen Räume treten wir dann wieder in die belebten Gassen und auf die Märkte, wie *Campo de' Fiori* – da wimmelt die eigentliche Bevölkerung Roms durcheinander, immer arm, fast ohne Bedürfnisse, oft anmutig, Lumpen und Lappen tauschend, laute Stimmen, ewiges Gebärdenspiel, Esel und verlegenes Obst und halbfauler gesalzener Fisch und Zwiebeln, der kleine, um Kupfermünze sich drehende Verkehr der Krämer, Handwerker, Trödler und Bettler. Da liegen die berühmten schmutzigen Weinschenken, die Kaffeehäuser mit den zinnernen verbogenen Kännchen und dem grauen Streuzucker in zinnernen Näpfchen, und hin und wieder fliegen unter Peitschenknall die Mietdroschken vorüber, von raschen klugen Pferden gezogen, die selten dem sich drängenden Volke ein Leides tun. Näher zu den Toren, wo es einsamer wird, begegnen uns die vorweltlichen zweirädrigen Karren, beladen mit Weinfässern – sie kommen aus der *Vigna* und haben am Tore ihre Steuer erlegt – oder mit Steinen oder Schutt, zum Behuf der Bauten und Ausgrabungen. Auf den Wegen, die zum Bahnhof führen, suchen wir vergebens die knarrenden hochgetürmten Lastwagen, wie sie anderswo mit Ballen, Fässern, Kisten und Säcken der Eisenbahn zuströmen und von ihr kommen und den Boden erschüttern, daß die Fenster klirren und die Häuser zittern. Von Rom geht ein Eisenstrang südlich nach Neapel und weiter, ein anderer über *Civita Vecchia* nach Livorno; auf zwei Wegen durch das Binnenland wird Florenz erreicht, ebenso das adriatische Meer in Ancona und über Foggia. Die Straßen zum Welthandel stehen Rom nach allen Seiten hin offen, aber benutzt werden sie nicht, befahren weder von Gütern noch von Menschen. Das Erträgnis der römischen Bahnen ist gering, die Züge sind weder lang noch häufig. Roms Handel geht nicht viel weiter, als bis zu den Bergstädtchen im Umkreis, den sogenannten Castelli im

Latiner- und Sabinergebirge, alle höchst malerisch um den *palazzo baronale* gruppiert, aber alle höchst armselig. Roms Gewerbe beschränkt sich auf goldene und musivische Schmucksachen, die den Fremden gefallen sollen, aber keine Fracht für Bahnen und Schiffe abgeben. Essen und Schlöte sieht man in der Umgebung der neuen Hauptstadt nicht, mit Ausnahme höchstens der Gasanstalten, von denen aus die Straßen und Kaufläden erleuchtet werden; eine Börse, die diesen Namen verdiente, gibt es kaum, und die Campagna rundum gehört noch immer der toten Hand oder wenigen klerikalen Signori und Prinzipi, die die Dinge gehen lassen, wie sie zur Zeit der Väter gingen und wie es ihrer Trägheit zusagt.

Victor Hehn (1813–1890)

Tod des Königs

[10. Februar 1878]

Der Tod des Königs lag als ein gewaltiger Eindruck auf der Stadt Rom, wo alles noch bestürzt war und voll Zweifel an der nächsten Zukunft. Das Zuströmen von Repräsentanten der Nation aller Art nahm so große Verhältnisse an, daß Rom seit Jahrhunderten nichts Ähnliches gesehen hat. Zum ersten Mal zeigte die Stadt ein ganz italienisches Antlitz, ja, was noch wichtiger war, ein monarchisches Gefühl. Italien einigte sich hier in einem so allgemeinen Bewußtsein, daß jedes Parteiinteresse verschwand und der Tod des ersten Königs zur feierlichen Bestätigung der Einheit der Nation wurde. Sie gab am Sarge Viktor Emanuels nochmals ihre Voten ab, während das gesamte Ausland sich beeilte, seine lebhafteste Sympathie auszudrücken. Die Leichenfeier gestaltete sich zu einem politischen Akt, der allen Feinden Italiens, in erster Linie dem Papsttum jede Hoffnung auf einen möglichen Umsturz benehmen mußte.

Wenn die Jesuiten geglaubt hatten, daß der Tod Viktor Emanuels das neue Reich erschüttern werde, so täuschten sie sich bitterlich; denn es befestigte vielmehr Italien und zeigte es vollkommen konsolidiert. Erst der tote Viktor Emanuel hat von Rom Besitz genommen. Umberto I. übernahm das Erbe seines Vaters im

Quirinal mit der vollkommenen Sicherheit eines legitim gewordenen Zustandes. Das Glück der Italiener, welches ihre Verluste zu Gewinnen macht, bewährte sich auch hier. Denn es war ein Glück, daß Viktor Emanuel in Rom, im Quirinal starb statt irgendwo in Neapel oder Turin oder gar auf dem Gut Mandria, in den Armen seiner geliebten Rosina. Es war ein Glück, daß er starb, während die Linke De Pretis-Crispi am Ruder der Regierung saß; denn so mußte diese tun, was die Rechte getan hatte, nämlich sich monarchisch zeigen. Selbst der leidende Papst fühlte bei der Nachricht vom Sterben des Usurpators sein italienisches Herz sich regen: er schickte einen Geistlichen ab, seinen Feind zu absolvieren, zu dem er stets persönlich innere Zuneigung gefühlt hatte. Der Priester ward nicht angenommen. Viktor Emanuel empfing die Absolution von seinem Hofkaplan. Er sagte: „Ich sterbe als Katholik. Wenn ich persönlich dem Papst zu nahe treten mußte, so bedaure ich, daß ich das aus Pflicht für meine Nation habe tun müssen."

Ferdinand Gregorovius (1821–1891)

Vergänglichkeit und Dauer

Rom ist nicht eine Stadt der Vergangenheit, nicht eine Stadt der Vergangenheiten. Es macht seine Einzigartigkeit aus, daß sich immer neue Gegenwartsschichten bilden. Und doch ist es nicht richtig, nach dem Vorbilde der Ausgräber von Troja hier von Schichten zu sprechen. Eine solche Anschauungsweise müßte, auf Rom angewandt, mechanisch vergewaltigend erscheinen, und man wird ja auch bei einem lebenden Wesen die Jahresablagerungen und Zuwächse nicht als Schichten bezeichnen. Alles durchdringt, alles bedingt einander. Rom hat keinen musealen Charakter, wie etwa, um in kleineren Verhältnissen zu sprechen, Rothenburg ob der Tauber. Der Vorstellung, Rom hätte vor zweitausend Jahren unter Denkmalsschutz gestellt werden können, eignet etwas Beklemmendes, etwas Schauerliches. Denn dies ist eine Stadt des Lebens, nicht eine Stadt konservierender Archäologie. Das Leben aber wird an irgendeinem Punkte immer wieder auf die Grenze stoßen, da die Pietät lebensfeindlich wird, und wird, da es ja sich selber nicht verneinen kann, diese Grenze, gleichgültig oder bedauernd, hinter sich lassen. Kraft, Fortgang, Beständigkeit des Lebens bezeugen sich auch noch in den Vandalismen, mit denen die unschätzbaren Nachbleibsel alter Zeit den kleinen, oft so kurzwierigen Zwecken und Bedürfnissen des Alltages geopfert werden. Im Winzigen gehören hierzu schon die häufigen Straßenumbenennungen, die jedem Wandel des politischen Augenblicksbildes folgen, Stadtpläne wertlos machen und dem Fremden, aber auch den Einheimischen, so oft die Orientierung erschweren. Im Großen jedoch werden Marmorstatuen zu Kalk gebrannt, Göttertempel und Grabmäler von machtgierigen Geschlechtern in städtische Trutzburgen umgeschaffen, Monumente als Steinbrüche, antike Sarkophage zur Viehtränke oder zum Abspritzen staubiger Lastautos benutzt. Dergleichen ist die Gepflogenheit des Lebens.

Vergänglichkeit und Dauer als die beiden Pole alles irdischen Daseins sind in Rom in einer unvergleichlichen Weise einander nahegerückt, ja miteinander verschmolzen, gleichwie Heiterkeit und Schwermut, Lärm und Schweigen, Hast und Gemächlichkeit, gedrängteste Enge und vergeuderischste Weiträumigkeit hier näher als irgendwo sonst beisammen liegen. Diese Gleichzeitigkeit, dies Neben-, Mit-, Durcheinander des Gegensätzlichen gehört zum römischen Bilde, und es haben ja auch in den vergangenen Zeiten Heiligkeit und Leidenschaft, Wildheit und Maß hier hart beieinander gewohnt.

Das Leben geht weiter, es kann geschehen sein, was da will. Und hat es einmal den Anschein, als solle es zum Erliegen kommen, meint man siebzig, hundert, zweihundert Jahre nichts als Zerfall, Verödung, Absterben zu gewahren, es behauptet sich dennoch; es überdauert.

Werner Bergengruen (1892–1964)

Liebeserklärung

Sie lieben das alte, das antike, das römische Rom, sie lieben die Foren mit ihrer zerschlagenen Größe, sie lieben den Blick am Abend über die alten Hügel, über die Zypressen, die einsamen Pinien, sie lieben die sinnlos gewordenen nichts mehr tragenden Säulen, die Marmorstufen, die nirgendwohin führen, die gespaltenen Bogen über den zugeschütteten Abgründen der Bildung gewordenen Siege, sie lieben das Haus des Augustus und nennen Horaz und Vergil, sie bewundern die Rotunde der Vestalinnen, und sie beten im Tempel des Glücks. Ich höre ihnen zu, wie sie unterrichtet von neuen Funden sprechen, mit Kennerschaft von Ausgrabungen und Museumsschätzen; auch ich liebe sie, liebe die alten Götter, liebe die Schönheit, die, lange in der Erde verborgen, wieder ans Licht kam, liebe das Maß und die glatte kühle Steinhaut der alten Gestalten, aber noch mehr liebe ich Rom wie es lebt, wie es ist und mir sich zeigt, ich liebe seinen Himmel, Jupiters unergründliches Meer, und ich denke, wir sind versunken, sind Vineta, und droben über dem Element, das uns umschließt, ziehen auf blendender Woge nie von uns gesehene Schiffe, und der Tod wirft sein unsichtbares Netz über die Stadt, ich liebe die Straßen, die Winkel, die Treppen, die stillen Höfe mit Urnen, Efeu und Laren und die lauten Plätze mit den tollkühnen Lambrettafahrern, ich liebe das Volk am Abend vor den Haustüren, seine Scherze, seine ausdrucksvollen Gesten, seine Begabung für die Komödie, sein Gespräch, das ich nicht verstehe, ich liebe die rauschenden Brunnen mit ihren Meergöttern, Nymphen und Tritonen, ich liebe die Kinder auf dem Brunnenrand aus Marmelstein, die gaukelnden bekränzten grausamen kleinen Neronen, ich liebe das Drängen, Reiben, Stoßen, Schreien, Lachen und die Blicke auf dem Corso und die obszönen Worte, die den Damen im Vorübergehen zugeflüstert werden, und ich liebe die starre leere Larve des Damenantlitzes, die der Schmutz mitformt, und ich liebe ihre Antworten, ihre Beschämungen und ihre Lust an geiler Huldigung, die sie eingegraben auf ihrem wirklichen Gesicht, verborgen unter der Straßenmaske, nach Hause und in ihre Frauenträume tragen, ich liebe die strahlenden Schaufenster des Reichtums, die Auslagen der Juweliere und die Vogelhüte der Modistinnen, ich liebe die kleine hochmütige Kommunistin der Piazza della Rotonda, ich liebe die lange blanke Espressobar mit der zischenden dampfspeienden Maschine und die Männer davor, die aus den kleinen Tassen den heißen starken und bittersüßen Kaffee trinken, ich liebe Verdis Musik, wenn sie in der Passage vor der Piazza Colonna aus dem Lautsprecher des Fernsehstudios schallt und ihr Echo zurückschlägt von den Stuckfassaden der Jahrhundertwende, ich liebe die Via Veneto, die Kaffeehäuser des Jahrmarkts der Eitelkeit, ihre lustigen Stühle, ihre bunten Markisen, ich liebe die hochbeinigen schmalhüftigen Modemädchen, ihr brandrot gefärbtes Haar, ihre blassen Gesichter, ihre großen staunenden Augen, Feuer, das ich nicht greifen kann, ich liebe die wartenden glücklichen dummen athletischen Gigolos, die von wohlhabenden Elastikformdamen eingehandelt werden, ich liebe die würdigen amerikanischen Senatoren, die der Heilige Vater empfängt und die sich alles kaufen können, ich liebe die weißhaarigen sanften Automobilkönige, die ihr Vermögen herschenken, die Wissenschaft, die Kunst und die Dichtung zu fördern, ich liebe die homosexuellen Poeten in engen Röhrenhosen und spitzen dünnsohligen Schuhen, die von den Stiftungen leben und ihre klingenden silbernen Armbänder kokett aus den überlangen Manschetten ihrer Hemden schütteln, ich liebe das alte faulende Badeschiff, verankert auf dem trüben Tiber vor der Engelsburg, und seine roten unbeschirmten Glühbirnen in der Nacht, ich liebe die kleinen heimlichen weihrauchdurchzogenen, mit Kunst und Schmuck ausgepolsterten Kirchen, obwohl Kürenberg sagt, das barocke Rom sei enttäuschend, ich liebe die Priester in ihren schwarzen, roten, violetten und weißen Gewändern, die lateinische Sprache der Messe, die Priesterschüler und die Angst in ihrem Gesicht, die alten Kanoniker in beflecktter Soutane und schönem speckigem Monsignorehut mit lustiger roter Kordel und die Angst in ihrem Gesicht, die alten Frauen, die vor den Beichtstühlen knien, und die Angst in ihrem Gesicht, die armen rilligen Hände der Bettler vor den geschnitzten und geschmiedeten Portalen der Kapellen und ihre Angst dort wo die Schlagader zittert im Hals, ich liebe den kleinen Lebensmittelhändler in der Straße der Arbeiter, der die großen Scheiben der Mortadella aufschneidet, als wären sie Blätter eines Baumes, ich liebe die kleinen Märkte, die Stände der Fruchthändler grün rot orange, der

Fischhändler Bottiche mit den unverstandenen Wesen der See und
alle Katzen Roms, die längs den Mauern streichen.

Wolfgang Koeppen (1906–1996)

Mamma Roma

Was ist Rom? Woran denke ich, wenn ich das Wort „Rom" höre?
Das habe ich mich oft gefragt. Und mehr oder weniger weiß ich es
auch. Ich denke an ein großes rötliches Gesicht, das Ähnlichkeit hat
mit den Schauspielern Sordi, Fabrizi, Anna Magnani. Dessen Ausdruck beschwert und nachdenklich ist von der Auswirkung ga-
strisch-sexueller Belastungen. Ich denke an braune, schlammige
Erde, einen weiten Himmel, wie eine aus dem Leim gehende Opern-
kulisse, in violetten, schwarzen und silbrigen Farbtönen – was tröstlich ist, weil Rom keine Grenzen kennt für senkrecht aufsteigende
Gedankenflüge. Rom ist eine horizontale Stadt aus Wasser und
Erde, hingebreitet, und darum eine ideale Plattform für die Phantasie. Die Intellektuellen, die Künstler, die immer in Reibung leben
zwischen zwei Dimensionen – zwischen Wirklichkeit und Vorstellung –, finden hier den richtigen und befreienden Anstoß für ihre
geistige Arbeit, abgesichert durch eine Nabelschnur, die sie in der
Realität verankert. Rom ist also eine Mutter, sogar die ideale Mutter, denn Rom ist gleichgültig: eine Mutter, die zu viele Kinder hat,
als daß sie sich mit dir abgeben könnte. Sie verlangt also nichts von
dir und erwartet sich nichts. Die Stadt nimmt dich auf, wenn du
kommst, und wenn du gehst, läßt sie dich ziehen wie das Gericht bei
Kafka. Darin liegt eine uralte Weisheit, die beinahe afrikanisch, prä-
historisch ist. Wir wissen, daß Rom eine geschichtsträchtige Stadt
ist, aber ihre Anziehungskraft liegt gerade in diesem prähistori-
schen, urhaften Zug, der in gewissen grenzenlosen und trostlosen
Aspekten deutlich zum Vorschein kommt: in Ruinen, die aussehen
wie beinerne Fossilien, wie gebleichte Mammutskelette.

   Gewiß hat diese Tröstlichkeit ihre negativen Seiten. Obgleich es
in Rom wenige Neurotiker gibt, muß man doch auch Jungs Er-
kenntnis bedenken, daß die Neurose dazu verhilft, zutiefst sich sel-

ber zu entdecken, durch einen Sprung in den Meeresgrund den Märchenschatz zu heben und vom Kind zum Erwachsenen zu werden. Rom zwingt einen dazu nicht. Mit ihrem großen Mutterbauch und Muttergesicht verschont die Stadt uns vor Neurosen, hindert uns aber am wirklichen Reifwerden. Es gibt hier keine Nervenkranken, aber auch keine Erwachsenen. Rom ist eine Stadt voller verzogener, lustloser, skeptischer Kinder, die durch die Verhinderung des natürlichen Wachstums auch ein wenig deformiert sind.

Das ist einer der Gründe, warum man in Rom so sehr an der Familie hängt. Auf der ganzen Welt habe ich keine Stadt kennengelernt, wo man so viel von der Verwandtschaft redet: „Hier stell ich dir meinen Schwager vor!" oder: „Das ist Lallo, der Sohn von meinem Vetter." Eine endlose Kette; man lebt unter lauter wohlbekannten, wohlabgezirkelten Leuten in einer gemeinsamen biologischen Gegebenheit: innerhalb von Nestern, von Bruten … auch die Soldaten nennt man alle „Sohn einer Mamma".

Soweit wir also alle etwas vom Halbwüchsigen an uns haben, bleibt Rom unsere ideale Mutter, die dich nicht dazu zwingt, dich ordentlich zu benehmen. Auch der landläufige Satz: „Wer bist denn du? Du bist ja ein Niemand!" ist tröstlich. Nicht nur Verachtung liegt darin, sondern auch Befreiung. Du bist niemand, also könntest du alles sein, alles steht noch offen, du kannst immer von vorne anfangen.

Federico Fellini (1920–1993)

Cicerone

Ach, wie gern ich andres schriebe –
Rom ist tot, Sankt Peter schweigt;
was ist Tizian, wenn nicht Liebe
mit dem Finger auf ihn zeigt?

Marc Aurel schwebt unveraltet,
Caesar ziert sich frisch vergipst:
alles einwandfrei gestaltet,
nur der Zauber ausgeknipst.

Was zu geben war, du gabst es –
(Was der Dichter sagt, das gilt!)
Nonnen, Schwarzbuntvieh des Papstes,
hasten kopflos durch mein Bild.

Plötzlich birst der Campanile:
wenn du hören magst, vernimm's:
stählern, ohne Selbstgefühle,
tret ich an den Lebenssims.

Suche hinterm Horizont
Deutschland-Deutschland nicht zu deuten:
Unbegreif-, Gewöhnlichkeiten:
schwarz-rot-blond.

Peter Rühmkorf (geb. 1929)

Zerstörte Illusion

Vor dem Krieg war Rom noch immer die Stadt, die Goethe und
Stendhal beschrieben hatten, eine kleine Stadt am Mittelmeer, die
gleichsam mehr Denkmäler als Häuser hatte; sie war der Verwal-
tungssitz zweier Staaten, hatte aber keine Gesellschaft, die imstande
gewesen wäre, die ganze Nation zu verkörpern. Wie in allen italienischen Städten gab es in Rom drei überlieferte Gesellschaftsschich-
ten: eine ungebildete, rückständige Aristokratie von Großgrund-
besitzern; ein Bürgertum oder besser, ein eingeschüchtertes, provin-
zielles Kleinbürgertum aus Akademikern, Kaufleuten und Staats-
beamten, und schließlich das sogenannte Volk, das man genauer als
'Plebs' bezeichnen müßte. Alles in allem war Rom keine moderne
Hauptstadt, im Sinne der Bedeutung, wie man ihn in Europa mit
diesem Begriff verbindet. (...)

Der Faschismus hatte Rom nach seiner Gewohnheit natürlich in
ganz und gar äußerlicher Weise als Hauptstadt präsentiert, als spek-
takulären „historischen" Hintergrund für Paraden, Aufmärsche,
Vorbeimärsche, Ansprachen des Diktators, Gedenkfeiern und ähn-

liche Selbstdarstellungen und Zeremonien. Es ist bezeichnend, daß er immer wieder die Spitzhacke aus der Hand legte und Denkmäler und andere kultische Bauwerke errichtete. Die propagandistische Ausbeutung des antiken Rom begann allerdings, um bei der Wahrheit zu bleiben, schon vor dem Faschismus, unter den Archäologen und den Gymnasialprofessoren aus der Gefolgschaft Carduccis. Mit dem Faschismus jedoch wurde sie mit bloßem Auge sichtbar, amtlich. Da er mit dem antiken Rom allein nicht zufrieden war, bezog er auch das päpstliche Rom in seinen Triumphalismus ein. Kurz: Unter dem Faschismus wurde ein Entwurf napoleonischen Zuschnitts verwirklicht; Rom mußte die Hauptstadt des geeinten Italien sein. Aber Mussolini war nicht Napoleon; die italienische Einheit war noch immer im Werden, und vielleicht wird sie nie vollendet. (…)

Städtebaulich betrachtet, ist Rom weder eine Metropole wie Paris oder London, noch eine Megalopolis wie Rio de Janeiro oder Kairo geworden. Es ist ein Mittelding und weist ebenso die Mängel der Megalopolis wie die der Hauptstadt auf, ohne deren Vorzüge zu besitzen. Rom konserviert ein winziges monumentales Zentrum, das immer weiter zerfällt und immer nichtssagender wird. Um dieses Zentrum herum lagern sich ungeheure Wohnviertel an, die alles andere als menschenfreundlich sind. (…) Sie gehören zum Scheußlichsten, was es auf dieser Welt gibt, und verwandeln das neue Rom, vier Fünftel der Stadt, in eine städtebauliche Horrorszene, die nur noch mit zu schnell gewachsenen asiatischen oder lateinamerikanischen Städten, die von einer erbarmungslosen, menschenfressenden Bauspekulation beherrscht werden, vergleichbar ist. Man muß kaum noch erwähnen, daß Rom eine der ungepflegtesten, schmutzigsten, am meisten vernachlässigten und am schlechtesten behandelten Städte Europas ist. Man könnte die Römer von heute in ihrer Mehrheit als Rowdies bezeichnen, die Statuen köpfen, Müll auf Straßen, Plätze und in Gärten kippen, die Denkmäler mit Obszönitäten oder Schwachsinn besudeln, kurz alles, was sie können, mit einem Vandalismus zerstören, der geradezu vorsätzlich und geplant erscheint. (…)

Zynisch, skeptisch, aller Ideale beraubt, materialistisch, abgestumpft, bietet Rom alles in allem das bestürzende Schauspiel einer

Hauptstadt, deren Haupt-, ja einziger Zweck darin besteht, in den Tag hineinzuleben, oder besser: zu überleben.

Alberto Moravia (1907–1990)

Ach diese Stadt

Die Via Capo le Case hinunterwischen, an der Seite der Stein geht mit, er riecht, er streckt seine Flanken aus, und jedes Lokal ist ein ruhig lehnender Mann, schwatzt, und aus dem Radiogeschäft trällert, feiert, erotisiert die Stimme der Mina im neuesten Schlager. Der Polizist pfeift, und in wildem Schwarm fahren die Wagen los, das Straßenbett, seinen Grund, aufwühlend mit Wimmeln, und doch kannst du mittendurch, das schnauft dich an, pustet, brüllt, aber jenseits, am andern Ufer, das ruhige Mischen der Leute, eine Kirche macht breit Portalgebärde, Treppenaufgang auf eine vorgeschobene Piazza hinaus, eine Frau, schwarz, steigt hernieder, das Kreuzzeichen vollendend und Mantel raffend, Anhauch von Weihrauch, Innendämmer und Ewigem Licht auf die Straße, dieweil ein Junge den Ball stößt, zwei Ladenbesitzer über die Straße schreien, die Geschäfte illuminierte Pracht hinauswölben, Fahrräder um Ecken flitzen, Kaffeebar dampft, die Vögel in Girlanden zwischen Lorbeergrün vor dem Wildgeschäft erschlaffen, die Schuhe sich stapeln daneben, die Karosse mit den Touristen in anderem Takt wankt, alles sich ineinanderfacht mit Abendgeruch, da schlägt, bimmelt Trinità dei Monti hernieder, und theaterrot ist der Stein auf der Piazza di Spagna, wo die Palme kulißt, der Muschelbrunnen die jungen Leute versammelt, und dennoch brät die Rosticceria dir ihre Lasagne in den Mund, und es ist ja noch hell, obwohl nun elektrisches Licht im bleichenden Tag schon wärmer durchdringt. Bei San Silvestro ist schon viel Corso, Leute führen Straßen spazieren, alles schreit, murrt, kocht, heizt, schnauft – und ist still. Gehe aus, gehe mich wärmen.

Ach, diese Stadt, hingelagert die vielen, vielen Häuser, die vielen Leiber aus Stein, teils überkuppelt, Mauern rötlich gebrannt und weißlich, gelblich gebleicht. Und das Hallende, Luftige dazwischen.

Große, große Stätte aus lang lagernden Leibern, Leibern mit Steinhaut sonnengetrocknet. Lagerstadt, backend in der Sonne, Lagerstadt atmend im Steinhausdunst hell. Backend und atmend im Himmel, im Himmel blau mit Händen zu greifen, Leiber aus Stein, ihre mauernen Rücken, Rücken an Rücken, lagernd.

Paul Nizon (geb. 1929)

RÖMER UND RÖMERINNEN

Lustfeuer auf allen Gassen

Unter Sachen, die mir in Rom abgehen, ist der Schlaf. Bei Tage ist es ziemlich ruhig in Rom, aber des Nachts ist der Teufel los. In der großen Freiheit und impunité, die hier herrschet, und bei der Nachlässigkeit aller Polizei, währet das Schreien, Schießen, Schwärmer-Werfen und die Lustfeuer auf allen Gassen die ganze Nacht hindurch bis an den hellen Morgen. Der Pöbel ist ungezähmt, und der Gouverneur ist müde worden, verweisen und hängen zu lassen. Wenn ich schlafen will, ist es nötig, mich beinahe zu besaufen, aber auch dieses Mittel ist in der unerträglichen Hitze nicht das beste. In entlegenen Gegenden aber, wo es stiller ist, kann ich nicht wohnen, weil Rom ungeheuer groß ist.

Johann Joachim Winckelmann (1717–1768)

Abendkonversationen

Die Gesellschaften der Römer sind, wie sie allenthalben sein sollten, frei und ungezwungen. Mittagsgesellschaften, oder Gesellschaften zum Essen, sind in Rom selten. Zum Essen werden nur vertraute Freunde gebeten, und dann werden gar keine Umstände gemacht. Einige geben offne Tafel an gewissen Tagen der Woche, aber deren sind sehr wenige. Bei den Geistlichen, und das sind die Vornehmsten der Stadt, ist nie eine Dame in der Gesellschaft; aber es fehlt deswegen nicht an Munterkeit. Des Abends fahren die Vornehmen spazieren in dem Korso, in ihren Staatswagen, und andre gehen nebenher zu Fuß um jene zu sehen. Dadurch wird die Stadt wenigstens im Mittelpunkt mit einmal lebhaft. Nach der Spazierfahrt gehen die Abendkonversationen an, die gewöhnlichsten und fast einzigen Gesellschaften, die man in Rom kennt. Man kommt und geht, wann man will, und ohne Komplimente. Man kommt in große Konversationen, zuweilen ohne den Herrn zu sprechen, der sich mit andern unterhält; man geht, ohne sich bei jemand zu beurlauben, selbst wenn es bemerkt wird, daß man aufbrechen will. In der Gesellschaft hört der Unterschied des Rangs und der Würde auf. Der Fremde ist wie der Einheimische, der Bürger wie der Edelmann und wie der Prinz geachtet. Einige dieser Konversationen sind gelehrte Zusammenkünfte, andre bloß der Erholung gewidmet. Man scherzt und heitert sich auf, ohne zum Spiel seine Zuflucht zu nehmen, und nie habe ich in irgendeiner Gesellschaft spielen gesehn.

Jacob Georg Christian Adler (1756–1834)

Die Liebe bei den Römerinnen

Was ist die Liebe bei den Römerinnen? Was sie sein kann bei diesem Klima, bei diesen Sitten, wo sie so selten Hindernisse antrifft, die sie verstärken, Vorurteile, die ihren Wert erhöhen, sittliche Begriffe, die sie verschönern, Zwang, der sie nährt, kurz, wo sich so selten alle Umstände vereinigen, wodurch sie in unsern Sitten so oft ein Glück, ein Sieg, eine Tugend wird.

Bei den Römerinnen ist die Liebe nichts als Zeitvertreib oder Geschäft oder Laune, und sehr kurze Zeit ein Bedürfnis. Als solches nützen sie die Liebe sehr früh ab; ihr Herz liebt, sobald es mannbar ist.

Von Liebe zu reden sollte doch eines der Mysterien der Liebe bleiben; hier aber ist es einer der Gemeinsprüche der Unterredung, so gut wie das Wetter, die Ankunft eines Fremden, die Beförderung dieses Morgens, die Prozession dieses Abends.

Vor ihren Müttern spricht man mit den Töchtern von Liebe; die Mütter sogar sprechen von Liebe vor ihren Töchtern. Eine Mutter erzählt ohne allen Rückhalt: meine Tochter ißt nicht und schläft nicht, „sie hat die Liebe" (*a l'amore*), als ob sie sagte: „meine Tochter hat das Fieber".

Ich habe Priester gesehen mit jungen Mädchen tanzen, und es

gab kein Ärgernis. Noch mehr, man fand nichts Lächerliches daran; denn es gibt hier kein Costume, keinen Wohlstand, keine Ansprüche, die Geschlechter, Würden, Alter voneinander unterschieden.

Ein alter Mann, ein Offizier, ein Kardinal können in einem Winkel, im Finstern mit einem jungen Mädchen schwatzen, und von Liebe.

Die Sprache ist so ausgelassen wie das Klima. Kann man einem Weibe etwas sagen, so sagt man ihr alles.

Im Ganzen genommen führen sich indes die Mädchen gut genug auf; bis zum Altar bringen sie fast alle die Jungfräulichkeit, nicht des Herzens, aber des Körpers, aus welcher die Italiener viel machen.

Die Mädchen bringen unter den Augen ihrer Mütter ihre erste Jugend mit Ausübung des Unterrichts zu, den diese ihnen über die Kunst, einen Mann zu fangen, gegeben haben. Weil aber die Männer auf ihrer Hut sind, so spannen sie zwanzigmal ihr Netz aus, ehe sie einen fangen. Sie lassen nichts unversucht, um es dahin zu bringen; aber in diesem Kunstgriff steckt zuweilen der Fehler.

Die anerkannteste Galanterie schadet hier nicht dem Ruhm; ein Weib ist tugendhaft, wie sie häßlich ist; galant, wie sie schön ist. Was ist es denn nun mehr? Sie liebt!

Die Weiber trennen sich nicht eher von der Liebe, das heißt von den Männern, als wenn sie sie nicht mehr bezahlen können.

Hier muß man bei den Weibern die herzliche Zärtlichkeit nicht suchen, die den Zauber jener geheimen, engen Gemeinschaft zwischen zwei Liebenden macht, die Zärtlichkeit, deren Leiden Wollust sind, die in Aufopferungen schwelgt, durch Genuß vermehrt wird; kurz, die sittliche Liebe, die den physischen Trieb fesselt oder beherrscht, oder wenigstens ihn verbirgt und schmückt.

Auch findet man hier unter den beiden Geschlechtern die reizenden Gattungen von Freundschaft selten, deren eine die Nachfolgerin der Liebe, die andere ihre Nachahmerin ist, und die beide ihr oft zum Verwechseln ähnlich sind.

Mercier Dupaty (1746–1788)

Aufrichtig und gutmütig

5. Dezember 1827. – Die nackte, traurige Wahrheit über viele Dinge kommt in Paris nur im Gespräch irgendeines alten galligen Advokaten zu Worte. Die ganze übrige Gesellschaft deckt geflissentlich einen Schleier über die häßliche Seite des Lebens. Diese übertriebene Verhüllung unter Leuten, die das Unglück haben, sehr reich und von sehr vornehmer Herkunft zu sein, wird bisweilen lächerlich; im allgemeinen jedoch bildet diese Art, das Leben darzustellen, den Reiz der französischen Gesellschaft.

Der Römer verhüllt *die bittere Wahrheit des Lebens* durch kein Kompliment. Die Gesellschaft, in der er lebt, ist von zu viel Todesgefahren umwittert, daß er sich der Gefahr aussetzt, Denkfehler zu machen, oder falsche Meinungen zu äußern. Seine Einbildungskraft gerät außer sich bei der Entdeckung eines unbekannten Unglücks. Sie will alles auf den ersten Blick überschauen und alsdann versuchen, sich daran zu gewöhnen.

Diese *Achtung vor der Wahrheit und die Beharrlichkeit der Wünsche* sind in meinen Augen die beiden großen Wesensunterschiede des Römers vom Pariser. Diese uns ungewohnte Aufrichtigkeit der römischen Gesellschaft gibt ihr zuerst einen Anschein von Bosheit; trotzdem ist sie die Quelle der Gutmütigkeit. Ein Freund empfängt uns nicht täglich mit einer verschiedenen Nuance. Das würde die Träumerei und das dolce far niente stören, die unter diesem Himmelsstrich die ersten Freuden sind, und das fruchtbare Erdreich, worin die Wollust keimt.

Die Völker verstehen einander nicht. Bei dem Wort *italienische Gutmütigkeit* zuckt der Franzose die Achseln; diese Gutmütigkeit tötet den Esprit. Ein geistvoller Römer, ein Gherardo de Rossi, würde, auch wenn er sich sein Leben lang damit abgäbe, nie ermessen, wieweit der *französische Leichtsinn* geht. Immerfort würde er, da er die Wahrheit nicht erfaßt, bei dem Gegenstand seiner Beobachtungen Heuchelei annehmen. Madame N … sagte heute abend: „Das größte Vergnügen an der Reise ist das *Erstaunen bei der Heimkehr.* Ich sehe, es gibt den albernsten Menschen und Dingen Wert."

Stendhal (1783–1842)

Reine Natur

Die Römer sind bekanntlich von Alters her ein stämmiger, stierhalsiger, dickköpfiger, fetter Schlag. Größere, schlankere Leute sind in Oberitalien. Doch findet man auch hier immer 10 schöne Menschen, bis man bei uns 2 findet. Mehr schöne Männer als Frauen, doch auch unter diesen, besonders im Stadtviertel jenseits der Tiber (Trastevere), wo der alte Schlag am ausgeprägtesten ist, eine Menge höchst bedeutender Gestalten und Köpfe. Wer Almanach-Begriffe im Kopfe hat, wird (…) sich hier wie in Italien überhaupt in Hinsicht auf weibliche Schönheit sehr betrogen finden. Wer aber fühlt, was bedeutende Formen sind, was Stil heißt, der wird gar viel Herrliches sehen.

Die Natürlichkeit verleugnet sich auch hier nicht. Die römischen Weiber aus allen Ständen essen nicht sehr fein, beißen drauf los, zerschlitzen einen Hahn halb mit dem Finger und schmatzen laut. – Körperliche Bedürfnisse werden höchst unverhohlen behandelt. Dort geht ein fein gekleideter Mann mit einer Dame, er gibt ihr seinen Stock oder Schirm zu halten, geht etwas weniges auf die Seite und sie wartet. Ein junger Deutscher wurde in seinem Logis von den Töchtern seiner Hausfrau, 2 sehr schönen Mädchen bedient. Diese sahen in seiner Gegenwart jeden Morgen nach dem Nachtstuhl (denn bessere Anstalten sind sehr selten und dann nichts weniger als eine commodité). Das genierte den schamhaften Jüngling so, daß er ihn gar nicht benutzte, sondern jeden Morgen bei Freunden eine Gastrolle gab, bis ihn die Mädchen fragten, ob er krank sei? „Warum?" „Perchè non cacate mai." Ich selbst habe meinen Nachtstuhl auf dem Korridor, die Tochter der Wirtin ging einmal vorbei, ich saß auf Kohlen und konnte doch nicht aufstehen, sie sagte, ohne zu lachen oder überhaupt nur irgend etwas Ungewöhnliches darin zu finden: „Fate pure." (Machen Sie getrost weiter.)

Höchst neugierig die Weiber. Habe ich einen Besuch, so streckt von meinen Hausleuten eins ums andere den Kopf herein. Eine große Wichtigkeit ist ihnen, daß ich mich morgens gurgle, was sie in ihrem Zimmer hören. Bei dem ernsten römischen Wesen doch beständig heiter und zum Lachen aufgelegt. Wenn ich abends nach Haus komme, steht meine dicke Wirtin da, stemmt die Arme in ihre

fetten Hüften und fragt, wo ich gewesen sei? – „In der Kneipe bei
den deutschen Künstlern." „Avete riso?" (Haben Sie gelacht?)
Wenn ich nun nichts zum Lachen habe, geht es mir sehr schlecht,
bringe ich aber einen Brocken zum Lachen mit, so wiederholt sie es
3-, 4mal und will sich ausschütten vor Lachen. Mein Zimmer und
meine Habe betrachten sie so ziemlich als zum gemeinschaftlichen
Gebrauch. Brenne ich meinen kleinen sturzenen Ofen ein, so sitzt
in kurzer Zeit mein Zimmer voll wie von Fliegen, die der Wärme
nachziehen, oft Vetter und Basen dazu; einmal brachten sie noch
einen Vetter, der schrecklich langweilige selbstgemachte Oden
deklamierte. Meinen Wachsstock etc. muß ich gewöhnlich drüben
suchen, dagegen kann ich nach demselben Rechte drüben holen, was
ich will.

Treue in der Liebe, auch in der Ehe, ist ziemlich selten. Freie Liebe
ohne Rücksicht auf Geldgewinn ebenfalls selten. Interessiertheit ist
römisches Nationallaster. Ein Fremder, der mit allerhand Illusionen
käme von hoher Liebe, wäre sehr geprellt, und klug tut jeder, der
diese Weiber als schöne Bilder an sich vorübergehen läßt und übrigens seine Zeit ganz der Kunst und Vergangenheit widmet. Die
jüngste Tochter meiner Wirtin ist ein Mädchen voll Anmut, ja noch
von einem Ausdruck süßer Unschuld, ist aber von den Verwandten
an einen Kerl verkauft, der im Hause ißt und schläft und dafür des
Mädchens Garderobe etc. bestreitet, auch wohl sonst Zuschüsse
gibt. Glaubt aber darum nicht, daß ich in einem schlechten Hause
sei, dies ist ländlich sittlich. Ich möchte sagen, ein Engel sei es, der,
nachdem das Herz des Mädchens zerstört war, noch in den Formen
und Gebärden, im naiven Hinlauschen des zierlichen Köpfchens,
dem anmutsvollen stets belebten Spiel der Hände sich leise und stille regt. – Es ist wahr, es sieht arg aus im Familienleben der Römer;
ärger als man glaubt. Der Grund ist klar [Hier ist eine Tiara ge-
zeichnet. Anm. d. Herausgebers.] Und doch noch so viel gute Anlage! So viel unverwüstliche Natur! Ja so viel Gutmütigkeit in der
Spitzbüberei! Die römischen Hausfrauen haben gar etwas Behag-
liches, Freundliches, fast Deutsches, nehmen dir aber dabei so viel
als möglich Geld ab und stehlen von deinem Holz (nicht alle, aber
viele). (…)

Die männliche Jugend gefällt durch Schönheit und Ausdruck von

Freiheitsgefühl. Besonders der Haarwuchs ist schön, niemals straff hängend, schön gerollt, und prächtige Bärte. Es ist aber ein Volk von Taugenichtsen; gehst du hinter zweien und hörst sie reden, so ist es mathematisch gewiß, daß du jedesmal die Worte: Paoli und Scudi, bella ragazza (Mädchen) und vestiti (Kleider) hörst.

Friedrich Theodor Vischer (1807–1887)

Patriarchen und Bürokraten

Die Römer führen noch ein patriarchalisches Leben. Die Mamma ist die Herrin im Haus, die Erzieherin der Kinder, zu Beginn der Ehe die Geliebte, und wenn die Kinder erwachsen sind, die zweite Mamma ihres Gatten. Die Familie lebt sippenweise beisammen, Tanten und Neffen, Vettern vom Lande und die Großmutter, Schwiegersöhne und Schwägerinnen, Enkel und Ahnen, Dienstmädchen und Beichtväter, alle in innigster Verflechtung. Da wechselt die antike Familientragödie mit der mittelalterlichen Familienposse pausenlos ab, von Seneca bis Goldoni, von Plautus bis Boccaccio, von Pirandello bis Moravia, alles lebt und liebt nach alter Sitte. Alle Tradition ist noch heute aktuell. Die jungen Mädchen fahren mit ihren Freunden im Auto ans Meer, nach Ostia oder Fregene, und zeigen im Bikini sozusagen mehr, als sie haben. Dennoch sind sie der Mamma und ihrem Sittengesetz untertan und leben in der Familienhorde wie in den guten alten Zeiten, die meist schlechter als unsere waren. Auch die gioventù bruciata, die Vitelloni, Pappagalli, Teppisti und Ganymede der Via Veneto, sind nur Wilde auf der Straße und im Hause gezähmt, trotz aller rüden jugendlichen Verachtung für die heuchlerische Welt der Erwachsenen, die ja in der Tat oft korrupt und jämmerlich sind. Aber auch die Väter, Mütter, Brüder, Schwestern stehn wie Schutzengel und Advokaten um ihre moralisch leichtbeschädigten Buben herum und verteidigen gegen die Justiz und die Welt die legale Unschuld ihres Buben wie eine Art männlicher Jungfräulichkeit. (…)

Sie leben nach unzähligen Verordnungen, es gibt in Rom lauter Beamte und Juristen, neben Weinhändlern, Maronibratern, Mönchen und einem doppelten Schub von Diplomaten, beim Papst und bei der Republik. Jeder legale Schritt und Halbschritt wird mit Haufen beschriebenen Stempelpapiers begleitet. Die Römer sind die Chinesen Europas. Zu allem braucht es der Verordnungen, und viele umgeht man. Zu allem braucht es der Zeugen, und manche kauft man. Jeder Römer weiß sich zu arrangieren. Zeugen warten vor Gerichten, vor Ämtern, vor Notaren. Sie kosten hundert Lire oder tausend. Da bezeugt zwanzigmal am Tag derselbe, 'autorisierte falsche Zeuge' für wechselnde Klienten, daß des einen Doktorbrief mit dessen Villa in Neapel verbrannt ist, daß der nächste in Mailand Postdirektor oder Major ist, daß des dritten Onkel in Florenz ihn zum alleinigen Erben testamentarisch bestimmt hat.

Viele Römer glauben, daß es Verordnungen gibt, welche nur Dummköpfe befolgen, sonst ist man ein bischero, der sich vom Schein foppen läßt, der klassische bottone und piagnone. Andere Verordnungen sind unerläßlich, einige gelten im Frühjahr nicht oder nur im Frühjahr, oder im Herbst, andre werden von einem Tag zum andern strenge durchgeführt, weil der neue Minister oder Polizeipräsident eben an dieser Verordnung die Macht der Gesetze oder den neuen Kurs der Regierung erweisen will.

Hermann Kesten (1900–1996)

Guerillakämpfer, akustisch unsensibel

Die Römer und der Lärm

Die Römer haben ein seltsames Verhältnis zum Lärm – nämlich keines. Die Mehrheit von ihnen registriert den Lärm überhaupt nicht; und weil er *sie* nicht stört, machen sie weiterhin Lärm, in der Annahme, er störe auch andere nicht.

Manche Fachleute der menschlichen Psyche versuchen immer und immer wieder, den Ursprung dieser sogenannten akustischen Unsensibilität zu erforschen. Nun, die Gewohnheit spielt eine eminent wichtige Rolle: Ein römisches Kind ist mehr von Lärm umgeben als ein anderes. Man spricht laut, Hörfunk- und Fernsehgeräte laufen in voller Lautstärke, ohne daß sich jemand der Nachbarn darüber aufregt. Beim Verkehrsstau hupen die Autofahrer, als wenn dadurch der Fluß der Autos wieder in Gang käme. In Wahrheit jedoch 'befreit' das Hupen den Fahrer von seinem Zorn darüber, stillzustehen – so quasi nach dem Motto: Wer hupt, entspannt. Daß der Lärm andere stören könnte, daran denken wenige.

Aber abgesehen davon, daß man in Italien mit Lärm aufwächst, also daran gewöhnt ist, nennen manche Psychologen und Soziologen auch andere Gründe für die auffallende Unempfindlichkeit so vieler Italiener für Lärm: es stecke so etwas wie eine atavistische Angst vor der Stille dahinter, und somit auch ein gewisser Infantilismus. Italiener bräuchten Lärm und 'Laut-Sein', um sich selber Mut zu machen, ähnlich wie manche Kinder singen, wenn sie alleine in einen dunklen Keller hinabsteigen müssen.

Viele sind erstaunt, wenn man sie auffordert, sich ruhiger und stiller zu verhalten: „Wenn man tot ist, wird man so lange still sein müssen", sagen sie. Von akustischer Verschmutzung weiß der Durchschnittsbürger in Italien also noch recht wenig und faßt solche Gefahren eher theoretisch auf.

Hüter der Ordnung

Autofahrer wie Polizisten zeigen erstaunliche Geduld. Die Fahrer bleiben dabei dem Grundprinzip vieler Römer treu: Mit den Hütern der Ordnung soll man sich nie anlegen, sondern 'elastisch' sein; infolgedessen wird versucht, unter allen Umständen den *vigile* in ein Gespräch zu verwickeln: Es wird verhandelt, alle Überredungskünste werden versucht. Die Auswahl der Argumente paßt sich dabei der jeweiligen Situation an. Zur Zeit sind Höflichkeit, Respekt und Freundlichkeit gegenüber den Polizisten Trumpf. Eine ungewöhnliche Verwirrung aber stiften jene wenigen – zu denen auch ich mich zähle –, die, erwischt man sie *in flagrante*, mutig in die Augen des Ordnungshüters blicken und deutlich und klar nur die Wahrheit sagen, nämlich: „Sie haben recht, Sie haben Ihre Pflicht zu tun, strafen Sie mich." An so viel Bürgersinn ist ein römischer *pizzardone*, wie der *vigile* umgangssprachlich heißt, nicht gewöhnt: Der arme Mann wittert eine Falle. Er staunt, zögert, zweifelt, wägt ab und murmelt dann: „Gehen Sie, gehen Sie, aber schnell." Dann wendet er sich hastig ab, als wäre er dem Teufel begegnet.

Die Freude der Römer am Disput, am Verhandeln, am Hinausschieben, wenn es um eine wohlverdiente Verkehrsstrafe geht, hat mich immer fasziniert. Denn es geht dabei keineswegs um Geld, die Römer sind eher *spendaccioni,* verschwenderisch. Ich vermute, es geht ihnen mehr um die 'psychologische Ehre', jemanden reinzulegen. Professor De Masi, Soziologe und Verhaltensforscher in Rom, vermutet, daß römische Autofahrer deshalb so gern diskutieren, „weil es doch in der Lage, bei einer Verkehrssünde ertappt zu werden, die einzig mögliche Haltung ist: Es zeugt von rationalem Verhalten in der gegebenen Situation und von Flexibilität in einem äußerst turbulenten Kontext. Der Fahrer darf nicht mit einem Soldaten verglichen werden, der einen regulären Stellungskrieg führt, sondern mit einem Guerillakämpfer, der sich an den Dschungel anpassen und alles unternehmen muß, um lebend davonzukommen." – „Ja, und die Nachteile?" wollte ich weiter wissen. „Zeitverlust und Neurosen. Und Zeit hat in einer postindustriellen Gesellschaft einen gewaltigen Wert. Doch, wohlgemerkt, Signora, es gibt auch Vorteile: Das Verhalten der römischen Autofahrer bedeutet ein ständiges Training zur Anpassung und Flexibilität. In 100 Jahren könnten die Römer hervorragende Manager von Zukunftsunternehmen sein – jetzt machen sie eine kostbare Lehrzeit dafür."

Franca Magnani (1925–1996)

KAPITOL

Mittelpunkt des Reiches

Wenn von seiner Burg aus Jupiter schaut auf den Erdkreis,
bietet sich nichts seinem Blick, was nicht den Römern gehört.

Ovid (43 v. Chr.–17 n. Chr.)

Nichtigkeit der Welt

Also wirdt auch heutiges tags kein orth oder platz / under der Sonnen gefunden / da man die nichtigkeit dieser Welt / eigendtlicher
möge sehen / unnd mit der Faust selbs greiffen / alß eben das Capitolium zu Rom.

Dann wo ist doch ein Vestung auff erden gewesen / in welche die
fürnembste Schätz / Kriegsraub und Siegzeichen / der gantzen
Welt / mit so grossen freuden / seind getragen worden / alß eben
das Capitolium zu Rom? Wo seind grössere Ehren den menschen
außgetheilt worden / alß in dem Capitolio zu Rom? Wo seind schö-
nere Kunststuck unnd Kleinoth gewesen / alß in dem Capitolio zu
Rom? Ist nicht das Capitolium der orth / da die fürnemsten Häup-
ten der Welt / wider alle Königreich / und Fürstenthumb / haben
Rath gehalten? Ist nicht das Capitolium die Gerichtskammer gewesen / ab deren Macht unnd Herrligkeit alle Monarchen und Poten-
taten mußten erschrecken?

Nun aber ist das mächtige und schöne Gebäw / gleich wie die
Menschen / so darinn jhres leibs und gemüths Macht unnd Herrligkeit / dem gantzen Menschlichen Geschlecht zur verwunderung
/ vor zeiten erzeigten / abgestorben / unnd so tieff in die Aschen
gefallen: also daß / wo die alten Scribenten durch Gottes fürse-
hung die denckwürdigsten sachen nicht so fleissig hetten verzeich-

net / were uns heutiges tags / schwerlich zu glauben / daß auff
dem jetzigen Capitolinischen Berg vor zeiten das Capitolium seye
gestanden.

So dann nun solche mächtige ding mit der zeit vergehen / soll
man sich nicht verwundern / wann geringere / oder auch gleichför-
mige zu boden fallen / unnd / mit jhrem undergang / der Welt all-
gemeine unbestendigkeit bezeugen.

Ich zwar / alß ich dieses alles / auß anerborner begierd und liebe
zu den alten sachen / mit fleissigen Augen besichtiget / und der
vielfältigen anzeigungen geweßner Römischer Herrligkeit rings
herumm in der Statt / nicht ohne trauriges bedauren / hatte wahrgenommen / wurde durch mancherley gedancken dermassen in
meinem Gemüth bewegt / daß ich mit Petronio / alß derselbe seinen freund Lycam / einen schönen starcken Jüngling / an dem Ufer
des Meers / wider sein verhoffen / todt gesehen / etlich mahl mit
verbißnen Seuffzen / auff die Brüst geschlagen / unnd bey mir selbs
gesprochen: (…)

Dieses seind der Menschen Anschleg / dieses seind die Gelübd
grosser Gedancken. Wa ist jetz dein Zorn? Wa ist jetz dein Macht?
Nuhn bist du den wilden Thieren fürgeworffen / und der du erst
jetz die Macht deines Reichs gepriesen / hast under den Wällen /
von einem solchen grossen Schiff nicht ein einig Brett / oder stuck
Holtz bekommen.

Johann Jacob Grasser (1579–1627)

An Marc Aurel

Lösch aus das licht Marc gute nacht
und schließ das buch Über dem kopf
steigt schon der sterne silberlarum
des himmels fremder zungenschlag
der schrei des schreckens der barbaren
den dein latein nicht sagen kann
es ist die alte angst die finstre angst
was da ans morsche menschenufer schlägt

Und siegt Ob du das brausen hörst
der flut Der strom der elemente wird
zerstören deine alten lettern
bevor der welt vier wände fallen
Was bleibt uns – zittern in der luft
in asche blasen und den äther trüben
an fingern nagen leere worte suchen
und hinter uns die schatten der gefallnen schleppen

So lege Marc den frieden lieber ab
und reiche deine hand mir überm dunkel
Sie bebe wenn der blinde kosmos einschlägt
in die fünf sinne wie in eine lyra

Verraten wird das all uns die astronomie
der sterne rechnung und der gräser weisheit
und deine allzu große größe
und auch mein ratloses gewimmer Marc

Zbigniew Herbert (geb. 1924)

Kapitolinisches Museum · Sterbender Gallier

Auf den gekrümmten Arm gestützt, neigt tief
Sein Antlitz er im Todeskampf. Die Wucht
Des Schicksals beugt sein Haupt. Doch düster blickt
Aus leidverzerrten Zügen Rachgier-Trotz,
Entrüstung, Scham und ohnmächtige Wut.
Noch immer glaubt das Aug', gleich werd' er fallen.

James Thomson (1700–1748)

Der sterbende Fechter

Wofür hat er gekämpft? Gleichviel! Und war's um gemeinen
Taglohn: vornehm erscheint immer im Sterben der Mensch.

Paul Heyse (1830–1914)

S. Maria in Aracoeli · Weissagung der Sibylle

Als die Senatoren sahen, daß Octavian von solcher Schönheit war,
daß niemand in seine Augen schauen konnte, und in solchem Glück
und Frieden herrschte, daß er sich die ganze Welt tributpflichtig
machte, sagten sie zu ihm: „Wir wollen dich anbeten, weil Göttlichkeit in dir ist. Wäre dies nicht so, ginge dir nicht alles glücklich
aus." Er lehnte ab und verlangte Ruhe. Er ließ die Tiburtinische Sibylle holen und berichtete ihr, was die Senatoren gesagt hatten. Sie
verlangte drei Tage Zeit, in denen sie strenges Fasten einhielt. Nach
dem dritten Tage antwortete sie dem Kaiser:
„Ohne Zweifel, Herr Kaiser, ist dies das Zeichen des Gerichts:
Die Erde wird von Schweiß triefen.
Vom Himmel wird ein König kommen, der in alle Ewigkeit herrscht,
im Fleische gegenwärtig, um die Welt zu richten"
und so weiter. Auf der Stelle öffnete sich der Himmel und ungeheurer Glanz fiel auf ihn. Und er sah am Himmel eine Jungfrau von
unvergleichlicher Schönheit, die über einem Altar stand und ein
Kind in ihren Armen hielt. Er wunderte sich sehr und hörte eine
Stimme, die sprach: „Das ist der Altar des Gottessohns." Und sofort
war er sich zu Boden und betete. Er erzählte den Senatoren von dieser Erscheinung, und sie wunderten sich sehr. Diese Erscheinung er-
eignete sich im Gemach des Kaisers Octavian, wo jetzt die Kirche
der heiligen Maria auf dem Kapitol steht; daher heißt sie Heilige
Maria Altar des Himmels (Sancta Maria Ara celi).

Mirabilia urbis Romae (12. Jahrhundert)

Kinderpredigt vor dem S. Bambino

Der Grotte gegenüber steht auf der andern Seite des Kirchenschiffes ein Predigtpult, auf welches Kinder im Alter von sechs bis zu zehn Jahren steigen, eins nach dem andern, jedes etwa fünf Minuten lang predigend; und das geht etwa zwei Stunden vor einigen tausend Menschen so fort.

Ein kleiner hübscher Junge stieg zuerst auf das Pult, schlug ein Kreuz und fing mit Gebärden, wie Kinder handbewegend zu deklamieren pflegen, eine wohlgesetzte Predigt von dem in die Welt gekommenen Heil an. Sein Nachfolger, ein größerer Knabe im Chorhemd, verstand es noch besser. Er schrie mit komischem Pathos, donnerte seine Predigt gleich einem Kapuzinermönch herunter und gestikulierte gleich einem tragischen Schauspieler. Man sah ihm an, daß er ein angeborenes Talent zur Mimik besaß; kam in seiner Predigt das Wort Kopf vor, so faßte er nachdrucksvoll nach dem Kopfe, Auge, nach dem Auge, Ohr, nach dem Ohr. Als er einmal Harfenspiel sagte, machte er sofort mit beiden Händen die Griffe eines Harfenspielers. Diese kindliche Art, mit der Mimik die Dinge selbst in ihrer Leiblichkeit zu geben, fand den lebhaftesten Beifall bei allen Zuhörern, welche die Predigt teils andächtig aufnahmen, weil Kinder die Wahrheit sagen, teils sich an ihr vergnügten wie an einem Marionettenspiel.

Keines der Kinder war im mindesten verlegen, die meisten schienen stolz zu sein, daß sie vor Tausenden sprechen durften, und mit dem zunehmenden Sicherheitsgefühl nach überwundenem Anfang schwoll ihre Stimme immer höher und wurden ihre Gebärden immer theatralischer. Mancher Redner vor dem Parlament würde sich die Unbefangenheit eines solchen predigenden Kindes zu wünschen Ursache haben, und nur wenige möchten ein so großes, aus vielen Nationen zusammengesetztes Publikum vor sich sehen, als hier in Ara Celi sich zusammenfindet. (...)

Das Ansehen, welches der Bambinello von Ara Celi in Rom genießt, ist sehr groß; es hängt mit einer Legende zusammen. Eines Tages, es war vor vielen Jahren, verliebte sich eine junge Engländerin in ihn bis zum Sterben. Täglich besuchte sie die Kirche, täglich wuchs ihre Sehnsucht, endlich beschloß sie, den Kleinen zu entführen. Sie verfertigte heimlich einen ähnlichen Bambino, einen Wechselbalg, trug ihn in die Kirche und vertauschte ihn mit der echten Puppe, welche sie mit sich nach Hause nahm. Aber in derselben Nacht fingen alle Glocken im Kloster und in der Kirche Ara Celi von selbst zu läuten an, die Mönche stürzten heraus und fanden den entführten Bambino mit gebogenem Knie an der Tür stehen, im Begriff, sie aufzustoßen, denn er hatte sich aus den Gemächern der Engländerin auf und davon gemacht. Dies ist die Legende vom Bambino in Ara Celi. Seitdem kam er in große Liebe, und oft genug kann man ihn in seiner Kutsche fahren sehen, wenn er Krankenbesuche macht. Auch in der jüngsten Revolution Roms spielte er eine Rolle. Das Volk hatte nämlich die Wagen der Kardinäle zertrümmert und verbrannt, es schleppte selbst den kostbaren Wagen des Papstes aus seinem Verschluß und wollte ihn vernichten. Aber gemäßigte Männer oder solche, die von den Priestern bearbeitet waren, erhoben sich dagegen. Sie wollten die Prachtkutsche des Papstes retten, sie machten also den Vorschlag, sie dem heiligen Bambino in Ara Celi zum Geschenk zu machen. Niemand unter den Republikanern wagte diesem Vorschlag zu widersprechen, und feierlich wurde der Bambino zum Eigentümer des Wagens erklärt. Zum Beweise, daß er wirklich davon Besitz ergriffen habe, fuhren ihn eines Tages die Mönche in dem Papstwagen öffentlich auf dem Corso spazieren.

Seht, die große Prozession setzt sich in Bewegung, sie holt den Bambino aus dem Schoß der Mutter Gottes, führt ihn durch die Kirche und auf die große Treppe, wo er dem Volk gezeigt wird, und dann kehrt sie zurück, um den Bambinello zu verschließen. Es sind prächtige Köpfe unter den Franziskanern in Ara Celi, Gesichter, die in der Kutte stecken, wie ein halb eingesunkener Grabstein von römischem Travertin in der Erde steckt mit verwischter Lapidarschrift; andere sind eherne Köpfe, Dickköpfe wie Claudius, und Fettgesichter gleich Nero.

Die Kinderpredigten sind zu Ende.

Ferdinand Gregorovius (1821–1891)

FORUM ROMANUM
PALATIN
CIRCUS MAXIMUS

Menschen auf dem Forum

Nun zeig ich euch, an welchem Ort der Stadt
Jedweder Mensch am leichtesten zu finden ist,
Damit ihr nicht lang laufen müßt, wenn einen ihr
Wollt treffen, sei er ein Gauner, sei er Biedermann.
Wer einen finden will, der falsch geschworen hat,
Den schick ich aufs Comitium. Wer 'nen Lügner sucht
Und Prahlhans, geh' in Cloacinas Heiligtum.
Verschwenderische, reiche Ehemänner trifft
Man in der Börsenhalle; dort begegnet man auch
Den ausgedienten Huren und dem Kupplervolk;
Am Fischmarkt findet man die Picknick-Arrangeure.
Ganz unten auf dem Platz spazieren
Honette, reiche Leute; in der Mitte, beim Kanal,
Stehn lauter Renommisten; Gecken, Schwätzer und
Verleumder hinterm Teich. Sie sprechen schlecht
Von andern, dreist, um nichts; doch, fragt man nach,
Sind sie's, von denen sich am meisten sagen läßt.
Die Wucherer samt ihren Kunden findet man
Bei den alten Buden; hinter Castors Heiligtum
Die, denen man zum eignen größten Schaden traut.
Im Tuskerviertel hausen Leute, die sich selbst
Verkaufen; im Velabrum Bäcker, Fleischer, auch
Wahrsager aus den Eingeweiden, solche, die
Den andern Nasen drehn, sich selbst auch lassen drehn.

Plautus (um 250–184 v. Chr.)

Rostra · Ciceros Ende

Marcus Cicero hatte bei der Ankunft der Triumvirn die Stadt verlassen, da er es für gewiß hielt – was es auch war –, er könne dem Antonius ebensowenig entgehen wie Cassius und Brutus dem Octavian; zuerst flüchtete er sich auf sein Gut in Tusculum, von dort auf Seitenwegen zu seinem Landgut in Formiae, wie man reist, wenn man von Gaeta aus ein Schiff nehmen will. Von da fuhr er auf die hohe See hinaus; bald trieben ihn widrige Winde mehrmals zurück, bald konnte er das Schwanken des Schiffs im chaotischen Wirbel der Fluten nicht mehr aushalten: da überkam ihn schließlich Überdruß an der Flucht und Lebensekel. Und er kehrte zu seinem auf der Anhöhe gelegenen Landhaus zurück, das wenig mehr als eine Meile vom Meer entfernt ist, und sagte: „Ich will in meinem Vaterland, das ich oft gerettet habe, sterben."

Es ist hinreichend bekannt, daß Sklaven beherzt und treu zum Kampf bereitstanden, daß er selbst aber die Sänfte absetzen ließ und ihnen befahl, ruhig zu erdulden, wozu ein ungerechtes Schicksal sie zwinge. Er beugte sich aus der Sänfte und bot seinen Nacken, ohne ihn zu bewegen, und so wurde ihm das Haupt abgeschlagen. Der törichten Grausamkeit der Soldaten genügte das noch nicht. Sie schnitten ihm auch die Hände ab, da sie, wie sie ihm vorwarfen, etwas gegen Antonius geschrieben hatten. So wurde Ciceros Haupt Antonius überbracht und auf seinen Befehl zwischen den beiden Händen auf der Rednertribüne aufgestellt, dort, wo er als Konsul, wo er oft als Konsular gegen Antonius gesprochen hatte und in eben diesem Jahr für seine Beredsamkeit so bewundert worden war wie nie eine andere menschliche Stimme.

Die Bürger vermochten kaum ihre tränenfeuchten Augen zu erheben und die verstümmelten Glieder zu betrachten.

Livius (59 v. Chr.–17 n. Chr.)

Atrium der Vestalinnen · Lebendig begraben

Domitian wünschte, daß Cornelia, die oberste Vestalin lebendig begraben werde – er glaubte, durch derartige Beispiele werde auf seine Regierungszeit ein besonders strahlendes Licht fallen. So berief er mit dem Recht des Oberpriesters oder vielmehr mit der Unmenschlichkeit des Tyrannen und mit der Willkür eines Despoten die übrigen Priester nicht in die Regia, sondern in sein Landhaus in Alba.

Und daß er Cornelia in Abwesenheit und ohne Anhörung wegen Unzucht verurteilte, war kein geringeres Verbrechen als das, was er zu bestrafen vorgeben wollte.

Sofort wurden die Priester ausgesandt, die sie vergraben und töten lassen sollten. Sie erhob ihre Hände bald zu Vesta, bald zu den übrigen Göttern und schrie alles mögliche heraus, immer wieder aber folgendes: „Der Kaiser hält mich für unzüchtig, mich, durch deren Opfer er gesiegt und triumphiert hat!"

Ob sie das um zu schmeicheln oder zum Hohn, ob aus Selbstsicherheit oder aus Verachtung für den Kaiser sagte, weiß man nicht. Sie rief es aus, bis sie, vielleicht unschuldig, auf jeden Fall aber wie eine Unschuldige aussehend, zur Hinrichtung geführt wurde. Ja, als sie in das unterirdische Gemach hinuntergeführt wurde und ihre Stola beim Hinabsteigen hängenblieb, da drehte sie sich um und raffte sie zusammen, und als ihr der Henker die Hand geben wollte, wandte sie sich ab und wich zurück und wies die schmähliche Berührung, als sei ihr Körper völlig keusch und rein, mit höchster Züchtigkeit zurück.

Plinius der Jüngere (ca. 61–113)

Der Campo Vaccino wird ausgegraben

Die neuen Reisebeschreiber haben die Aufräumung des Forum Romanum durch die französische Regierung, womit die heilige Statthalterschaft nachmals fortgefahren ist, weidlich gepriesen. Sie haben in der Abreißung der Hütten, Buden, Lauben und Hecken, die sich einst an die alten Trümmer schmiegten, in der Aufgrabung der Mauern und Säulen bis an den antiken Boden und in der Abscheidung derselben durch steinerne Umzäunungen eine dem heiligen Altertume geziemende Ehrfurcht erkannt.

Dagegen klagen die Römer, und an sie schließen sich die deutschen Maler, über die Verschimpfung des alten Forum. Das schöne Forum, rufen sie aus, man erkennt es gar nicht mehr! Die abgeschmackten Antikler! Da haben sie den schönen Rasen aufgeworfen und runde tiefe Löcher um die abgeschälten Ruinen gezogen und gar noch eine Mauer darum mit verschlossenem Tore, als ob ihnen einer das Altertum aus Rom wegstehlen wollte. Und die schönen Rebenlauben und die wunderliebliche Eremitenhütte im Kolosseum! – Wer möchte jetzt noch auf dem Forum zeichnen! – Fürwahr, es hätte nicht lange mehr mit den Franzosen in Rom dauern dürfen, so hätten sie gar die Kirchen niedergerissen, die auf antiken Fundamenten stehen, um nur das pure Altertum aufzudecken; ja, sie hätten die grünen Ranken und Gesträuche und die bunten Blumen von dem Kolosseum heruntergejätet und endlich das moderne Sonnenlicht durch einen ungeheuren übergebauten Antiquitätensaal von den antiken Trümmern abgeschnitten. – Kann man doch jetzt nicht im Finstern über das Forum gehen ohne auf Schutthaufen und in Gruben zu fallen. Und statt der weißen Rinderherden, die sonst auf dem grünen Rasen lagerten, und ihrer braunen Treiber, die den lustigen Saltarello in dem Schatten der Eichen und Linden tanzten, schleichen jetzt nur Reisebeschreiber mit Brillen, Meßstäben und dem Vasi über das aufgewühlte Feld.

Ich habe das Forum in seiner früheren Gestalt nicht gesehen, aber dennoch darf ich mich auf die Seite der Unwilligen stellen. Ich liebe, das Altertum mit dem frischen Leben der neuen Welt umschlungen zu sehen. Man genießt so beides freudiger und erkennt es tiefer durch den nahen Gegensatz. Bei uns mag sich das klassische Altertum immerhin in Gelehrtenstuben und Antiquitätensälen verschließen: wir haben keinen natürlichen Boden, Luft und Leben dazu. Aber das fehlt in Rom nicht, und der Pulcinell ist nicht fremdartiger im Kolosseum als eine blauäugige Stickerin, die mit einem Strauße von Vergißmeinnicht und Matthissons Elegie auf den Ruinen eines deutschen Bergschlosses sitzt.

Wilhelm Müller (1794–1827)

Campo Vaccino · Heilige Trümmer

Seid mir gegrüßt ihr heil'gen Trümmer,
    Auch als Trümmer mir gegrüßt,
Obgleich nur noch Mondenschimmer
    Einer Sonn', die nicht mehr ist.
Nennt euch mir, ich will euch kennen,
I   ch will wissen was ihr wart,
Was ihr *seid*, brauchts nicht zu nennen,
    Da die Schmach euch gleich gepaart.

Eintrachtstempel, du der erste,
    Der sich meinem Blick enthüllt;
Deine letzte Säule berste!
    Schlecht hast du dein Amt erfüllt!
Solltest deine Brüder hüten,
    Wardst als Wächter hingesetzt,
Und du ließest Zwietracht wüten,
    Die sie fällt und dich zuletzt.

Jupiter, aus deinem Tempel,
    Stator, der zu stehn gebeut,
Brich des Schweigens Sklaven-Stempel,
    Heiß sie stehn, die neue Zeit!
Doch umsonst ist hier dein Walten,
    Du stehst selber nur mit Müh,
Unaufhaltsam gehn die Alten
    Und das Neue über sie.

Warum in dies Feld der Leichen
    Ist, Septimius Sever,
Eingang dies dein Siegeszeichen?
    Ausgang dünkt es mich vielmehr:
Als dem Letzten, ders zu fassen,
    Wenn auch nicht zu tun verstand,
Sei ein Plätzchen dir gelassen,
    Doch nicht hier, am äußern Rand.

Titus, nicht dem Ruhm, dem Frieden
    Bautest du dein Heiligtum:
Doch dir ward, was du vermieden,
    Jeder Stein spricht deinen Ruhm.
Auch den Frieden in dem Munde
    Ging ein Andrer drauf ins Haus,
Doch der Frieden zog zur Stunde
    Aus dem Friedenstempel aus.

Curia, die aus ihren Toren
    Krieg der Welt und Frieden ließ,
Harrst du deiner Senatoren?
    Einer doch ist dir gewiß.
Sieh ihn stehn dort an den Stufen
    Bei dem Mann im Priesterkleid,
Sieh, er kommt, wird er gerufen,
    Und er geht, wenn man gebeut;

Sieh des Purpurs reiche Falten!
    Majestätisch steht er da!
Ja du suchst nach deinen Alten?
    Schließ die Pforten, Curia!
Unten such, die unten wohnen,
    Wir sind oben leicht und froh;
Rom hat nur noch Ciceronen,
    Aber keinen Cicero.

Hat der Bruder dich erstochen,
    Remus mit dem weichen Sinn?
Sieh vom Schicksal dich gerochen,
    Er, sein Reich, gleich dir, dahin.
Sieh! in seines Tempels Hallen,
    Wie in deinem, Mönche-Zug;
Horch! des Klosters Glöcklein schallen!
    Dünkt die Rache dir genug?

Roma, Venus – Schönheit, Stärke,
    Pulse ihr der alten Welt,
Hier inmitten eurer Werke
    Euer Tempel aufgestellt.
In Ruinen Schönheit-Prangen?
    Kraft in Trümmern wank und schwach?
War ihr zeugtet ist vergangen,
    Folget euren Kindern nach.

Dort der Bogen, klein und enge,
    Schwach gestützt und schwer verletzt;
Wem von all der Helden-Menge
    Ward so ärmlich Mal gesetzt?
Titus. O so laßt es fallen!
    Denn obs auch zusammen bricht,
So lang Menschen-Herzen wallen,
    Brauchst du, Titus, Steine nicht.

Hoch vor allen sei verkläret,
    Konstantin, *Dein* Siegesdom!
Mancher hat manch Reich zerstöret,
    Aber du das Größte – Rom.
Über Romas Heldentrümmern
    Hobst du deiner Kirche Thron,
In der Kirche magst du schimmern,
    Die Geschichte spricht dir Hohn.

Mit dem Raub von Trajans Ehren
    Hast du plump dein Werk behängt;
Trajan kann des Schmucks entbehren,
    Er lebt ewig, unverdrängt:
Aber eine Zeit wird kommen,
    Da zerstäubt geraubte Zier,
Da erborgter Schein verglommen,
    Wer spricht Heuchler dann von dir?

Kolosseum, Riesenschatten
　　Von der Vorwelt Machtkoloß,
Liegst du da in Tods-Ermatten,
　　Selber noch im Sterben groß?
Und damit, verhöhnt, zerschlagen,
　　Du den *Martertod* erwarbst,
Mußtest du das *Kreuz* noch *tragen*,
　　An dem, Herrlicher, du starbst!

Nehmt es weg, dies heil'ge Zeichen!
　　Alle Welt gehört ja dir;
Übrall, nur bei diesen Leichen,
　　Übrall stehe, nur nicht hier!
Wenn ein Stamm sich losgerissen
　　Und den Vater mir erschlug,
Soll ich wohl das Werkzeug küssen,
　　Wenns auch Gottes Zeichen trug?

Kolosseum, die dich bauten,
　　Die sich freuten um dich her,
Sprachen in bekannten Lauten,
　　Dich verstanden, sind nicht mehr.
Deine Größe ist zerfallen,
　　Und die Großen sinds mit ihr,
Eingestürzt sind deine Hallen;
　　Eingebrochen deine Zier;

O so stürze ganz zusammen
　　Und ihr Andern stürzet nach,
Decket, Erde, Fluten, Flammen,
　　Ihre Größe, ihre Schmach.
Hauch ihn aus, den letzten Oden,
　　Riesige Vergangenheit!
Flach dahin auf flachem Boden
　　Geh die neue, flache Zeit!

Franz Grillparzer (1791–1872)

S. Francesca Romana · Franz Liszt im Venustempel

Als Liszt Abbate geworden war, hatte er seine Häuslichkeit in Santa Francesca Romana aufgeschlagen, einem Ort, der ihm reich an symbolischer Bedeutung scheinen mußte, denn er war Kirche und Tempel der Venus zugleich: l'Amore sacro e l'Amore profano – jene beiden Formen der Liebe, zwischen denen er mit häufigen Höhepunkten und Tiefpunkten ununterbrochen gerungen hatte und noch weiter rang.

Viele von Liszts Kompositionen mystischen Charakters sind in Santa Francesca Romana entstanden.

Die neben der Kirche gelegene Wohnung des Meisters war nicht aufsehenerregend. Ich erinnere mich noch sehr gut an sie: ein giftblauer Salon, der dem Auge weh tat und wo der große schwarze, glänzende Flügel beinah das einzige Möbelstück bildete. So teuer dieser Flügel Liszt war, so sehr bildete er, wie ich später erfuhr, die Verzweiflung seiner Schüler; er hatte scheinbar widerspenstige, starre Tasten, die nur dem Anschlag des Meisters gehorchten. Auch an eine Statue der heiligen Elisabeth von Thüringen auf einem Steinpostament in der Ecke erinnere ich mich.

Aber welch eine eindrucksvolle Aussicht genoß man von den Fenstern der so unbezeichnenden Wohnung Liszts aus: gegenüber die Via Sacra, die blütenübersäten Hänge des Palatin mit der Kirche San Bonaventura – rechts der Titusbogen und links das Kolosseum. Die Ruinen des Tempels des Jupiter Stator lagen noch unter der Erde, wie auch ein großer Teil der Cäsarenpaläste, der Vestatempel und das Haus der Vestalinnen. Das Forum wurde damals vom Volke noch *Campo vaccino* genannt – Viehweide.

Campo vaccino, süße Kindheitserinnerung! Letztes Ziel unserer gewohnten Spaziergänge bildete stets Campo vaccino, ob wir nun nach dem Palatin zu gingen oder gegen den sogenannten Botanischen Garten beim Kolosseum. Eine lange befahrbare Rampe senkte sich vom Kapitol zum Forum herab, führte rechts am Tempel des Saturn vorbei, wo später der *Lapis niger* und die Rostren entdeckt wurden, und mündete gegenüber der Kirche San Adriano.

Kleine, baufällige, jämmerliche Baracken, von Schmieden und Tischlern bewohnt, säumten den Weg, der nach dem Tempel des

Antoninus und der Faustina führte, dessen Säulen noch halb verschüttet waren. Man war gerade dabei, die Basilica Julia auszugraben. Vor der Maxentiusbasilika vernahm man den metallischen Lärm einer Bettenfabrik. Noch dachte man nicht daran, die übrigens häßliche Kirche Santa Maria Liberatrice zu zerstören. Eine Akazienallee führte zum Titusbogen. Der Eingang zum Palatin befand sich an der Stelle, wo später das Haus der Vestalinnen ausgegraben wurde. Wie das Tor einer Festung erschien dieser Eingang. In einem mächtigen Gemäuer öffnete sich das monumentale Tor zwischen schweren Pilastern, welche eine große, bogengekrönte Loggia trugen. Zwei prachtvolle Karyatiden stützten den Giebel, der diesen imposanten Bau krönte. Wohin sind diese Teile eines der schönsten Werke Vignolas geraten?

Lili Morani-Helbig (1868–1954)

Rundgang auf dem Palatin

Sein erster Besuch galt den Ruinen des Palatin. Schon um acht Uhr morgens, bei klarem Himmel, ging er ganz allein fort und begab sich zu dem in der Via San Teodoro befindlichen Eingang, einem Gitter zwischen den Häuschen der Wächter. Sofort trat einer herzu und bot sich als Führer an. (…)

Als Pierre die Augen hob, erblickte er die Linie der Zypressen, die die Plattform des Palatin auf der Tiberseite begrenzen. Er hatte sie am Tage seiner Ankunft vom Janiculus aus gesehen. In der zart blauen Luft erschien das tiefe Grün der Bäume wie eine schwarze Franse. Außer ihnen war nichts zu sehen; der Abhang streckte sich kahl und nackt, schmutzig staubgrau hin, bestreut mit einigen Buchsbaumstauden, in deren Mitte die oberen Enden antiker Mauern aufschimmerten. Das war die Verwüstung, die aussätzige Trübseligkeit des Ausgrabungsgeländes, an dem sich nur die Gelehrten begeistern.

„Die Häuser des Tiberius, des Caligula und der Flavier sind dort oben", fuhr der Führer fort. „Aber wir heben sie uns bis zuletzt auf, wir müssen der Reihe nach gehen."

Trotzdem wandte er sich einen Augenblick nach links und blieb vor einer Höhle, einer Art Grotte in der Seite des Berges stehen.

„Das ist das Lupercale, wo die Wölfin Romulus und Remus säugte. Früher war noch am Eingang der Feigenbaum Rominal zu sehen, der die Zwillinge schützte."

Pierre konnte ein Lächeln nicht unterdrücken, so einfach und überzeugt gab der alte Soldat seine Erklärungen, und so stolz war er außerdem auf all diesen antiken Ruhm, der sein eigen war. Aber als der würdige Mann ihm neben der Grotte die Spuren der Roma quadrata, die Mauerreste gezeigt hatte, die wirklich bis auf die Gründung Roms zurückzuführen schienen, wurde sein Interesse wach und eine erste Erregung ließ sein Herz klopfen. Gewiß kam das nicht daher, weil es ein wunderbares Schauspiel war, denn es handelte sich um einige Blöcke behauener und ohne Zement oder Kalk übereinandergelegter Steine. Aber eine Vergangenheit von siebenundzwanzig Jahrhunderten stand hier, und diese zerbröckelten, geschwärzten Steine, die ein so mächtiges Gebäude von Pracht und Allmacht getragen hatten, nahmen eine außerordentliche Majestät an.

Sie setzten ihren Rundgang fort und schritten wieder nach rechts, stets an der Seite des Berges entlang. Die Ausläufer der Paläste mußten bis hierher gereicht haben: Reste von Säulengängen, von zusammengebrochenen Sälen, noch aufrecht stehende Säulen und Friese begrenzten den holperigen Weg, der sich zwischen wirren Kirchhofsgräsern hinzog. Der Führer, der das, was er wußte, gut hersagte, weil er es seit zehn Jahren täglich wiederholt hatte, fuhr fort, die unsichersten Behauptungen aufzustellen, indem er jedem der Trümmer einen Namen, eine Verwendung, eine Geschichte beilegte. (…)

Er wandte sich nach links und trat in das Stadion, den kleinen Zirkus für die Wettläufe, der sich dicht an der Flanke des Palastes des Augustus hinzog. Jetzt begann der Priester gepackt und begeistert zu werden. Nicht, daß sich hier eine genügend erhaltene Ruine von monumentalem Aussehen befunden hätte – keine Säule war auf ihrem Platze geblieben, bloß die rechten Mauern erhoben sich noch, aber der ganze Plan war wieder gefunden worden, die Pfeiler an jedem Ende, der Säulengang rings um die Bahn, die riesige Loge des Kaisers, die erst links im Hause des Augustus gewesen war, dann in den Palast des Septimius Severus eingelassen wurde und sich nach rechts geöffnet hatte. Und der Führer schritt immer weiter durch diese zerstreuten Trümmer, gab reichliche und genaue Erklärungen und versicherte, daß die Herren von der Direktion der Ausgrabungen ihr Stadion bis in die kleinste Einzelheit festgestellt hätten, so daß sie im Begriffe wären, einen genauen Plan davon zu machen, mit der Reihenfolge der Säulen, der Statuen in den Nischen, der Natur des Marmors, von dem die Mauern bedeckt waren.

„Oh, die Herren sind ganz ruhig", schloß er und sah dabei beseligt aus. „Die Deutschen werden nichts zu sticheln haben und werden hier nicht alles auf den Kopf stellen, wie sie es am Forum gemacht haben, wo man sich nicht mehr auskennt, seitdem sie mit ihrer Wissenschaft darüber gekommen sind."

Pierre lächelte, und sein Interesse wuchs noch, als er ihm über zerbrochene Treppen und über die Holzbrücken, die die Löcher überspannten, in die riesigen Ruinen des Palastes des Septimius Severus folgte. Der Palast erhob sich an der südlichen Spitze des Palatin und beherrschte die Via Appia und die ganze Campagna bis in unabsehbare Ferne. Nichts ist davon übrig als der Unterbau, die unterirdischen Säle, die von den Bogen der Terrassen geschützt wurden, mit denen man die zu eng gewordene Plattform des Berges erweitert hatte. Und diese aufgedeckten Unterbauten genügen, um eine Idee von dem prunkhaften Palast zu geben, den sie trugen, so ungeheuer und mächtig sind sie in ihrer unzerstörbaren Masse geblieben. Hier erhob sich das berühmte Septizonium, der Turm mit den sieben Stockwerken, der erst im vierzehnten Jahrhundert verschwand. Hier befindet sich noch eine von zyklopischen Arkaden getragene Terrasse, von der sich ein wunderbarer Ausblick darbietet. Dann kommt nur eine Anhäufung dicker, halb zerfallener Mauern, gähnende Abgründe inmitten von zusammengestürzten Decken, Reihen endloser Gänge und ungeheurer Säle, deren Verwendung unbekannt ist. Alle diese von der neuen Verwaltung in gutem Stand erhaltenen, gefegten und vom Unkraut befreiten Ruinen haben ihre romantische Wildheit verloren, um eine kahle, düstere Größe anzunehmen. Aber die Strahlen der lebenden Sonne vergoldeten die alten Mauern, drangen durch die Breschen in die Tiefe der schwarzen Säle und belebten mit ihren blendenden Stäubchen die stumme

Schwermut dieser toten Majestät, die aus der Erde ausgegraben wurde, in der sie seit Jahrhunderten geschlummert hatte. Über das alte, rötliche, aus mörtelbelegten Ziegeln gebildete und seiner prunkvollen Marmorbekleidung beraubte Mauerwerk legte der Purpurmantel der Sonne von neuem einen kaiserlichen Glorienschein.

Pierre wanderte nun bereits seit anderthalb Stunden umher und hatte noch die Masse der vorderen Paläste auf der Plattform selbst, gegen Norden und Osten, zu besichtigen.

„Wir müssen zurückgehen", sagte der Führer. „Sie sehen, die Gärten der Villa Mills und das Kloster San Bonaventura verlegen uns den Weg. Man wird erst durchgehen können, wenn die Ausgrabungen diese ganze Seite bloßgelegt haben. Ach, Herr Abbé, wenn Sie vor kaum fünfzig Jahren auf dem Palatin spazierengegangen wären! Ich habe die Pläne aus jener Zeit gesehen. Da waren nichts als Weingärten, nichts als kleine, von Hecken durchschnittene Gärten, die richtige Campagna, eine wahre Wüste, in der man keiner Menschenseele begegnete. Wer hätte gedacht, daß alle diese Paläste da drunten schliefen!" (…)

Und sie stiegen in einen langen gedeckten Korridor hinab, in den die Sonne durch Breschen fröhliche Strahlen hinabsendet. Einige Stück Zieraten und Mosaiken sind noch sichtbar. Der Ort ist deswegen nicht weniger düster und einsam, für tragisches Grauen wie geschaffen. Die Stimme des alten Soldaten klang dumpfer; er erzählte, wie Caligula, von den palatinischen Spielen zurückkehrend, die Laune gehabt habe, allein in diesen Gang hinabzusteigen, um den heiligen Tänzen beizuwohnen, die junge Asiaten dort an diesem Tage übten. Und so kam es, daß der Führer der Verschworenen, Chereas, ihn als erster im Dunkeln in den Bauch stechen konnte. Der Kaiser wollte heulend fliehen. Aber da warfen sich die Mörder, seine Kreaturen, seine geliebtesten Freunde alle auf ihn, schleuderten ihn zu Boden, zerhackten ihn mit Stichen, während er, wahnsinnig vor Furcht und Wut, den dunklen, dumpfen Gang mit seinem Geheul erfüllte, wie ein Tier, das abgeschlachtet wird. Als er tot war, trat wieder Stille ein, und die Mörder flohen entsetzt.

Emile Zola (1840–1902)

Circus Maximus · Für viele Ein und Alles

Kommen wir nun zum untätigen und trägen niederen Volk. (…) Sie verbringen ihr ganzes Leben bei Wein und Würfelspiel, in Bordellen, bei Vergnügungen und Schauspielen, und der Circus Maximus ist für sie Tempel und Wohnung, Versammlungsort und Ziel aller Wünsche. Man kann sie auf Marktplätzen, Kreuzungen, Straßen und anderen Treffpunkten sehen, wie sie im Streit aufeinander losgehen, wobei, wie es gewöhnlich geschieht, der eine dies, der andere jenes vertritt.

Unter diesen schreien oft diejenigen, deren Leben schon zur Neige geht und die auf Grund ihres hohen Alters mehr Ansehen haben, unter Hinweis auf ihre grauen Haare und ihre Falten, der Staat gehe unter, wenn beim nächsten Wettrennen der, auf den ein jeder gerade setze, nicht als erster aus den Boxen komme und mit verhexten Pferden nicht eng genug um die Wendemarke herumfahre. Und wo die Leute schon so verkommen sind, daß sie sich um nichts mehr kümmern, laufen alle am ersehnten Tag des Pferderennens, wenn das Licht der Sonne noch nicht so hell ist, Hals über Kopf in wildem Durcheinander dorthin, als ob sie die Rennwagen, die gleich starten werden, an Geschwindigkeit überbieten wollten. Weil ihre Wünsche über den Ausgang der Rennen weit auseinandergehen, verbringen die meisten die Nächte voller Angst, ohne ein Auge zuzutun.

Ammianus Marcellinus (geb. um 330)

Pflicht für den Kaiser

Augustus schaute den Zirkusspielen gewöhnlich von der Wohnung seiner Freunde oder Freigelassenen aus zu, zuweilen auch von seiner Loge aus, und zwar zusammen mit seiner Frau und seinen Kindern. Viele Stunden, manchmal sogar ganze Tage blieb er dem Schauspiel fern, doch immer entschuldigte er sich dafür und wies auf diejenigen hin, die ihn als Schirmherr vertraten.

Aber sooft er anwesend war, konzentrierte er sich ganz auf die Darbietungen, sei es, um der Kritik zu entgehen, der, wie er sich erinnerte, sein Vater Caesar allgemein ausgesetzt war – er beschäftigte sich nämlich während der Vorstellung damit, Briefe und Bittschriften zu lesen oder zu beantworten – , oder sei es aus Interesse und Vergnügen am Zuschauen. Daß er davon gefesselt war, verhehlte er nie, sondern gestand es häufig in aller Offenheit ein.

Sueton (um 70–140)

S. Maria in Cosmedin · Der Mund der Wahrheit

In einer Kirche hinter'm Palatin
An einem Plätzchen, hundert Schritt vom Tiber,
Siehst du schon gleich im Eingang was, mein Lieber,
Das gibt es nur einmal, da mußt du hin.

Das Wunder gibt's in keiner anderen Stadt,
Da stellt sich nämlich raus, ob einer lügt
Oder die Wahrheit sagt, denn wer betrügt,
Dem zeigt ein Mund aus Stein, daß er gelogen hat.

In diesen offenen Mund steckst du die Hand,
Und wird sie beim Herausziehn nicht geschnappt,
Dann warst du ehrlich, so wirds anerkannt.

Steckt sie ein Lügner rein, sieht's anders aus:
Der merkt ganz schnell, jetzt hat er Pech gehabt,
Die Hand bleibt drin, die kriegt er nicht mehr raus.

Giuseppe Gioachino Belli (1791–1863)

KOLOSSEUM

Dem Volk von Rom geschenkt

Hier, wo der Sonnen-Koloß die Gestirne näher betrachtet
    und nun mitten am Weg wachsen Gerüste empor,
prangten des grausamen Fürsten Nero abscheuliche Hallen
    und es gab in der Stadt nur noch dies einzige Haus.
Hier, wo ehrfurchtgebietend des prächtigen Amphitheaters
    steinerner Bau sich erhebt, hier war der künstliche Teich.
Hier, wo die rasch erbauten Thermen uns staunen lassen,
    hat des Tyrannen Park Armen die Häuser geraubt.
Wo die Claudische Halle weithin den Schatten verbreitet,
    war der äußerste Teil, endete Neros Palast.
Rom ist sich wiedergeschenkt, und unter deiner Regierung,
    Kaiser, vergnügt sich das Volk – vorher allein der Despot.

Martial (um 40–102)

Mitgegangen, mitgerissen

Ohne deshalb den weltlichen Lebensweg, den seine Eltern ihm gepriesen hatten, aufzugeben, war er (Alypius) schon vor mir nach
Rom gegangen, um die Rechtswissenschaft zu studieren. Hier war
es nun der Gladiatorenkampf, der ihn mit unglaublicher Anziehungskraft und in unglaublichem Maße hinriß.

Obwohl er gegen derlei schon Abneigung, ja Abscheu hatte, nahmen ihn doch einige Freunde und Mitschüler, die – vom Mittags-
imbiß kommend – ihm zufällig begegneten, unter seinem heftigen
Widerspruch und Widerstand so gewalttätig, wie es sich Freunde
herausnehmen dürfen, mit ins Amphitheater, eben an einem der
Tage, da grausame Spiele auf Leben und Tod gegeben wurden. Er

meinte dazu: „Meinen Leib könnt ihr ja wohl da hinschleppen und dort placieren, aber nicht meinen Geist und meine Augen an diese Spiele fesseln; ich würde also da sein und doch nicht da sein und so Sieger bleiben über euch und über das Spiel." Sie hörten's wohl, aber sie nahmen ihn einfach mit, vielleicht weil sie gar zu gern gewußt hätten, ob er das fertigbrächte.

Als sie das Theater erreicht und sich einen Platz erobert hatten, fieberte schon alles in wilder Lust. Alypius schloß die Pforten seiner Augen und verbot seinem Geiste, sich an den sündhaften Greuel hinzugeben. Hätte er sich doch auch die Ohren verstopft! Denn als bei einem Zwischenfall im Kampfe das unbändige Geschrei der ganzen Menge auf ihn einbrauste, öffnete er die Augen, von der Neugier überwältigt, und als wäre er gerüstet, auch aus dem Anblick sich nichts zu machen, sei es was immer, und Herr über sich zu bleiben. Da ward er an der Seele mit schwererer Wunde geschlagen, als am Leib der andere, den er sehen wollte, und er stürzte elender als der, bei dessen Sturz sich das Geschrei erhoben hatte. Durch seine Ohren war es in sein Inneres gedrungen und hatte seine Augen aufgeriegelt. So war der Geist dem ausgesetzt, daß er geschlagen und geworfen wurde: er war ja vorerst eher verwegen als stark, ja um so unkräftiger, als er seiner sich vermaß, wo er hätte auf Dich vertrauen sollen. Denn kaum sah er das Blut, trank er auch schon wilde Grausamkeit in sich hinein, und er sah nicht weg, sondern fest dahin und trank die wilde Wut und wußte es nicht und letzte sich an der Untat dieses Kampfes und berauschte sich in blutsüchtiger Wollust. Nein, er war nicht mehr derselbe, der gekommen war, sondern einer aus dem Haufen, in den er sich gemischt hatte, und der echte Genosse derer, die ihn hergeschleppt hatten. Brauch ich mehr zu sagen? Er schaute, schrie, flammte, er nahm von dort den Wahnsinn mit, der ihn stachelte, immer wieder zu kommen, nicht mehr nur mit denen, die ihn vordem mitgezogen hatten, sondern ihnen voran, und andere mit sich ziehend.

Augustinus (354–430)

Bestand der Welt

Solang das Kolosseum steht, steht auch Rom;
wenn das Kolosseum fällt, fällt auch Rom;
wenn Rom fällt, fällt auch die Welt.

Beda Venerabilis (672–735) zugeschrieben

Nie war der Mensch größer

Der erste Wahnsinn hat sich etwas gelegt. Wir wünschen, die Sehenswürdigkeiten methodisch zu besuchen. Auf diese Weise werden sie uns am meisten Freude bereiten. Heute besuchen wir das Kolosseum und verlassen es erst nach genauer Besichtigung.

Das Kolosseum bietet drei bis vier ganz verschiedene Anblicke. Wohl der schönste bietet sich dem Beschauer, wenn er in der Arena steht, wo die Gladiatoren kämpften, und die gewaltigen Ruinen auf allen Seiten um ihn emporsteigen. Was mich dabei am meisten rührt, ist das reine Himmelsblau, das durch die hohen Fenster im Norden des Bauwerks blickt. Nirgends empfindet man die Schönheit des italienischen Himmels so wie durch diese Nordfenster des Kolosseums.

Im Kolosseum muß man allein sein. Sobald andere Besucher es betreten, schwindet die Freude des Reisenden fast völlig. Statt sich in erhabene und ergreifende Träumereien zu verlieren, beobachtet er unwillkürlich die Lächerlichkeiten der Ankömmlinge; und es scheint ihm stets, als ob sie reich daran wären. Das Leben schrumpft zusammen wie im Salon; man hört wider Willen die armseligen Gespräche. Besäße ich die Macht, ich wäre ein Tyrann und ließe das Kolosseum während meines römischen Aufenthalts schließen. (…)

Zumeist wird man durch das Gebetmurmeln der Frommen gestört, die in Gruppen von fünfzehn bis zwanzig die Stationen des Kalvarienbergs absolvieren, oder durch einen Kapuziner, der, seit Benedikt XIV. das Bauwerk restaurierte, am Freitag hier predigt. Täglich, außer Sonntags und in der Mittagspause, begegnet man Maurern, die von Galeerensträflingen bedient werden; denn man muß stets eine Ecke der einstürzenden Ruine ausbessern. Doch an diesen merkwürdigen Anblick gewöhnt man sich, und er tut dem Träumen und Sinnen keinen Abbruch mehr. (…)

Man kann den Römern den gleichen Vorwurf machen wie Napoleon. Sie waren bisweilen verbrecherisch, doch nie war der Mensch größer. (…) Vier von uns verabscheuen die Römer, drei beten sie an. Was auch meine Vernunft sagt, die Erinnerung an sie rührt mich tief. (…)

Etwas so Großartiges wie diesen Bau sah die Welt nicht wieder. Der Kaiser Vespasian begann es nach seiner Rückkehr aus Judäa; er ließ 12 000 jüdische Kriegsgefangene daran fronden, konnte es jedoch nicht vollenden. Dieser Ruhm gebührt Titus, der das Amphitheater im Jahre 80 n. Chr. einweihte. Bei dieser Einweihung hatte das römische Volk das Vergnügen, 5000 Löwen, Tiger und andere Bestien sowie fast 3000 Gladiatoren sterben zu sehen. Wenn wir dies Vergnügen nicht mehr empfinden, so danken wir es der Religion Jesu Christi, deren erste Blutzeugen im Kolosseum starben.

Vierhundertsechsundvierzig Jahre nach seiner Einweihung, d.h. im Jahre 526 unserer Zeitrechnung, zerstörten die Barbaren des Totila mehrere Teile davon, um die bronzenen Klammern, die die Steine verbanden, herauszunehmen. Seitdem diente das Bauwerk ein Jahrtausend lang als Steinbruch. Die römischen Großen ließen aus seinen Quadern ihre Paläste aufführen, die im Mittelalter zugleich Festungen waren. Noch im Jahre 1623 entnahmen die Barberini, die Neffen Urbans VIII., ihm die Bausteine ihres Riesenpalastes. Daher das Sprichwort:

„Quod non fecerunt barbari, fecerunt Barberini."
(Was die Barbaren nicht taten, das taten die Barberini.)

Stendhal (1783–1842)

Macht der Steine

Urbild des alten Rom! Reliquienhort,
Für Auge und Gedanke aufgerichtet
Von Zeiten, die von Glanz und Macht erfüllt!
Wegmüder Pilger, dem nach manchen Tagen
Des Wanderns Durst die dürre Kehle brennt
(Durst nach dem Quell des Wissens, den du birgst),
So kniee ich, ein anderer, demutvoll
In deinem Schatten, und in tiefen Zügen
Trink ich in mich von deinem Glanz und Ruhm.

Unendlichkeit und Alter! Untergang!
Schweigen und Schwermut! Düstere Nacht!
Ich fühl' euch jetzt – ich fühle eure Macht –
O Zauber, stärker als ihn je Judäas König
Gelehrt im Garten von Gethsemane!
Beschwörungskräfte, mächtiger als der Chaldäer
Sie je verzückt aus seinen Sternen las.

Hier, wo ein Held sank, sinkt nun eine Säule!
Hier, wo ein goldner Adler einst erglänzte,
Wacht mitternächtig nun die Fledermaus.
Hier, wo die Frauen Roms ihr goldnes Haar
Im Winde wehen ließen, wogt nun Ried und Distel.
Hier, wo auf goldnem Thron der Herrscher lehnte,
Schlüpft geisterhaft aus ihrem Marmorneste
Die schnelle Echse lautlos über Steine.

Doch halt! Die Mauern, die bemoosten Bogen,
Modernden Simse und geschwärzten Säulen,
Dunklen Gebälke und verblaßten Friese,
Zerspellten Kränze – dieses Wrack – diese Ruinen –
All diese Steine – diese grauen Steine all –
Sind sie der ganze Rest von Glanz und Ruhm,
Den unerbittlich die Zerstörerin Zeit
Mir und dem Schicksal übrig ließ?

„Nicht alles" – ruft das Echo – „alles nicht!
Prophetische und laute Stimmen dringen
Aus unsern Trümmern zu dem Weisen auf,
Wie Memnons Melodien zu der Sonne.
Wir leiten aller Mächtigen edle Herzen,
Wir lenken aller Großen hehren Geist.
Wir sind nicht machtlos, wie erblichne Steine.
Nicht aller Ruhm des Einst schwand uns dahin –
Nicht aller Zauber unsres hohen Rufes –
Nicht alle Wunder, die wir in uns bargen –
Nicht alle die Geheimnisse, in uns beschlossen,
Nicht die Erinnerung, die an uns hängt
Und uns bedeckt wie kostbarstes Gewand,
Das mehr als Glanz und alle Herrlichkeit."

Edgar Allan Poe (1809–1849)

Nachträgliche Weihe

Im Colliseum das Kreuz: es ist, als ob man es einem erschlagenen
Titanen auf die Stirn gebrannt und ihn dadurch noch im Grabe zum
Kreuzritter umgeschaffen zu haben geglaubt hätte.

Friedrich Hebbel (1813–1863)

Im Coliseo

Gelinder fließt in dieser Luft das Blut.
Die Seele lernt ihr stürmisch Weh bezähmen,
Des Haftens am Vergänglichen sich schämen,
Wo eine stolze Welt in Trümmern ruht.

Höhnt hier nicht jede Quader: Eintagsbrut,
Willst du dein Zwergen-Ich so wichtig nehmen?
Was ist dein Sehnen, Jauchzen oder Grämen?
Ein Tropfen nur im All der Geisterflut.

Doch während mich umrauscht das ew'ge Fließen
Des uferlosen Meers, in dessen Bette
Spurlos versinkt, was hoch und herrlich war,

Kann wie ein schweres Unheil mich verdrießen
Ein ungefügig Reimwort im Sonette –
O Widerspruch, dein Nam' ist Mensch fürwahr!

Paul Heyse (1830–1914)

Schutthaufen

Der Mond schob sich in Wolkenbäuche rein, die hellgrau gegen
einen glatten, schwarzen Himmel abgehoben waren, und sichelte
wieder heraus.

Im Hintergrund einer breiten mehrspurigen Asphaltstraße stand
der Schutthaufen des Kolosseums, lehmig-gelb angeleuchtet und
mit den schwarzen Rundbögen, die an Stolleneingänge denken ließen. – Neben mir, zur einen Seite der Via Dei Fori Imperiali, eine
tiefergelegene Schrotthalde und eingezäunt. – Altes Zeitungspapier
über 3 Tausend Jahre geweht, Säulen-Reste, Rundbogen-Stümpfe,
Stein-Klötze – wüst durcheinander, Bruchstücke von Wänden, An-
deutungen von Treppenstufen – in der Ecke eine große Rolle
rostender Stacheldraht – und eine Katze, die geräuschlos am Rand
entlangstreicht. 3 Säulen standen sinnlos hoch.

Rolf Dieter Brinkmann (1940–1975)

UM DEN CAMPO DE' FIORI

Geschlachtete Spanferkel

26. Oktober 1984

Auf dem Campo de' Fiori ist Markt. Aus Obst- und Gemüseständen, aus Gebinden von Reseden und Sträußen von Gladiolen erhebt sich, grünspanüberzogen, das Denkmal für Giordano Bruno, der hier im Jahre 1600 bei lebendigem Leib verbrannt wurde. Drei Bronzereliefs zeigen die Lebensstationen: Bruno als Lehrenden, Bruno als Angeklagten, Bruno als Brennenden. Unter spitzer Kapuze hervor schaut er auf zwei geschlachtete Spanferkel herab, die hier am Haken eines Metzgerstandes hängen. Auf dem Denkmalsockel sitzen junge Leute und halten Schmuck und Souvenirs feil: Bernsteinketten und Digitaluhren, eine Tänzerin aus Ebenholz und einen Negerkral aus Meermuscheln.

Ludwig Harig (geb. 1927)

Jadestücke aus grünen Meeren

Das nun langsam ins Schwarz treibende Dunkelblau hatte alle Farben des Tages verschluckt, die Straßenbeleuchtungen warfen ihr irreales Licht an die Mauern, und als ich mich dem Platz näherte, wo ich zur Nacht essen wollte, wurden die Ausdünstungen aus Reifenabrieb und Asbest, aus Asphalt und Dieselsud, mochten sie auch noch bis zum Morgen nachschwelen wie brandiger Müll in den Tiefen einer Deponie, in der schmalen Gasse plötzlich von einem kühlen und glatten, glitzernd klaren, feuchtsalzigen Aroma abgelöst, aus dem schwach, doch merkwürdig durchdringend Fäulnis aufbrach wie Schimmel und Schwamm unterm bröckelnden Putz der Häuserwände, die sich im Lauf der Jahrhunderte wie freundlich stumme Alte um den Marktplatz gedrängt hatten, weil sie an seinem Leben hingen und diesem Leben zugleich eine Art Gefäß gaben, ein poröses Becken aus Stein. Der Geruch stieg von den Stellen auf, wo am Rand des Platzes tagsüber die Fischhändler auf Wagen und schnell aufgeschlagenen Ständen Sardinen und Brassen, Thunfisch und Dorsch, Muscheln, Garnelen und Tintenfisch der Sonne aussetzten, um mit dem Köder dieses Anblicks Käufer in ihre Netze zu ziehen. In Holz- und Plastikbehältern lagen sie in Gruppen zusammengedrängt, andere in von Nässe dunkel gewordenen Spankörben, silbern geschuppt, ineinander verschlungen, schwärzlich angelaufen wie altes Silber; und darüber einer, der das Maul voran zurückzukommen schien, entsetzt, aus dem Haufen hinter, unter ihm. Das mit zunehmendem Licht matter blinkende Horn der Schuppen wurde zum beschlagenen Fensterglas, durch das man ein letztes Mal in die blaue Kälte, die stille Tiefe blicken konnte; im Schleim auf den glatten Häuten irisierten blasse Regenbögen, und die toten Augen spiegelten in grenzenloser Überraschung den Himmel – all diese flachen, seitlich hingelegten, wie mit Uhrgläsern überdeckten Augen, an denen die Bilder vorübergetrieben waren, die sich aus Strömung, Strudeln und Tang bildeten. Still und sicher hatten sie tagelang der Strömung entgegengestanden, überzogen von ihr, von den streifigen Schatten des Wassers verdunkelt, aber jetzt waren die Pupillen wie mit schwarzem, hartem Stoff bezogen der Umkreis um sie als Intarsie eingelegt, und in den Anblick versunken, glaubte ich plötzlich, vor lauter Stein und Metall zu stehen, alles organisch Dehnbare war erhärtet, und die Haufen stahlglänzender Fische lagen kalt und schwer wie unordentlich abgelegte Werkzeuge, mit denen andere ihrer Art, die das Aussehen von flachen Steinen hatten, vielleicht geschliffen worden waren; da lagen sie nun wie glatte Achate, von blassen Adern sinnlos durchzogen, Stücke aus rötlich-weißem Marmor, aus Trümmern der Stadt gebrochen, Opale aus Tintenfisch, Jadestücke aus grünen Meeren, Topase und anderer Schmuck, der zu Körpern geworden war, gefangen, verendet, verkauft. Und eine ganz dünne Schicht verweilenden Wassers war noch über ihnen allen und trennte sie vom Stich des Mittagslichts, in dem sie immer fremder wurden, verschlossene Behälter eines unbekannten Bewußtseins, die man vergebens zu öffnen versuchte. Wenn die Sonne dann im frühen Nachmittag den Fluß überquert hatte, der gelangweilt seinen braunen Schlamm zum

Meer wälzte, fischlos und tot, wuschen die Händler mit scharfem Wasserstrahl Blut, Schleim und Salz von ihren Wagen und Ständen, so daß ein milchiger Strom auf die Pflasterstein niederging, sich aufschäumend verzweigte und ins Delta der Fugen eindrang, versickerte, verdunstete, bis schließlich nur noch der Geruch zurückblieb, eine unsichtbare Wolke, vom Meer getränkter Dunst, der auch jetzt noch in der Nachtluft dümpelte. Trockener, herber, dennoch vermischt mit Spuren feuchten Vergehens, webten Echos der Blumen über den Platz, die ihm den Namen gaben, und süßlich, mürbe und faulig schlug sich nun der Geruch der Obst- und Gemüsestände hinzu, voller Gärungshauch, der das starre Bronzestandbild Giordano Brunos in belebende Auflösung zu versetzen schien, aber er blickte, den Kopf trotzig gesenkt, die Wahrheit tief in den Falten seiner Kutte verborgen, in Richtung Dom, der ihm den Prozeß gemacht hatte aus Furcht vor Auflösung und Zerfall, aus Furcht vor dem Leben.

Klaus Modick (geb. 1951)

Denkmal für Giordano Bruno

Der Tag begann
verheißungsvoll
versprach
ein helleres Denken
eine neue Leidenschaft
Eilig
entzündeten wir
auf dem Markt
das Freudenfeuer
Als wenig später
der Ketzer
in Flammen aufging
hatte er nicht widerrufen

Albert von Schirnding (geb. 1935)

100

Portikus des Pompeius-Theaters · Caesars Tod

Mehr als sechzig Personen verschworen sich gegen ihn; Gaius Cassius und Marcus und Decimus Brutus waren die Anführer der Verschwörung. Sie waren zuerst unschlüssig, ob sie ihn auf dem Marsfeld bei den Wahlen, wenn er die Wahlbezirke zur Stimmabgabe aufforderte, ermorden sollten, indem ihn die einen vom Zugangssteg stießen, die andern auffingen und niedermetzelten, oder ob sie ihn auf der Via Sacra oder in der Eingangshalle des Theaters angreifen sollten. Nachdem aber eine Senatsversammlung auf den fünfzehnten März in der Kurie des Pompeius angesetzt worden war, zogen sie ohne zu zögern diesen Zeitpunkt und diesen Ort vor.

Caesar wurde übrigens die bevorstehende Ermordung durch deutliche Vorzeichen angekündigt. Als wenige Monate zuvor in Capua die nach dem Julischen Gesetz dort angesiedelten Kolonisten uralte Gräber zerstörten, um Häuser zu bauen, und dies um so eifriger taten, weil sie beim Graben eine Menge kunstvoller alter Gefäße entdeckten, da fand man in dem Grab, in dem Capys, der Gründer Capuas, bestattet sein sollte, eine Bronzetafel, auf der in griechischer Schrift und Sprache folgender Satz stand: Wenn die Gebeine des Capys entdeckt werden, wird ein Nachkomme des Julus von der Hand seiner Blutsverwandten getötet und bald durch großes Unglück für Italien gerächt werden. Man soll das nicht für einen Mythos oder für reine Erfindung halten: Cornelius Balbus, ein enger Freund Caesars, ist Zeuge dafür.

In den letzten Tagen vor seinem Tod erfuhr er, daß die Pferdeherden, die er beim Überschreiten des Rubikon dem Flußgott geweiht und und ohne Wärter hatte frei laufen lassen, hartnäckig die Nahrung verweigerten und reichliche Tränen vergossen. Als Caesar opferte, ermahnte ihn der Seher Spurinna, er solle sich vor einer Gefahr in acht nehmen, die sich nicht über den fünfzehnten März hinaus aufschieben lasse. Am Tag vor diesem Datum aber verfolgten verschiedene Vögel aus einem in der Nähe gelegenen Park einen Zaunkönig, der mit einem Lorbeerzweig im Schnabel in die Kurie des Pompeius flog, und zerrissen ihn dort.

In der Nacht vor seiner Ermordung glaubte er im Schlaf, er schwebe zuweilen über den Wolken, dann wieder, er gebe Jupiter die

Hand; seine Frau Calpurnia träumte, der Giebel ihres Hauses stürze ein und ihr Mann werde in ihrem Schoß erstochen; und plötzlich öffneten sich von selbst die Türen ihres Schlafzimmers.

Wegen dieser Vorzeichen und wegen seiner angegriffenen Gesundheit war er lange unschlüssig, ob er nicht zu Hause bleiben und die Angelegenheiten, die er vor dem Senat behandeln wollte, aufschieben solle. Aber als Decimus Brutus ihn aufforderte, die fast vollzählig anwesenden und schon lange wartenden Senatoren nicht zu enttäuschen, verließ er schließlich gegen elf Uhr das Haus. Einen Zettel, der eine Anzeige des Attentats enthielt und ihm von einem Passanten überreicht wurde, steckte er zu den übrigen Schriften, die er in der linken Hand hielt, wie wenn er ihn gleich lesen wollte. Obwohl mehrere Tiere geschlachtet wurden, konnte er nicht unter günstigen Vorzeichen opfern. Da betrat er trotzdem unter Mißachtung aller religiösen Bedenken die Kurie und lachte über Spurinna und überführte ihn des Irrtums, weil der fünfzehnte März gekommen sei, ohne daß ihm etwas zugestoßen sei. Der sagte, er sei zwar gekommen, aber noch nicht vorbei.

Als er Platz nahm, umringten ihn die Verschwörer, wie wenn sie ihm ihre Ergebenheit bezeugen wollten, und sofort trat Cimber Tillius, der die führende Rolle übernommen hatte, näher an ihn heran, als ob er ihn um etwas bitten wollte. Als Caesar ihn abwies und mit einer Handbewegung auf eine andere Gelegenheit vertröstete, packte er ihn an beiden Schultern an der Toga. Caesar rief: „Das ist ja Gewalt!" Da verwundete ihn einer der beiden Casca von hinten knapp unterhalb der Kehle. Caesar riß Cascas Arm an sich und durchbohrte ihn mit dem Schreibstift; als er aufzuspringen versuchte, wurde er durch eine weitere Wunde daran gehindert. Wie er nun wahrnahm, daß er von allen Seiten mit gezückten Dolchen angegriffen wurde, verhüllte er sein Haupt mit der Toga, zog zugleich mit der linken Hand das Gewand bis zu den Unterschenkeln hinab, um auch den unteren Teil des Körpers zu verhüllen und mit Anstand zu fallen. Und so wurde er von dreiundzwanzig Stichen durchbohrt. Nur beim ersten Stoß ließ er einen wortlosen Seufzer hören. Einige berichten allerdings, er habe zu Brutus, als er auf ihn eindrang, gesagt: „Auch du, mein Sohn?"

Leblos lag er, während alle auseinanderliefen, eine Zeitlang da, bis ihn drei junge Sklaven auf eine Sänfte legten und – ein Arm hing dabei herab – nach Hause brachten. Unter den vielen Wunden fand sich nach Meinung des Arztes Antistius keine tödliche außer der, die er als zweite in die Brust erhalten hatte.

Sueton (um 70–140)

Cancelleria · Noble Zurückhaltung

Heute ist der wichtigste Zugang zum Vatikan die von der Piazza Venezia zum Tiber führende Straße, der Corso Vittorio Emanuele. Einige Jahre nach der Einverleibung Roms ins Königreich Italien ist er durch das mittelalterliche Häusergedränge gebrochen worden, doch mit einer respektvollen Schonung, die sonst nicht immer Sache der Gründerzeit war. Er weicht höflich aus, wo sich Kirchen und Paläste einem geraden Verlauf in den Weg stellten. Wieviel großklingende Gebäudenamen reihen sich hier aneinander! Etwa die Mitte behauptet die an den Campo de' Fiori stoßende, die Kirche San Lorenzo in Damaso in sich bergende Cancelleria, in der, Gast eines Kardinals, auch Winckelmann eine Zeitlang hat wohnen dürfen. Die Stadt so vieler edler Renaissancepaläste besitzt keinen edleren als diesen, die Stadt der prachtvollen Säulenhöfe keinen reineren und harmonievolleren als den dieses Baues, dessen Meister man nicht kennt. Aus der von Pilastern gegliederten Fassade leuchtet das Grundgesetz des goldenen Schnittes. Wie so oft in Rom, stammen die Travertinquadern vom Kolosseum. Im Hof sind antike Granitsäulen verwendet, und im dritten Stockwerk, wo Travertinpilaster auf Ziegel gesetzt sind, kehren ausklingend noch einmal die Motive der Fassade wieder. Alles stimmt unaufdringlich, ja unaufsehentlich zueinander, und der Mensch selber sieht sich mit hineingenommen in eine lichte Angemessenheit. Der Bauherr, Kardinal Riario, führte eine Rose im Wappen. Im Schmuck der Außenfront, der von nobelster Zurückhaltung ist, an jeder einzelnen Säule des Hofes erscheint die Rose, selbst auf dem Steinpflaster der Hofesmitte hat die Abflußstelle für das Regenwasser Rosengestalt. Wer die Rosen zählen wollte, gelangte in viele Tausende. Aber die Rose blüht nicht in wilder Naturhaftigkeit, sie erscheint auch nicht als ein in der Übernatur ruhendes Sinnbild. Sie ist schönes Ornament, edel gefügt und einer vom Menschen erschaffenen Symmetrie untertan.

Werner Bergengruen (1892–1964)

Palazzo Farnese · Düstere Schönheit

Wir besichtigten heute mehrere Paläste; zuerst den Palazzo Farnese, den schönsten von allen, von Sangallo und Michelangelo aus Steinen erbaut, die das Kolosseum und das Marcellustheater lieferten. Man gelangt zu diesem freiliegenden Palast über einen sehr schönen kleinen Platz von quadratischer Form. Der Palast ist noch immer eine Festung wie die Florentiner Paläste. Die Gefahr lauerte in den Straßen Roms noch wie im Trecento, wo die Päpste abgesetzt und ermordet wurden wie heute die Beys von Algier; doch dank diesem eigenartigen, unkriegerischen Despotismus ist die Geschichte Roms viel wilder und interessanter als die von Bologna, Mailand oder Florenz.

Der Palazzo Farnese, bewundernswert durch die Architektur Michelangelos, würde heute als furchtbar düster gelten. Ich verstehe sehr gut, daß eine junge Französin, die an unsere von hundert Fenstern durchbrochenen Häuser gewöhnt ist, ihn am ersten Tage für ein Gefängnis hält. Ein auf vier Seiten geschlossener Hof ist stets ein Unding in einem Palast, der keine Festung ist, und dessen Herr für reich genug gilt, um alle erforderlichen Grundstücke zu kaufen, deren seine Prachtliebe bedarf.

Die Einfahrt, durch die man in dies majestätische Gebäude gelangt, ist mit zwölf dorischen Säulen aus ägyptischem Granit geschmückt. Drei Säulenordnungen, eine über der andern, zieren die vier Fassaden dieses quadratischen und so düsteren Hofes, der etwas vom Kolosseum hat. Die unterste bildet einen Portikus von wilder, wahrhaft römischer Majestät. In diesem Portikus hat man die große Graburne aus parischem Marmor aufgestellt, die aus dem Grabmal der Cecilia Metella stammt. In einem Winkel des Hofes halb verborgen, kommt diese Urne um alle Wirkung. Es war eine Geschmacksverirrung der Zeit Pauls III., sie aus dem Denkmal, dessen wichtigster Bestandteil sie war, zu entfernen. Zwei Stunden lang hielten wir uns in der Galerie auf, die Annibale Carracci und seine Schüler mit mythologischen Szenen aus Ovid und Vergil in Freskomalerei ausgeschmückt haben. Die Mitte der Wölbung nimmt der Triumph des Bacchus und der Ariadne ein. Die Gesichter leiden an dem gleichen Fehler wie die Tizians: sie sind virtuos gemalt; doch vermißt man ein wenig die himmlische Seele und den Geist, den Raffael seinen Gesichtern stets gibt.

Stendhal (1783–1842)

Via Giulia · Prachtstraße der Renaissance

Um diese Stunde war die Via Giulia, die sich vom Palast Farnese bis zur Kirche San Giovanni de Fiorentini in einer geraden Linie, etwa fünfhundert Meter lang, hinzieht, von einem Ende bis zum andern vom hellsten Sonnenschein überflutet. Das kleine viereckige Pflaster des Fahrweges – einen Fußsteig gab es nicht – sah ganz weiß davon aus. Der Wagen fuhr beinahe die ganze Straße entlang, inmitten der alten, grauen, wie schlafend und leer aussehenden Häuser mit den großen, vergitterten Fenstern und den tiefen Vorhallen, durch die man in düstere, brunnenähnliche Höfe sehen konnte. Die Straße war von Papst Julius II. gebaut worden, der sie mit prächtigen Palästen einzufassen gedachte, und hatte im sechzehnten Jahrhundert als Korso gedient, da sie zu jener Zeit die regelmäßigste und schönste Straße Roms war. Man merkte noch jetzt, daß hier einst das elegante Viertel war. Nun war es der Stille und Einsamkeit der Vernachlässigung anheimgefallen und von einer Art klerikaler Ruhe und Verschwiegenheit erfüllt. Eine alte Fassade folgte der andern; die Läden waren geschlossen, ein paar Gitter mit Kletterpflanzen umrankt, auf den Türschwellen saßen Katzen, in den Nebenhäusern waren einfache Kramladen untergebracht, und nur wenige Passanten ließen sich sehen: barhäuptige Frauen, die Kinder hinter sich her zogen, ein mit einem Maultier bespannter Karren Heu, ein prächtiger Mönch im faltigen Wollgewand, ein geräuschlos dahinfahrender Radfahrer, dessen Maschine in der Sonne funkelte.

Emile Zola (1840–1902)

105

Via Giubbonari
Gedanken vor bunten Schaufenstern

An diesem Tage machte Pierre, während er sich von Trastevere nach dem Palazzo Farnese begab, in dem er erwartet wurde, einen Umweg. Er ging durch die Via de Pettinari, dann durch die Via de Giubbonari, von denen die eine düster und zwischen der großen Mauer des Hospitals und den elenden Häusern eingekeilt ist, während die andere durch die fortwährende Volksflut belebt und von den Schaufenstern der Juweliere mit den dicken Goldketten, von den Auslagen der Stoffhändler, in denen ungeheure blaue, gelbe, grüne, rote Stoffbahnen in glänzenden Tönen herabfluten, erhellt wird. Das Arbeiterviertel, das er bereits durchschritten hatte, dieses Kleinhändlerviertel, das er eben durchschritt, beschwor in seinem Geiste die schrecklichen, elenden Viertel herauf, die er schon besucht hatte – beschwor die erbarmungswürdige Masse der heruntergekommenen, durch den Ausstand zur Bettelei gezwungenen Arbeiter herauf, die in den prächtigen, verlassenen Gebäuden auf den Prati del Castello hausten. Ach, das arme, das unglückliche, Kind gebliebene Volk, das von Jahrhunderten der Theokratie in der Unwissenheit, in der Gläubigkeit von Wilden erhalten wurde, das an die Nacht seines Geistes, an die Leiden seines Körpers so gewöhnt ist, daß es trotz allem heute dem sozialen Erwachen ferne bleibt und glücklich ist, wenn man es in Frieden seinen Stolz, seine Faulheit, seine Sonne genießen läßt! Es schien in seinem Verfall blind und taub zu sein. Es setzte sein stockendes Leben von einst inmitten der Umwälzungen des neuen Roms fort, ohne etwas anderes als Ärger zu empfinden, weil die alten Viertel, in denen es wohnte, niedergeschlagen, die Gewohnheiten verändert, die Lebensmittel teurer geworden waren. Es war, als ob die Helle, die Reinlichkeit, die Gesundheit ihm lästig fielen, da man sie mit einer großen Arbeits- und Finanzkrise bezahlen mußte. Trotzdem, ob es nun mit Absicht geschehen war oder nicht, wurde Rom im Grunde einzig und allein für das Volk gereinigt und in der Absicht, eine große, moderne Hauptstadt daraus zu machen, neu gebaut. Denn am Ende dieser Verwandlungen steht die Demokratie. Das Volk wird morgen diese

Städte erben, aus denen man Schmutz und Krankheit verjagt, in denen das Gesetz der Arbeit sich zuletzt einrichten und das Elend töten wird. Und darum muß man sich, wenn man die sorgfältig gekehrten, spießbürgerlich erhaltenen Ruinen, das Kolosseum verflucht, das von seinem Efeu, seinen Sträuchern, seiner wilden Flora befreit wurde, die die jungen Engländerinnen ins Herbarium legten, wenn man sich über die schrecklichen Festungsmauern ärgert, die den Tiber einkerkern, wenn man die ehemaligen, romantischen Ufer mit ihrem Grün und ihren alten ins Wasser tauchenden Häusern beweint, doch sagen, daß das Leben aus dem Tode entspringt, und daß das Morgen notgedrungen aus dem Staube der Vergangenheit aufblühen muß.

Emile Zola (1840–1902)

Schildkrötenbrunnen
Bronzeknaben, unbestechlich

Nicht zu vergessen
die vier schildkrötentragenden
bronzenen Knaben
auf der Piazza Mattei

Sie haben die Hände
erhoben und geben droben
aus der kleineren Schale
den Tieren zu trinken

Den linken Fuß
hat der eine der Knaben
der mit dem Lächeln
ganz lässig

auf den Kopf eines Fisches
gestellt. Das Wasser fällt
aus dem Fischmaul
und aus der oberen Schale

in die untere große
Der muntere Knabe
schaut zu
Doch kaum Besucher

Keine Münzen im Brunnen
Die Knaben
sind nicht zu bestechen
Sie versprechen nichts

und brauchen nichts zu halten
außer natürlich
die kalten Panzer der Tiere
aus Bronze wie sie selbst

Rudolf Riedler (1927–1987)

Ghetto · Handel mit alten Kleidern

Was die Juden anlanget / so hatten selbige / ehe Papst Paulus der IV
den heiligen stuhl bestiege / zu Rom einige freyheit und ergötzlich-
keit / doch dieser hatte kaum die regierung angetreten / so fieng er
an selbige sehr zu drücken. Denn an statt daß sie zuvor an allen
orten der stadt wohnen durfften / sperrete er sie in ein gewisses
quartier Getto degli Ebrei genannt / ein / welches aus unterschied-
lichen unfläthigen gäßgen bestehet / und gebote ihnen / daß so bald
es anfänget dunckel zu werden / sie in ihrer gasse bleiben / und sich
ausser derselben nicht mehr betreten lassen solten. So dann zwang
er sie / alle ihre güter zu verkauffen / und keinen andern handel zu
treiben / als mit alten kleidern und hauß-rath. Ferner wolte er
haben / daß so wol manns- als weibs-personen einen gelben hut
tragen sollten / damit man sie von denen Christen unterscheiden
könne / und solten sie mit diesen letzteren weder essen / noch an-
sonsten gemeinschaft pflegen.

Anitzo seynd sie ungefähr 8000 seelen starck / und werden sie
gezwungen / alle feyertag die predigt eines Dominicanermönchs
anzuhören / welche über ihren unglauben gehalten wird. Die Sbirri

gehen unterdessen mit grossen stöcken in den händen durch die kirche / damit diejenigen auffzuwecken / welche vor grosser andacht einschlafen; so seynd auch zwey geistliche bestellet / welche die namen der abwesenden auffzeichnen müssen, / damit sie dieser wegen können abgestrafet werden. Vor diesem pflegte man ihnen die Hebräische ohren zu besichtigen / zu sehen / ob sie nicht baumwolle oder dergleichen hinein gestopffet; allein diese gewohnheit ist nach der hand abgekommen. Sonsten halten die Italiänischen Juden / und vornehmlich die zu Rom / wie ich gehöret habe / das gesetze sehr genau / welches sie verpflichtet / zum längsten in ihrem zwantzigsten jahr sich zu verheyraten / oder aber als leute die in sünden leben / einer schimpflichen strafe gewärtig zu seyn.

Maximilien Misson (um 1650–1721)

Versöhnungsfest

In Rom sah ich im Ghetto, daß noch nicht aller Tage Abend ist. Aber am Tag des Versöhnungsfestes wird für ein Jahr jedem im voraus verziehen. Nah der Synagoge ist in einer Trattoria die Tafel gerichtet, und die kleinen rötlichen Mittelmeerfische kommen, mit Rosinen und Pignolien gewürzt, auf den Tisch. Die Alten erinnern sich ihrer Freunde, die mit Gold aufgewogen wurden; als sie losgekauft waren, fuhren trotzdem die Lastwagen vor, und sie kamen nicht wieder. Aber die Enkelkinder, zwei kleine Mädchen in brennend roten Röcken und ein dickes blondes Kind, tanzen zwischen den Tischen und lassen die Augen nicht von den Musikanten. „Spielt weiter!" ruft das dicke Kind und schwenkt seine Mütze. Seine Großmutter beginnt zu lächeln, und der die Geige spielt, ist ganz weiß geworden und setzt einen Takt lang aus.

Ingeborg Bachmann (1926–1973)

UM DAS PANTHEON

Reine Form

Es war schon gegen Abend, als ich mit meinem Felleisen im Wirtshaus am Spanischen Platz in Ordnung war. Ich konnte keinen Augenblick länger bleiben, und ging sogleich aus, kaufte mir einen Plan von Rom; zog ohne alles weitere Geleit durch die Spazierfahrt der Kutschen im Corso, strich über den schönen Platz Colonna, über Monte Citorio und kam noch im seligen Licht der untergehenden Sonne an und in die Rotunda.

Der Raum darin allein reißt ohne Wort und Feier einen Menschen von Gefühl zur Anbetung hin und entrückt ihn aus der Zeit in die Unermeßlichkeit. Sobald man hineintritt, fängt man an zu schweben, man ist in der Luft, und die Erde verschwindet. Das Licht, das einzig oben durch die blaue heitere himmlische weite Rundung in die reine Form hereinleuchtet, hebt auf Flügeln mit schaueriger Leichtigkeit in die Höhe. Kein Tempel je hat so etwas süßes banges erquickend Unendliches in mir erregt; ich sehnte mich frei zu sein und oben in Genuß und Ruhe. Der hohe Kreis korinthischer Säulen umgab mich wie jungfräuliche Schönheit; und Raffaels Brustbild und Annibal Carraccis Brustbild, die hier begraben liegen, und unsers Mengs seins blickten mich an wie Unsterblichkeit.

Ich wäre so gern die ganze Nacht da geblieben, aber man wollte schließen, und ich mußte fort. Kurz, es ist der Vatikanische Apollo unter den Tempeln, und nach ihm macht keine Kuppel mir mehr viel Freude; sie kommen mir alle als tote Nachahmungen vor ohne Zweck. Der Porticus mit sechzehn hohen Granitsäulen aus einem Stück und dem schroffen Dreieck von Wetterdach davor ist ganz Majestät, so wie das Inwendige mit den schlanken schönen Marmorsäulen alle aus einem Stück lauter Himmel ist. Es ist das vollkommenste Kunstwerk unter allen Gebäuden, die ich kenne, und die erhabenste Idee eines Sterblichen. – Ärgern muß man sich nach der Lust über die Kindereien, daß die Päpste die Balken von Bronze davon weggenommen und Kanonen daraus gegossen und dafür ein paar Türmchen darauf gekleistert und *achtundzwanzig Wagen* Märterknochen hineingefahren haben. Gegen alle Götter mußte freilich wenigstens eine Legion Heiligen einquartiert werden.

Wilhelm Heinse (1746–1803)

Kläglicher Anblick

Wir hielten vor dem Pantheon, jetzt die Kirche St. Maria ad Martyres. Wie gern möchte ich mit vollen Backen in die Posaune der Enthusiasten blasen, aber ich kann es nicht. Dies Bauwerk hat mich, hat uns alle völlig kalt gelassen. Gewiß geht es Tausenden so, es wagt nur keiner es auszusprechen. Das Pantheon ist bekanntlich von Agrippa, dem Günstling Augusts, 26 vor Christo, allen Göttern erbaut worden, und besteht aus einem zirkelrunden, fensterlosen, mit einem Kuppeldache versehenen Gebäude, an dessen Vorderseite sich ein Portikus mit einem Fronton befindet. An und für sich betrachtet kann eine Rotunde mit einem Prostyl nicht schön sein; die Symmetrie erfordert entweder auf der entgegengesetzten Seite oder an allen 4 Seiten Säulen; allein abgesehen hiervon, so kann ein Bauwerk, welches so rußig und verfallen aussieht, und auf einen so kleinen, engen, schmutzigen Platz eingezwängt ist, wie das Pantheon, unmöglich ein edles Gemüt ergreifen. Es imponiert auch nicht einmal durch seine Größe. Im einzelnen betrachtet ist der Portikus, der aus 16 sehr beschädigten, geschwärzten, und mit Spinnegeweben behangenen Säulen aus orientalischem Granit besteht, wovon 8 die Breite der Fassade einnehmen, im schönsten Stil erbaut, die Kuppel der Rotunde, welche vom Fußboden gerechnet 132 Fuß hoch und ganz massiv erbaut ist, ein Meisterstück; allein das Einzelne verliert sich im Ganzen. Das Innere mag einst schön gewesen sein; jetzt unterstützen geschwärzte korinthische Säulen und Pilaster rings das Stockwerk, auf dem das Gewölbe ruht. Die Kuppel hat oben eine unverschlossene runde Öffnung, durch welche das Licht und gleichzeitig der Regen in die Kirche fällt. Der Marmorfußboden war schmutzig, schwarz, schief und zertreten, und in der Mitte der Kirche unter der Öffnung hatte das Regenwasser eine Pfütze gebildet! Genug – das Pantheon des Agrippa gewährt von innen und außen einen kläglichen Anblick. Und obenein muß man hier wieder fragen: Wie viel ist an dem alten Mauerwerke neu? – Um den Platz, auf dem das Pantheon steht, noch mehr zu verkleinern, hat man auch hier einen Obelisken angebracht.

Gustav Nicolai (1795-1852)

Schutz der heidnischen Vettern

Die Antike ist für uns von oben her abgenagt. Das haben Barbaren, Banausen und vor allem der Zahn der Zeit besorgt. Erst ist der Schmuck gestohlen worden, dann sind die feineren Zierate abgebrochen, dann ist das Gebälk eingestürzt, dann sind die Säulen umgefallen, dann das Mauerwerk zerbrochen. Von den meisten Gebäuden des Altertums sind nur die Grundmauern auf uns gekommen. Das einzige antike Gebäude, das seine Bedachung nicht verloren hat, ist das Pantheon, dessen Kuppel, ein Weltwunder, die Zeiten überstanden hat. S. Maria Rotonda heißt das Pantheon, aber es hat diesen Namen nie eigentlich angenommen. Die Antike ist stärker, zumindest hier. Auch in anderen Kirchen Roms wie überhaupt in Italien ist von Andacht wenig zu spüren. Speziell der Glaube der Römer ist nüchtern und alles andere als innig. Sie brauchen ja auch nicht zu *glauben*, sie wohnen so nahe den Quellen, wo man *weiß*: im Sant' Uffizio weiß man alles genau, dort, wo die Buchhaltung der Ewigkeit ihren Sitz hat. Tiefere Religiosität ist da nicht erforderlich. Das strahlt auf ganz Rom aus, und den Römern genügt es, wenn die *anderen* glauben. In keiner Kirche aber ist der christliche Geist so weit zurückgedrängt wie im Pantheon. Ich bin sicher, daß viele, die da hineingehen, sich gar nicht vergegenwärtigen, daß sie in einer Kirche sind. *Pantheon:* das Allgötterhaus. Vielleicht war es so, daß sich alle die Götter, die von Kaiser Theodosius am 28. Februar 380, einem Freitag, abgesetzt worden waren, in diese Feenkuppel zurückzogen, und dort wohnen sie noch heute, und gegen diese komprimierten Gottheiten kommt ein Federstrich, der den Ort in S. Maria Rotonda umbenennt, nicht an. Oder vielleicht hat die Muttergottes in ihrer Güte dieses Gebäude pro forma übernommen, damit der Papst sich zufrieden gibt, und gewährt den heidnischen Vettern ihren Schutz. Es ist eh wenig genug, wenn man bedenkt, was ihnen vorher alles gehört hat.

Herbert Rosendorfer (geb. 1934)

Piazza Navona · Lustfahrt im See

Ich ging vorgestern zuerst nach der Piazza Navona. Es war um die Zeit der Lustfahrt, gegen fünf Uhr nach unsrer Rechnung, wo die Häuser schon so breite Schatten werfen, daß wenigstens der überschwemmte Teil des Platzes damit bedeckt wird. In der Mitte des fast eirunden Raumes erhebt sich eine große Fontäne mit einem ägyptischen Obelisken und vier kolossalen Statuen, die auf der Felsmasse, die jenem zur Basis dient, sitzen und lagern. Sie stellen die Hauptströme der Welt vor und sind wie die Anlage des ganzen Springbrunnens von der Erfindung des Bernini. (Von einer dieser Statuen, welche die Hände gegen die Kirche S. Agnese ausstreckt, erzählt man die Anekdote, es habe Bernini durch diese Stellung den schlechten, verhältnislosen Bau dieser Kirche aushöhnen wollen, so daß sein Koloß die einstürzende Fassade auffangen solle. Der Einfall ist nicht übel und läßt den Ungeschmack des eigenen Bauwerks einigermaßen übersehen.) Aus den Urnen dieser Flußgötter wird der unmerklich vertiefte Umkreis der Fontäne, etwa ein Drittel des Platzes, bis zu einer Höhe von zwei Fuß überschwemmt. Montags wird das Wasser durch Röhren wieder abgeleitet, und der Platz bleibt frei bis zum nächsten Sonnabend, wo nach geschlossenem Markte die Urnen abermals überzuströmen beginnen. Das trockene Pflaster rings um den See ist mit Buden, Spaziergängern und Zuschauern angefüllt, die sich zum Teil auf Stühlen und Bänken ausruhen, teils die breite Treppe vor der Kirche S. Agnese zu ihren Sitzen gewählt haben. Auch die Fenster und Balkone sind bunt mit Köpfen besetzt, und für eine kleine Erkenntlichkeit kann jeder Fremde sich ihrer bedienen. Unter den Buden zeichnen sich die hohen Gestelle der Wassermelonenverkäufer aus, die fast wie rote Türme anzusehen sind, wenn die geschnittenen Früchte sie bis zum Gipfel bedecken. Aber alle Augen sind auf den See gerichtet.

Dieser wimmelt und schäumt von glänzenden Staatskarossen, leichten Kaleschen, Leiterwagen, Reitern, Handpferden und Eseln. Der Marchese fährt mit seiner Dame in langsamer Parade um die Fontäne, das Wasser geht bis an die Achsen und drüber, und die Rosse wiehern vor Lust in dem frischen Fußbade. Daneben treibt der Bauer sein müdes Vieh in die Schwemme, und ein andrer Signore reitet mit kurzen Steigbügeln hinterdrein. Aber der reiche Landmann hat seine ganze Familie in festlichem Putze auf einen großen Heuwagen geladen, und so läßt er sie mitten unter Prinzen und Marchesen der vornehmen Kühlung genießen. Die Buben streifen sich die weiten Hosen über die Knie und plätschern am Rande umher, ihre Gespielen bespritzend, bis sie etwa einem Erwachsenen zu nahe kommen, der sie dann herausjagt. Die Kutscher hingegen fahren sehr behutsam, besonders wenn sie herauslenken, damit die Umstehenden sich nicht zu beklagen haben, denn das Wasser ist vom Staube schmutzig geworden. So treibt man sich bis gegen Sonnenuntergang auf dem Platze umher; der Corso ist heute öde und leer, und auf dem Monte Pincio wird man höchstens einem schwermütigen Engländer begegnen.

Wilhelm Müller (1794–1827)

S. Maria dell'Anima · Grab eines frommen Papstes

Es hielt seinen Einzug Hadrian VI. Florent von Utrecht, ein frommer grämlicher Professor aus der finstern Stadt Löwen, ehedem Lehrer Karls V. Eines Schiffszimmermanns Sohn, war er nicht wie Leo X. in der Schule des Reichtums, sondern in jener der Not gebildet. Man sah nun weder Künstler, noch Gelehrte mehr im Vatikan. Keine Musik, kein Sonett, kein platonischer Dialog ward mehr gehört, kein Pinsel gerührt, kein Meißelschlag geführt. Hadrian betete und arbeitete. Er sagte: ich will nicht die Priester mit den Kirchen, sondern die Kirchen mit den Priestern schmücken.

Wenn er ausging, umschwärmten ihn nicht Poeten, Künstler und Gelehrte, sondern Bettler und Krüppel; er segnete und beschenkte sie reichlich.

Diese Buße des sündhaften Rom dauerte nur ein Jahr, denn Hadrian starb schon am 14. September 1523. Den römischen Höflingen verhaßt und von ihren Satiren verhöhnt, weil er es unternommen hatte, im Angesicht der Reformation die Kurie von Mißbräuchen und Lastern zu reinigen, hatte er sich tief unglücklich gefühlt. Darum steht auf seinem Grabmal diese Klage:

Proh Dolor! Quantum Refert in Quae Tempora Cujusque Virtus Incidat. Ach! wie kommt es darauf an, in welche Zeit auch des besten Mannes Tugend fällt!

Hadrian VI. war der letzte Deutsche und Ausländer überhaupt, der auf dem Stuhl Petri saß. Mehrere Deutsche hatten ihn eingenommen, und fast alle sich um die Kirchenverbesserung bemüht. In der Kirche der Deutschen, Santa Maria de Anima, steht auch Hadrians Grabmal. Wilhelm Enkefort, der einzige von ihm ernannte Kardinal, hat es dort im Presbyterium errichtet, wo es dem prächtigen Grabmal des Herzogs Carl Friedrich von Cleve gegenübersteht.

Ferdinand Gregorovius (1821–1891)

Palazzo Taverna di Monte Giordano
Der römische Brunnen

Aufsteigt der Strahl und fallend gießt
Er voll der Marmorschale Rund,
Die, sich verschleiernd, überfließt
In einer zweiten Schale Grund;
Die zweite gibt, sie wird zu reich,
Der dritten wallend ihre Flut,
Und jede gibt und nimmt zugleich
Und strömt und ruht.

Conrad Ferdinand Meyer (1825–1898)

Piazza della Minerva
Elefant, einen Obelisken tragend

Den Obelisken Ägyptens, Symbol der strahlenden Sonne,
  Bringt Alexander, dem Papst, ein Elefant als Geschenk.
Ist nicht weise das Tier? Der Welt gab Weisheit als Sonne
  Dich, o Siebenter! Drum hast du der Sonne Geschenk.

Ahanasius Kircher (1601–1680)

S. Maria sopra Minerva · Sitz der Inquisition

Hier hat die fürchterliche und den vernünftigen Katholiken selbst
höchst verhaßte Inquisition ihren Sitz, indem alle Mittwochen in
diesem Kloster Kongregation gehalten wird, davon der General des
Dominikanerordens jederzeit nach den Bischöfen der erste Beisitzer
oder Consultator ist. Es werden wöchentlich drei Kongregationen
des h. *Officii* gehalten. Die erste im Palaste der Inquisition, die andere hier *alla Minerva*, da man in Ordnung bringt, was dem Papste
soll vorgetragen werden bei der dritten Kongregation, in dem Palaste, wo sich der Papst aufhält. Die Zahl der Kardinäle, so zugleich
Inquisitores sind, ist nicht gewiß, erstrecket sich aber öfters auf
zwölf und mehrere, denen viel Theologen und andere Bedienten
beigefügt sind. So scharf als man in Spanien und Portugal verfährt,
ist man hier nicht, und wissen die Italiener besser zu leben.

Absonderlich nimmt man es mit den Fremden und denjenigen, so
unter dem Schutze eines Kardinals oder auswärtigen Ministers stehen, nicht gar genau. Der spanische Minister Marquis de Monte-
leone erzählte dem geheimen Rat B. v. F. im Haag, daß einstmals der
Neveu des Kardinals Imperiali in einem öffentlichen Hause (wo ich
nicht irre, zu Genua) auf dem Billard gespielet, indessen daß ein anderer die gedruckten Zeitungen und aus denselben den Artikel vom
päpstlichen Hofe laut herlas. Während solcher Ablesung machte
obgedachter *Neveu* einen unglücklichen *Coup*, und wie man in der
Hitze des Spiels gern alles auf einen andern schiebt, also fuhr er
auch in seinem Unmute gegen den Lesenden heraus: *avec vôtre*

foutû Pape vous me faites perdre le jeu. Es währete nicht lange Zeit, so war die Sache bei der Inquisition angebracht: weil sie aber den Verwandten eines Kardinals, den man nicht gern vor den Kopf stoßen wollte, betraf, so kam sie vorher an seine Eminenz, welche die Sache bald in der Stille beizulegen wußte. Der Kardinal ließ indessen seinen *Neveu* vor sich kommen, bezeugte ihm, wie er mit seiner Aufführung wohl zufrieden sei, er möchte aber in seinen Gedanken zurückgehen und nachsinnen, ob er (der *Neveu)* nicht Feinde habe, ob er nicht etwan wider den Kaiser zu frei gesprochen habe? Ob nicht dergleichen in Ansehung der Krone Frankreich geschehen? Als alle diese und andere Fragen besonders mit Nein beantwortet waren, erkundigte sich endlich der Kardinal, ob nichts wider den Papst selbst geredet worden? Der *Neveu*, dem hiebei dasjenige, dessen er schuldig war, alsbald in den Sinn kam, antwortete, er habe sich auch in diesem Stücke nichts vorzuwerfen, es sei dann, daß ihm vielleicht in der Hitze des Spiels einmal etwas entfahren. Darauf gab ihm der Kardinal die Lehre: Man könne zwar denken, der Papst sei ein … allein es sei weder nötig noch ratsam, es zu sagen.

Johann Georg Keyßler (1689–1743)

Piazza S. Ignazio · Ein Hauch Venedig

12. Mai 1939 abends auf der Piazza S. Ignazio. Das alte Marsfeld ist nicht der schönste, aber der märchenhafteste Stadtteil Roms. Diese dichtgedrängte Häusermasse, über die man vom Pincio wie über eine erstarrte Flut hinweg schaut, ist ein dunkler Wald auf dem Grunde eines Meeres ein Irrgarten, ein bedrängendes Gewirr von Schluchten, in das man sich verliert. Und immer wieder tritt man überraschend in eine Ecke und findet sich am Ende der beschatteten Straße vor einem Platz, den dämmernde Paläste umstehen, den ein Brunnen mit Plaudern unterhält, den eine Kirchenfassade beherrscht. So tritt man vor das Pantheon, durch dessen Säulenvorbau das Mondlicht flutet und wogt, so findet man sich plötzlich mit S. Ignazio in einem Stück Rokoko. Gegenüber dem lastenden Barock mit seiner Ausdrucksgewalt findet sich hier die geistreiche Andeu-

tung, der geniale Schnörkel, die elegante Handschrift. Kein umgrenzter Platz, sondern eine zauberhafte Bühne mit ineinandergeschobenen Kulissen, die einen Raum nicht abschließen, sondern vorspiegeln. Überall öffnen sich Durchgänge, aus denen Masken, Windlichter und Musik hervorbrechen werden. Alles hat einen anmutigen Schwung, der auf die Zeichnung verzichtet, dem die Skizze genügt. Ein Hauch Venedig des Goldoni.

Karl Eugen Gass (1912–1944)

Piazza Montecitorio · Die Sonnenuhr des Augustus

Den auf dem Marsfeld stehenden Obelisken bestimmte der Kaiser Augustus zu einem merkwürdigen Zweck, nämlich, durch seinen Schatten die Dauer der Tage und Nächte anzuzeigen. Der Schatten nämlich, welchen derselbe am Mittag des kürzesten Tages warf, wurde auf dem Boden durch ein Steinpflaster angedeutet und auf diesem durch eingelegte metalline Streifen die Zunahme und dann auch wieder die Abnahme der Tage bezeichnet – in der Tat eine merkwürdige und dem Genie des Mathematikers zur Ehre gereichende Erfindung. Dieser Gelehrte ließ auf der Spitze des Obelisken eine vergoldete Kugel anbringen, deren Schatten sich im Scheitel sammelt, während der Schatten einer Spitze nicht so regelmäßig ist: Die Form des menschlichen Kopfes soll ihn auf diese Idee gebracht haben. Die Beobachtungen am Obelisken stimmen aber nun schon seit fast dreißig Jahren nicht mehr mit der Natur überein, entweder, weil im Laufe der Sonne und in der Beschaffenheit des Himmels eine Änderung eingetreten, oder weil die ganze Erde aus ihrem Mittelpunkt gerückt – was, wie ich finde, auch an andern Orten wahrgenommen wird- oder nur der Stundenzeiger, infolge von Erdbeben zu Rom, von seinem Standort etwas verrückt ist, oder durch Überschwemmungen des Tibers der Grund sich gesenkt hat, wiewohl das Fundament so tief in die Erde gelegt sein soll, als der Obelisk hoch ist.

Plinius der Ältere (23–79 n. Chr.)

Palazzo Montecitorio · Ziehung der Lottozahlen

Der Auszug geschieht Sonnabends folgendermaßen: Der Balkon des Palastes von Monte Citorio wird festlich geschmückt, mit einer aufgespannten Leinwand gegen die Sonne geschützt; vor dem Obelisken zieht eine Wache auf. Nun erscheinen die Beamten, ein Prälat in violettem Gewande, die Notare usw. Die 90 Nummern werden verlesen und einzeln in ein silbernes Gefäß geworfen. Hierauf erscheint ein Waisenknabe im Chorrocke, die Trompeter des Kapitols blasen einen Tusch, dann schlägt der Junge ein Kreuz, zeigt seinen zugeknöpften Ärmel und holt die Nummer aus dem Gefäße, welches vorher während des Trompetenschalles tüchtig umgerüttelt wurde; so geht es fort, bis die fünfte Nummer heraus ist. Die Stimme des Rufenden ist so stentorisch, daß wegen ihr allein es sich der Mühe lohnen würde, hinzugehen. Aber das Interessanteste ist der Anblick des Volks bei dieser Gelegenheit. Gespannte Erwartung auf allen Gesichtern, eiliges unsinniges Fortrennen der wenigen, welche gewonnen haben, und die getäuschte Hoffnung der übrigen.

Friedrich von Kölle (1781–1844)

Marc-Aurel-Säule
Die Diener des Fürsten Piombino
am Fenster bei der Betrachtung der Säule
auf der Piazza Colonna

Nicht leicht, so Wendeltreppenbilder, nein,
Da muß so'n Steinmetz schon sein Handwerk können.
In Wachs brauchst du sowas nur reinzubrennen,
Ganz einfach, aber press' das mal in Stein!

Die da in Gala sind Karikaturen,
Die zeigen, was antike Leute taten.
Maurer war'n sie und Schleifer, auch mit Spaten
Und Sägen arbeiten ein paar Figuren.

Gabeln sind da und Musikinstrumente,
Du siehst, wie sie heiraten, alles wie jetzt,
Auch die sieben anderen Sakramente,

Alles stimmt, wie vom Teufel dahingesetzt,
Doch ein Meister Anton, sagt die Legende,
Hat das in zehn Tagen so hingefetzt.

Giuseppe Gioachino Belli (1791–1863)

Palazzo Borghese · Die Familie Borghese

In der Straße Il Corso befindet sich die Kirche von San Carlo. Musik und Gesang tönten durch die hohen Gewölbe, tausend Lichter wurden in der Prozession getragen; ein vergoldeter weißer Sarg mit himmelblauem Deckel stand auf einem hohen Podest, von Kandelabern mit brennenden Schalen umgeben. Doch nicht irdischer Staub lag in diesem Sarg; Guendalina Borghese Talbot ruhte in der Kirche Santa Maria Maggiore, in der reichen Grabstatt der Borghesen; hier aber, vor dem leeren Sarkophag, wurden kostbare Seelenmessen gelesen, und die Armen beweinten sie, die sie verloren.

In den letzten Monaten des Jahres 1840 kam jede Nacht der Todesengel den gelben Tiber herauf, stieg an Land und wanderte mit Sturmesschritten durch die engen Straßen, in die Häuser der Armen und in die Paläste der Reichen, und wo er hinkam, schrieb er über ein Haupt das Zeichen des Todes.

In der Via Ripetta steht ein kleines, unbewohntes Haus, ein großer, offner Bogen bildet seine beiden obersten Etagen, durch diesen Bogen kann man von den Fenstern des Palazzo Borghese, dessen einer Flügel in die enge Seitenstraße weist, in die Via Ripetta schauen und, wo die Fähre über den Fluß gezogen wird, den gelben Tiber, das entgegengesetzte Ufer, die Peterskirche, ja, sogar die fernen Hügel sehen.

Das Zimmer im Palazzo Borghese, von dem man diese Aussicht hat, gehört zu der großen Bildergalerie, die sich über viele Säle erstreckt; ewig ist hier Leonello Spadas Konzert zu hören, nie wird hier für Loth und seine Töchter der rote Abendhimmel erlöschen, Gerardo delle Notti hat ihn mit Geist und Feuer festgehalten, ewig regnet in Danaes Schoß das Gold mit dem mächtigen Klang, den Raffael ihm verleihen konnte.

Durch diese Säle wanderte nachts der Todesengel mit den großen Schwingen, die alles hinter sich verbergen; der Todesengel, auf dessen Stirn der Stern leuchtet und uns Unsterblichkeit verkündet. Der kräftige junge Tod, kein Gerippe, sondern ein kühner Jüngling, der den Faden des Erdenlebens keck zerschneidet.

Durch diese reichen Säle wanderte der Todesengel, Domenichinos Sybille schien die Augen emporzuheben, Cesare Borgia, dem Raffael Unsterblichkeit verliehen, wollte aus seinem Rahmen treten – aber der Todesengel wanderte ruhig weiter, die breiten Treppen hinauf zwischen den herrlichen Marmorbildern.

Ein Sohn aus dem Geschlecht Borghese wurde dem Tod geweiht.

Und Trauerflor wurde an das reiche Wappen geheftet, doch noch ehe es wieder aufgehängt war, kam der Todesengel aufs neue, er suchte die Mutter, die ihr Kind beweinte, er küßte ihre Brust, und sie war tot. – Mutter und Sohn waren tot.

Der Arme weinte, Trauer war in der Hütte, Jammer im reichen Palast der Borghesen; aber zwei Söhne lebten noch. Und der Todesengel kam wieder, noch ein Sohn mußte sterben; der letzte war noch am Leben, doch mit Leid im Herzen und Fieber im Blut.

„Wo ist mein Bruder?" fragte er, im gleichen Augenblick trug man des Bruders Leiche zum Palast hinaus. Es kam keine Antwort; der Todesengel küßte den Mund des Fragenden, auch er war tot.

Hans Christian Andersen (1805–1875)

Ara Pacis Augustae · Friedenspolitik des Kaisers

Als ich unter dem Konsulat des Tiberius Nero und des Publius Quintilius (im Jahr 13 v. Chr.) nach erfolgreicher Tätigkeit aus Spanien und Gallien nach Rom zurückkehrte, beschloß der Senat, zum Dank für meine Rückkehr auf dem Marsfeld einen Altar des „Augustusfriedens" zu weihen, in dem die Beamten, die Priester und die vestalischen Jungfrauen alljährlich ein Opfer darbringen sollten.

Den Janustempel, der nach dem Willen unserer Vorfahren geschlossen werden sollte, wenn im gesamten Machtbereich des römischen Volkes zu Land und zu Wasser durch Siege Friede geschaffen sei, ließ der Senat unter meiner Leitung dreimal schließen; vor meiner Geburt ist er, wie überliefert wird, seit der Gründung der Stadt überhaupt nur zweimal geschlossen gewesen.

Augustus (63 v. Chr.–14 n. Chr.)

Mausoleum des Augustus · Tod des Kaisers

Er starb im selben Zimmer wie sein Vater Octavius, unter dem Konsulat des Sextus Pompeius und des Sextus Apuleius, am neunzehnten August, gegen drei Uhr nachmittags, fünfunddreißig Tage vor seinem sechsundsiebzigsten Geburtstag. Seinen Leichnam trugen die Bürgermeister der Kleinstädte und Kolonien von Nola bis Bovillae, und zwar wegen der Jahreszeit bei Nacht, während er am Tag in der Halle der jeweiligen Stadt oder in ihrem größten Tempel niedergelegt wurde.

Von Bovillae an übernahmen Mitglieder des Ritterstands die Überführung, brachten die Leiche nach Rom und bahrten sie in der Vorhalle seines Hauses auf.

Die Senatoren übertrumpften sich mit Vorschlägen für die Gestaltung der Totenfeier und die Verherrlichung seines Andenkens und gingen so weit in ihrem Eifer, daß manche unter anderem den Antrag stellten, den Leichenzug durch die Porta Triumphalis zu führen; dabei sollte die Victoria-Statue, die in der Kurie steht, vorangetragen werden, und die Kinder der ersten Familien, Jungen und Mädchen, sollten ein Klagelied singen. Andere beantragten, daß man am Tag der Bestattung goldene Ringe ablegen und dafür eiserne nehmen sollte; einige forderten, seine Gebeine sollten durch die Priester der höchsten religiösen Kollegien gesammelt werden. Ein Senator empfahl sogar, den Monatsnamen August auf den September zu übertragen, weil Augustus in diesem Monat geboren und in jenem gestorben sei. Ein anderer schlug vor, die gesamte Zeitspanne vom Tag seiner Geburt bis zu seinem Lebensende das Augusteische Zeitalter zu nennen und so in den Kalender einzutragen.

Aber man hielt doch Maß bei den Ehrungen. Es gab zwei Leichenreden für ihn: Vom Tempel des vergöttlichten Julius aus sprach Tiberius, und auf der alten Rednertribüne Drusus, der Sohn des Tiberius. Dann wurde er auf den Schultern von Senatoren auf das Marsfeld getragen und verbrannt. Und es blieb nicht aus, daß ein ehemaliger Prätor beschwor, er habe das Bild des Eingeäscherten zum Himmel aufsteigen sehen. Seine sterblichen Überreste sammelten die Vornehmsten des Ritterstandes, bloß mit der Tunika bekleidet, ohne Gürtel und barfuß, und setzten sie im Mausoleum bei. Dieses Bauwerk hatte er zwischen der Via Flaminia und dem Tiberufer in seinem sechsten Konsulat errichtet und die umliegenden Parkanlagen und Promenaden schon damals zum öffentlichen Gebrauch freigegeben.

Sueton (um 70–140)

Stierkampf im Grab

Sobald die Finsternis es erlaubt, werden die Lampen auf dem Mausoleum des Augustus angezündet. Dieses Gebäude liegt in einer engen Seitengasse des Corso, unfern der Porta del Popolo, ganz mit Häusern und Ställen umbaut. Aber auf seiner hohen Decke steigt ein Amphitheater über die Nachbargebäude empor: es umschließt eine kreisförmige Arena von mäßigem Umfange, hat zuunterst seine Wehrmauer, die von den Pforten der Tiergefängnisse durchbrochen ist, darüber vier Reihen steinerner Sitze nach antiker Art, über diesen eine moderne Logenordnung und verliert sich durch eine unbedeckte Galerie mit eisernem Geländer in die freie Luft.

Überraschend groß war der Anblick, als ich aus den engen, finstern Gassen in die weite, hellerleuchtete, von geputzten Menschen wimmelnde Runde eintrat. Kronenleuchter, an Seilen aufgehängt, hohe Wachskerzen und bunte Lampen wetteifern in Licht und Glanz gegen die schwarze Nacht, die sich mit ihren matten Sternen wie eine Kuppel über den schimmernden Kreis gebreitet hat. In der

Arena wogt es bunt durcheinander, die Logen und Bänke sind noch
wenig besetzt. Zwei Musikchöre lösen sich wechselseitig ab: das
eine läßt sich in Märschen mit Janitschareninstrumenten vernehmen,
das andre gibt Symphonien und Ouvertüren.

Aber nach und nach werden die Lichter und Lampen ausgelöscht,
jeder sucht sich einen Platz, und die Arena wird leer. Welch ein festlicher herrlicher Anblick! Ich konnte nicht müde werden, das volle
Amphitheater anzustaunen, so daß ich der Seiltänzersprünge, die
über meinem Haupte vor sich gingen, nicht eher gewahr wurde, bis
das Volk sie beklatschte. Gleich darauf brannten die ersten Feuer-
räder in der Arena ab, dann spie die Erde goldene Quellen aus, Sterne in grünem und rotem Flimmer wandelten durch die Finsternis,
und zu guter Letzt mußte die Krone und der Schlüssel des heiligen
Petrus figurieren. Das Volk schien mit den heutigen Feuerkünsten
nicht eben befriedigt zu sein: das vorige Mal, erzählte man mir, habe
eine chinesische Stadt gebrannt, mit goldenen Glöckchen und
Sonne, Mond und Sternen. Das hätte ich sehn sollen!

Das gestrige Stiergefecht hat meinen Erwartungen wenig ent-
sprochen: es war eine Tierquälerei und konnte keine Teilnahme erwecken, weil der Kampf auf der einen Seite gefahrlos und auf der
andern unfreiwillig schien.

Die *Giostra* begann gegen zehn Uhr abends, also zwei Stunden
vor Ave Maria, und dauerte bis dahin. Das Amphitheater war gedrängt voll, Janitscharenmusik schallte mir entgegen. In der Arena
schritten vier *Giostratori*, junge, starke Männer, meist Metzger-
gesellen, auf und ab. Sie waren in weiße Leinwand knapp gekleidet,
hatten eine rote Schärpe um den Leib gebunden, und jeder hielt
einen kurzen Stab und ein rotes Tuch in der Hand. In der Mitte des
Kampfplatzes standen einige hohe Tonnen, und ein ausgestopfter
Balg von der Figur und Tracht der Fechter hing an einem Seile fast
bis zur Erde herab. Auch bemerkte ich mehrere Öffnungen in dem
Boden, die mit Brettern zugeschoben wurden, und aus denen Du
während des Kampfes allerlei Neckbilder wirst aufsteigen sehen,
was ich Dir vorher sage, mein Freund, damit Du nicht in der Beschreibung mehr überrascht werdest als ich in der Vorstellung.

Einige Trompetenstöße verkündigten den Anfang des Kampfes,
die Giostratori verneigten sich ringsumher und ordneten sich in der

Runde. Jetzt öffnete sich das erste Tor, und heraus sprang ein großer, weißer Ochse von der Campagnarasse mit langen, weitausge-
spreizten Hörnern. Wild verwundert schaute er rechts und links
umher auf die bunte, jubelnde Menge, auf die schmetternde Musik,
auf die Kämpfer mit den roten Tüchern, und nun ließ er seine Wut
gegen den aufgehängten Balg, die Fässer und die aufsteigenden Figuren einige Augenblicke toben. Nachdem er sich also ein wenig ermüdet hatte, traten die Kämpfer allmählich näher, die roten Tücher
seitwärts über den Stab ausgehängt. Sobald das Tier diese in das Gesicht faßt, stößt es darauf los – und in die Luft; denn der Giostratore
zieht das Tuch zurück oder hebt es etwas, und wo es auch von den
Hörnern getroffen wird, können diese es doch nicht aufspießen, da
es weder straff noch dünn ist. Zuweilen verwickelt es sich um die
Hörner, und dann läßt der Kämpfer es im Stiche und rettet sich auf
die Wehrmauer. Die Streitlust des Ochsens hielt nicht lange an, so
hitzig sie auch anfänglich geschienen hatte: nachdem die Kämpfer
ihn zehn- bis zwölfmal gegen die rote Täuschung hatten anrennen
lassen, war er des Spieles müde und ging ihm aus dem Wege. Hierauf ward ihm die Strangschleife von fern aus um ein Horn geworfen, und vielleicht wäre er auch ungezogen und ungestoßen vom
Kampfplatze abgetreten, hätte nicht der Anblick seines offenen Ge-
fängnisses ihn an die Qualen und Martern erinnert, welche dort vor
wenigen Minuten seine friedliche Natur in kriegerische Wut umgeschaffen hatten.

Nach ihm erschien ein Büffel, der noch schneller kampfmüde
ward, dann wieder ein Ochse, der gar nur ein Horn hatte. Dennoch
jagte er alle vier Kämpfer nicht selten aus der Arena: sie sprangen
auf die Wehrmauer, und das Tier stieß gegen die Steine. Oft aber
hätte es einen Kämpfer erreichen und sein Bein an die Wand spie-
ßen können, wäre es nicht selbst in seiner Wut so verständig gewesen, zu bedenken, wie das ganze Gefecht ja nur ein belustigender
Spaß sein sollte. Ein Kämpfer ließ sich, ich glaube von dem Büffel,
den er an den Hörnern festhalten wollte, in den Staub werfen,
wahrscheinlich, um dem Spiele einen ernsteren Anstrich zu geben:
da sprangen die andern zu Hilfe, banden das Tier, und somit blieb es
mit dieser Heldentat bei einem beschmutzten Kleide. Ganz ohne
Furcht waren indessen die Giostratori doch nicht immer, und be-

sonders übte sich einer in schnellen Sätzen über die Wehrmauer, wobei er oft sein rotes Tuch fallen ließ. (…)

Das Volk nahm den lebhaftesten Anteil an dem Spiele und reichte wetteifernd, besonders nach einem mutigen Streiche, Wein und Erfrischungen in die Arena hinab. Mich ergötzte vor allem die gymnastische Form des Spieles: man hätte fast jede Kampfgruppe in Marmor hauen können, so ausgesprochen, sicher und schön waren alle Stellungen und Bewegungen der Giostratori. Wie ärmlich erschienen mir hier unsre mimisch-plastischen Kunstquälereien! Ein römischer Metzgerbursche rennt sie alle über den Haufen mit ihren Schalen und Sandalen.

Wilhelm Müller (1794–1827)

VON DER FONTANA DI TREVI
ZUR PIAZZA DEL POPOLO

Verwahrloster Dorfbrunnen

Die Fontana Trevi aus der Acqua Vergine, mit ihrer Überfülle köstlichen Wassers, wird in Zukunft kein verwahrloster Dorfbrunnen bleiben, wie sie es bis heute gewesen ist. Man ist mächtig dabei, ihr einen schönen architektonischen Schmuck zu geben, und ein Drittel der ganzen Anlage ist schon fertig; so gehört sie bald zu Roms schönsten Wassern. Dem Plane nach soll eine korinthische Ordnung aus zehn Pilastern und Halbsäulen eine zwei Stock hohe Verkleidung bilden. Sie ruht auf einem Unterbau von gewaltigen Quadern und wird von einem Architrav und einer Attika über dem Kranzgesims überragt werden. Das Gebäude, an das sich diese Verkleidung anlehnt, hat in jedem Stockwerk zwischen den Pilastern Fenster mit Steinbalkonen, umrahmt von Säulen und Giebelfeldern. Die Mitte, fast die Hälfte der Fassade einnehmend, springt mit vier Säulen mit ähnlicher Architektur vor, sie werden eine schöne Attikabekrönung bekommen mit Feldern für Inschriften und in einer Terrasse mit Balustergeländer abschließen, in dessen Mitte zwei Statuen die Wappen des Papstes emporhalten. Der Mittelbau wird die Fassade beträchtlich überragen. Jede der vier Säulen trägt einen Sockel mit Statue, die die drei Felder voneinander scheiden. Zwischen den Säulen sind drei Nischen; die beiden an den Seiten werden viereckig, viereckige Felder mit Flachreliefs schließen sie nach oben ab, und hinein kommen Statuen; die mittelste aber wird eine Halbkuppel, die auf vier niedrigeren Säulen ruht, und aus ihr heraus kommt ein riesiger Neptun gefahren im Muschelwagen, den Wasserrosse ziehen; zwei Tritonen lenken und stoßen in ihre Muschelhörner. Die Pferde jagen, sich hoch aufbäumend, über die Felsblöcke, die vor der Fassade getürmt liegen. Das Wasser kommt in großen Stößen aus den Felsen, überströmt sie und fließt dann wie in einen See in ein großes Becken, das sich halbrund vor den ganzen Bau breitet. Den kühnen Plan dazu hat Salvi entworfen.

Charles de Brosses (1709–1777)

Wasser für Sehnsuchtskranke

Früh schon hab ich, fast noch Knabe,
Meine Lippen, so wie jetzt,
Quelle Trevi, an der Labe
Deiner reinen Flut genetzt.

Und von deinem Zaubertranke
An die ew'ge Stadt gebannt,
Jahr für Jahr, der Sehnsuchtskranke
Zog ich an den Tiberstrand.

Saß auf bröckelndem Gesteine,
Wo Metellas Asche ruht;
Schweifte in Egerias Haine,
Schlürfte, Quell, von deiner Flut.

Und auf mich, da der Albaner
Berge wieder vor mir blau'n,
Seh ich nun als ernsten Mahner
Cestius' Denkstein niederschau'n.

Sei's! Muß ich zum letzten Male
Schöpfen aus dem Trevi-Strom,
Noch die randgefüllte Schale
Weih' ich dir, geliebtes Rom.

Adolph Friedrich Graf von Schack (1815–1894)

Fußnote zu Rom

Ich werfe keine Münzen in den Brunnen,
ich will nicht wiederkommen.

Zuviel Abendland,
verdächtig.

Zuviel Welt ausgespart.
Keine Möglichkeit für Steingärten.

Günter Eich (1907–1972)

Via Condotti · Barockes shopping center

Das römische Einkaufsquartier hat den meisten berühmten Ge-
schäftsstraßen anderer Hauptstädte eines voraus: der Luxus ist sozusagen in Geschichte eingepackt, denn das römische *shopping-cen-
ter* liegt in einem historischen Viertel. Weder Bond Street noch
Fifth Avenue, noch Faubourg-St. Honoré bieten, was das elegante
römische Einkaufsquartier auch für jene sehenswert macht, die
nichts kaufen wollen oder können, nämlich die vom prächtigen Barock geprägte Szene.

 Fare lo shopping sagen nun auch die Römer. Sie meinen damit
„einen Einkaufsbummel machen", und zwar – teils aus Tradition,
teils aus Snobismus – nach wie vor dort, wo auch ihre Mütter und
Großmütter hinsteuerten: im klassischen Einkaufsdreieck zwischen
der Piazza del Popolo, dem Corso und der Piazza di Spagna.

 Die Zahl der Straßen innerhalb dieses Dreiecks, welche die ihr
eigenen Merkmale, die Werkstätten, verlieren und sich zu reinen
'Boutiquen-Straßen' verwandeln, nimmt jährlich zu. Sie profitieren
vom konsumorientierten Glanz und vom internationalen Ruf der
Via Condotti, die in der römischen Topographie nach wie vor Macht
und Schönheit wie keine andere Geschäftsstraße der Hauptstadt
symbolisiert.

 Diese berühmteste Einkaufsstraße Roms ist nicht einmal einen
halben Kilometer lang. Sie verbindet die Piazza di Spagna, am Fuße

der doppelläufigen Spanischen Treppe, mit dem Corso. Auf dieser kurzen Strecke ist alles zu finden, was italienische Eleganz ausmacht. Soziologen und Psychologen haben sonderbare Definitionen geprägt, um die Anziehungskraft zu erklären, die diese Straße auf Italiener und Ausländer ausübt: „Jahrmarkt der Eitelkeit", haben sie sie genannt, „Triumph des Konsumismus" oder „Apotheose des gratifizierenden Überflusses". Vielleicht haben diese Experten das nächstliegende vergessen: die Straße ist wunderschön; der Blick von Largo Goldoni in Richtung Spanischer Treppe, mit den weithin das römische Stadtbild beherrschenden Türmen der Kirche Trinità dei Monti, die Palazzi, die beide Straßenseiten säumen, die Menschen, die da gewohnt oder gelebt haben, die Werke, zu denen diese Umgebung Künstler aus aller Welt inspiriert hat – das alles trägt zum Zauber des römischen Einkaufsviertels bei.

Der Name Condotti hat übrigens nichts mit *condottiere* zu tun, sondern mit den *condotte*, den Wasserleitungen, die Papst Paul III. unter der heutigen Via dei Condotti legen ließ, im Rahmen der von ihm im 16. Jahrhundert angeordneten neuen Stadtplanung. Die Straße erhielt daraufhin den Namen 'Via Condotta' (bis dahin hatte sie 'Strada della Trinità' geheißen) und war keineswegs eine elegante, sondern eine lärmende, einfache Handelsstraße. Ende des 18. Jahrhunderts wurde der Name der Straße offiziell in 'Via dei Condotti' umgewandelt; in der Umgangssprache nennt sie heute jedermann kurz Via Condotti.

Es gehört zur Tradition der *Roma bene*, wie man hier die 'Crème' der Gesellschaft nennt, in der Via Condotti einzukaufen oder zumindest genau zu wissen, was dort angeboten wird; obwohl heute zur Via Condotti mehrere Konkurrenzstraßen entstanden sind: Via Borgognona – so genannt, weil sich im 16. Jahrhundert eine französische Kolonie aus Burgund hier ansiedelte –, Via delle Carrozze – der Name geht auf die Kutschen, *carozze*, zurück, die hier standen und von Fremden für einen längeren Aufenthalt in der Hauptstadt gemietet wurden –, Via Bocca di Leone, Via Belsiana, Via della Vite, Via Frattina und Via della Croce – dort befinden sich die renommiertesten Delikatessengeschäfte Roms. Es sind enge, parallel zur Condotti verlaufende oder diese kreuzende Straßen, in denen noch vor 15 Jahren Handwerker, Lebensmittel- und Gemüsehändler ihre

Läden hatten, die aber dem kommerziellen Wandel weichen mußten. An Stelle der alten Läden und Werkstätten – zum Glück sind
einige davon noch erhalten – sind Mode-Boutiquen z. T. internationalen Rufs eröffnet worden, wie Givenchy, Yves St. Laurent, Céline.

Der populäre Charakter, den die Via Condotti im 16. Jahrhundert
noch hatte, war bereits verschwunden, als sie im 18. und 19. Jahrhundert zur Straße der ausländischen Aristokratie und der Intellektuellen wurde. Die Wirte der alten Gaststätten verlagerten ihre
locande in die Nebenstraßen. Die kleinen, meist von Ausländern be-
vorzugten Gasthöfe verwandelten sich in Bordelle: die Via Mario
dei Fiori z. B. war vom vergangenen Jahrhundert bis zur gesetz-
lichen Abschaffung dieser Institution – das heißt bis in die 50er
Jahre – als Paradies der Freudenhäuser bekannt. Nach der Schlie-
ßung der Bordelle *(lex Merlin)* wurden die Räumlichkeiten wieder
in kleine Hotels und Pensionen umgewandelt und kehrten somit zu
ihrem Ursprung zurück.

Seitdem die Via Condotti vor zehn Jahren für den Verkehr gesperrt
wurde – übrigens unter heftigem Protest der Geschäftsinhaber, die
ganz zu Unrecht einen Rückgang ihrer Einnahmen befürchteten –,
hat sie jenen schwer definierbaren Zug des Unnahbaren, des Ehr-
furchteinflößenden verloren, der sie noch in den 50er Jahren charak-
terisierte. Das ist auf die Menschen zurückzuführen, die heute, unbe-
lästigt vom Autoverkehr, auf und ab flanieren, um die Reichen der
Welt, die hier einkaufen, wenigstens einmal von Angesicht zu Angesicht wahrzunehmen.

Franca Magnani (1925–1996)

Caffè Greco · Kein Respekt vor den Meistern

Es sind furchtbare Leute, wenn man sie in ihrem Café Greco sitzen
sieht. Ich gehe auch fast nie hin, weil mich so sehr vor ihnen und
ihrem Lieblingsort graut. Das ist ein kleines, finsteres Zimmer, etwa
acht Schritt breit, und auf der einen Seite der Stube darf man Tabak
rauchen, auf der andern aber nicht. Da sitzen sie denn auf den Bänken umher, mit den breiten Hüten auf, große Schlächterhunde
neben sich, Hals, Backen, das ganze Gesicht mit Haaren zugedeckt,

machen einen entsetzlichen Qualm (nur auf der einen Seite des Zimmers), sagen einander Grobheiten; die Hunde sorgen für Verbreitung von Ungeziefer; eine Halsbinde, ein Frack wären Neuerungen; – was der Bart vom Gesicht frei läßt, das versteckt die Brille, und so trinken sie Kaffee und sprechen von Tizian und Pordenone, als säßen die neben ihnen und trügen auch Bärte und Sturmhüte! Dazu machen sie so kranke Madonnen, schwächliche Heilige, Milchbärte von Helden, daß man mitunter Lust bekommt dreinzuschlagen. Auch das Bild von Tizian im Vatikan, nach dem Du mich fragst, scheuen die Höllenrichter nicht. Es hat ja keinen Gegenstand und keine Bedeutung, sagen sie, und daß ein Meister, der sich lange Zeit voll Liebe und Andacht mit einem Bilde beschäftigt, doch wohl so weit müsse gesehen haben als sie mit ihren bunten Brillen, das fällt keinem ein. Und wenn ich mein Leben lang nichts weiter tun könnte, so will ich allen denen, die vor ihren Meistern keinen Respekt haben, die herzlichsten Grobheiten sagen; dann hätte ich schon ein gutes Werk getan.

Felix Mendelssohn Bartholdy (1809–1847)

Spanische Treppe · Zwei Könige

Der Tiber, erzählt man, sei einmal so hoch gestiegen, daß er ein Boot auf diesen Platz spülte; plötzlich aber sank das Wasser ab, und dort, wo heute der Springbrunnen steht, blieb das Boot liegen. Michelangelo, der die Zeichnung für den Brunnen ausführen sollte, wählte das Motiv des gestrandeten Nachens, und deshalb sieht man in dem runden Bassin ein steinernes Boot, aus dem das Wasser quillt.

Hinter der Fontäne erhebt sich eine Steintreppe, sie ist breit wie eine ganze Straße und hoch wie die benachbarten Häuser; es ist die sogenannte spanische Treppe, die zum französischen Nonnenkloster, zur französischen Akademie sowie zu der schönsten und belebtesten Promenade führt.

Einst war diese Treppe wegen der Überfälle, die dort bei Abend und bei Nacht vonstatten gingen, sehr verrufen. Jetzt hat man hier Laternen angebracht und einen Soldaten als Wache aufgestellt, seitdem hat man von dergleichen lange nicht mehr gehört, obwohl die Laternen schlecht brennen und der Soldat des Abends stets im Schilderhaus sitzt. Bei Tage wimmelt es hier von Bettlern mit welken Gliedern, einige stützen sich auf ihre Hände und hüpfen wie Frösche, andere liegen der Länge nach auf den Steinen und zeigen ihre Gebrechen vor.

Wenn man auf der obersten Stufe der Treppe an dem gemauerten Geländer steht, hat man eine Aussicht über das halbe Rom mit seinen Türmen und Kuppeln; aber diesen Anblick wollen wir noch nicht genießen. Wir folgen der Straße, die vor uns liegt, es ist die Via Felice, hier haben zwei Könige ihre Wohnung. Und wo liegen diese Schlösser? Sieh, dort links, das schmalste Haus von allen, zwischen ärmlichen Häusern eingeklemmt und selbst ebenso arm; zwei Fenster ohne Scheiben, nur eiserne Stangen davor, eine Tür mit einem Klopfer und der Inschrift Villa Malta. Dies ist der römische Palast des Königs von Bayern. Gehen wir hinein – ja, da ist der ärmliche Eingang bald vergessen, wir stehen in einem prächtigen Garten, wo große Lorbeerhecken die Wege einfassen; die Pinien erheben ihren grünen Schirm um die kleine Wohnung, von der man über die Stadt auf den sieben Hügeln bis zu den blauen Sabiner- und Albanerbergen sehen kann.

Die Wohnung des zweiten Königs befindet sich auf der rechten Seite und scheint einem Palast schon ähnlicher, obgleich die Fenster ein bißchen unregelmäßig sitzen. Ein dunkler Gang mit steinerner Treppe führt zu den Zimmern, deren Fußboden nur aus Backsteinen besteht, die Wände aber prangen von herrlichen Bildern.
Hier wohnt Thorvaldsen.

Hans Christian Andersen (1805–1875)

Via del Babuino · Künstler in Rom

In einem Dreieck leben wir ...

Wir haben ein weites Herz, wir von der Via del Babuino – besonders denen gegenüber, die aus dem Ausland kommen und hungrig, mit wenig Gepäck, aber großen Erwartungen plötzlich auf den Stufen der Trinità stehen. Manche kommen nur zum Vergnügen nach Rom, manche, weil sie von einem unwiderstehlichen Drang hierhergezogen worden sind. Manche kommen als Pilger in unsere Stadt, und manche landen hier einfach auf Grund eines Versehens. Sie alle jedoch überschreiten jene unsichtbaren, aber deutlich spürbaren Grenzen, die von der Bohème innerhalb Roms gezogen worden sind: vom äußersten Zipfel der Piazza di Spagna im Süden und der Passeggiata di Ripetta längs des Tibers im Westen zu den Hängen des Pincio und der Villa Strhol- fern im Osten – genau bis zu jenem Punkt im Norden an der Via Flaminia, wo Menghi sein Restaurant hat. Menghi, der Wirt und Kumpan, bei dem niemand das bezahlt, was er ißt, und wenn er schon bezahlt, hat er nichts gegessen, weil er nicht bedient worden ist. Kurz und gut, allen Fremden gegenüber sind wir uns unserer Gastfreundschaft und der sich daraus ergebenden Pflichten bewußt.

Die Grenzen, die von der Bohème gezogen worden sind, umfassen ein großes Gebiet, fast eine Stadt in der Stadt. Es schließt die Via del Babuino von Anfang bis Ende ein – mit ihren Kunstgalerien, den Antiquitätenhändlern, dem Café Baretto und dem von einer Russin geführten Teehaus voller verlauster Katzen, wo nie einer hingeht. Betritt man dieses Teehaus, kann es einem leicht passieren, daß man eng hinter jenen kleinen, mit riesigen, schmierigen Tüchern bedeckten Tischen sein eigenes Mädchen mit einem Freund erwischt. – In der Via del Babuino gibt es Tabakläden, es gibt die 'Artistica', es gibt die orthodoxe Kirche, ein Schnellrestaurant, ein Milchgeschäft und einen von blassen, freundlichen Schweizern geführten Laden, wo man – in bunte Schachteln verpackt – von der bulgarischen Gerste bis zu kandierten Mandarinenkernen alles kaufen kann.

Die Via del Babuino ist übervölkert: man sieht schöne und häßliche Frauen, halb verhungerte Gestalten, Maler, Bildhauer, Ladenmädchen, Päderasten, Filmleute, Lesbierinnen und Ausländer, die dauernd in oder vor den Lokalen herumsitzen. Genau genommen gehen alle eigentlich unentwegt spazieren. Sie machen Geschäfte, Betrügereien, eröffnen Kunstausstellungen, verlegen Bücher und drehen Kurzfilme. Sie verkaufen für fünfhundert Lire Ideen, die eine Million wert sind, streiten sich, gehen einander auf die Nerven, vertrödeln ihre Zeit und bieten ihren Freunden Aperitifs, Kaffee und Zigaretten an, um sie bei guter Laune zu halten. Ab und zu gibt es eine hübsche Keilerei in den Seitenstraßen, und dann zieht jemand Knall und Fall um. Oder irgendein Mädchen verschwindet in einen anderen Teil der Stadt, um ein Baby zu bekommen. Manchmal stirbt auch jemand, aber zu selten.

Ugo Moretti (geb. 1918)

Vicolo Alibert · Rom bei Nacht

… abends gingen wir in das Theater Alibert, in das der Kastrat, der die Rolle der Primadonna spielte, die ganze Stadt lockte. Er war der gefällige Günstling, der Mignon des Kardinals Borghese und speiste jeden Abend mit Seiner Eminenz allein.

Der Kastrat hatte eine wunderbare Stimme, aber sein höchster Vorzug war seine Schönheit. Ich hatte ihn in Mannestracht auf dem Korso gesehen; doch trotz seines hübschen Äußern hatte seine Erscheinung keinen Eindruck auf mich gemacht, denn man sah es ihm auf den ersten Blick an, daß er ein verstümmelter Mann war; aber auf der Bühne war die Illusion vollkommen, er war hinreißend.

In ein gutes Mieder geschnürt, hatte er eine Nymphentaille, und – so unglaublich es klingt- sein Busen stand an Form und Schönheit hinter keinem Frauenbusen zurück; besonders dadurch richtete dieses entartete Geschöpf Verwüstungen an. Obwohl jeder die Unnatur des Unglücklichen kannte, übte er doch einen unaussprechlichen Zauber aus, wenn man aus Neugier auf seinen Busen blickte, und man war wahnsinnig in ihn verliebt, ehe man merkte, daß man Feuer gefangen hatte. Um ihm zu widerstehen oder nichts zu fühlen, hätte man kalt und nüchtern wie ein Deutscher sein müssen. Wenn er bis zum Ritornell der Arie, die er sang, auf der Bühne auf und ab ging, hatte sein Gang etwas Majestätisches und zugleich Wollüstiges, und wenn er den Logen einen huldvollen Blick schenkte, so entzückte sein zärtlicher und bescheidener Augenaufschlag alle Herzen. Es war offenbar, daß er die Liebe derjenigen nähren wollte, die ihn als Mann liebten und die ihn nicht geliebt haben würden, wenn er ein Weib gewesen wäre.

Das heilige Rom, das auf diese Weise alle Männer nötigt, Päderasten zu werden, will das nicht zugeben und nicht an die Wirkung einer Illusion glauben, die es selbst mit aller Gewalt fördert.

Als ich diese Betrachtungen laut anstellte, sagte ein Monsignore zu mir, um mich auf falsche Fährte zu führen:

„Sie haben ganz recht. Warum erlaubt man diesem Kastraten, einen Busen zur Schau zu stellen, auf den die schönste Römerin stolz sein könnte, da doch jeder wissen muß, daß er ein Mann und nicht ein Weib ist? Wenn das Auftreten auf der Bühne dem schönen Geschlecht verboten wird, weil man fürchtet, daß seine Reize unzüchtige Begierden erregen könnten, warum sucht man dann Männer aus, die durch unnatürliche Körperbildung eine vollständige Illusion hervorrufen und weit sündhaftere Begierden erregen? Man behauptet immer wieder, die Päderastie werde mit Unrecht für so begreiflich und weit verbreitet angesehen und die Zahl derer, die die Illusion verführe, sei lächerlich klein, zumal jeder seine Täuschung einsehen müsse, wenn man ihn aufkläre. Aber viele Leute von Geist geben sich dieser Täuschung hin und finden sie zuletzt so süß, daß sie sie über die Wirklichkeit stellen und diese Ungeheuer den schönsten Frauen vorziehen."

„Der Papst würde sich den Himmel verdienen, wenn er diesen schändlichen Mißbrauch abschaffte."

„Das finde ich nicht. Ohne Anstoß zu erregen, könnte man nicht mit einer schönen Sängerin unter vier Augen soupieren, wohl aber kann man es mit einem Kastraten. Man weiß wohl, daß nach dem Souper die Köpfe beider Männer auf demselben Kissen ruhen, aber was jeder einzelne weiß, wollen alle zusammen nicht wissen. Man kann in aller Freundschaft bei einem Manne schlafen, nicht aber bei einer Frau."

„Das ist wahr, Monsignore. Man rettet den Schein, und geheime Sünde ist halb verziehen, wie man in Paris zu sagen pflegt."

„In Rom sagt man, sie ist es ganz. Peccato nascosto non offende."

Diese jesuitische Unterhaltung hatte mein Interesse erregt, denn ich wußte, daß der, mit dem ich sprach, ein erklärter Freund der verbotenen Frucht war.

Giacomo Casanova (1725–1798)

139

Via Margutta · Modelle

Zu dem unentbehrlichsten Material der Künstler gehören aber die lebendigen Vorbilder, *die Modelle,* die einen ganzen Stand, einen Staat im Staate bilden, der aus der Stadt, der Umgegend und dem Gebirge sich fortwährend neu rekrutiert. Den Modellen hat Rom noch den letzten Rest seiner Nationaltrachten zu verdanken, die sonst schon längst unter dem Niveau der modernen Trachten verschwunden wären, jetzt aber für Kostümbilder am passendsten zu verwenden sind. Schon um 8 Uhr des Morgens sieht man fingierte und pensionierte Räuber aus den Abruzzen, Hirten, Bauernburschen nach den Ateliers eilen, um dort irgend eine malerische Positur einzunehmen; die Mädchen und ihren künstlerischen Beruf erkennt man sogleich an der besonders sorgfältigen Toilette; das gefaltete Tuch, das den Kopf bedeckt, ist ganz frisch aus der Wäsche hervorgegangen; Knöpfe und Schnüre am Mieder sind wie neu aufgeputzt und den Hals ziert irgend ein Talisman oder eine Schaumünze. So ist 'Marietta' für den Glanz der Farben vollkommen gerüstet; doch, da sie noch für ihre Tugend zu fürchten hat, so erfordert es der gute Ruf und der Anstand, daß eine 'Tante' sie begleitet. Die Tante, ein Modell aus der Zeit des *ancien regime,* ist durch die lange Praxis in artistischen Leistungen wohl erfahren; sie weiß, welche Drapierungen für die Darstellung der 'Tugend' erforderlich sind und welcher Faltenwurf für die Madonna am passendsten ist, sie kennt die Koiffüre der Magdalena so genau, wie das Schweißtuch der heiligen Veronika, und ist bei glücklichen Müttern und verliebten Töchtern um malerische Hilfsmittel niemals verlegen.

Unter dieser umsichtigen Leitung beginnt Marietta jeden Morgen ihre künstlerische Laufbahn, und man sieht sie schon in früher Stunde über den spanischen Platz nach der Via Margutta eilen, wo das Quartier der Künstler beginnt, das in enge winklige Gassen ausläuft. Unser Modell hat genau den Stundenplan inne. Die erste Stunde, wo die Toilette noch am frischesten ist, gehört dem glücklichen Landmädchen, welches mit klopfendem Herzen den Geliebten erwartet und nach ihm zu spähen scheint. Marietta tritt in das Atelier ein, der Künstler begrüßt die Jugend und das Alter aufs freundlichste; die Tante erhält den Ehrenplatz auf dem wurmstichigen Fauteuil, der mit ihr an Alter und Runzeln wetteifert und sonst nur für Mäzene bestimmt ist. Marietta ist unterdes hinter den grünen Vorhang geschlüpft, der die eine Ecke des Zimmers abschließt; dort, wo die Garderobe des Künstlers und der lebenden Bilder ist, wirft sie einen prüfenden Blick in den Spiegel und tritt nach wenigen Augenblicken – denn die Schönheit ist immer mit sich zufrieden – auf den Schauplatz ihres Ruhmes. Doch ehe der Künstler die Palette ansetzt, zeigt er der Alten die Uhr, denn Maler wissen es wie die Dichter: die verlorene Stunde bringt keine Ewigkeit zurück. *Sono le nove,* sagt der Künstler oder, setzt er sich verbessernd hinzu, *le sedici,* denn für die Modelle wie für das Volk überhaupt, fängt der Tag mit dem Untergange der Sonne, mit dem *Ave Maria* an. Und Marietta muß ihr vollständiges Pensum bis siebzehn Uhr ausharren.

Aber wie schnell weiß sich die junge Römerin in ihre Aufgabe zu finden! Sie hat die schwierige Stellung der gespannten Erwartung. Die Hand an die Stirn gelegt, um sich vor den Strahlen der Sonne zu schützen und zugleich den Blick ihres Auges zu schärfen, soll sie nach dem Geliebten spähen. Und wirklich scheint ihr Herz zu klopfen, ihr Auge scheint mehr schmachtend als feurig, denn ein feuchter Schimmer mildert die Glut, und die stark gezeichneten Lippen sind fest geschlossen, um die angespannten Gesichtsmuskeln nicht erschlaffen zu lassen. Und doch alles natürlich und ungezwungen! Eine Idylle in ihrer Vergangenheit, Gegenwart und Zukunft tritt vor uns, und obgleich die Kunst nur den Moment fixieren kann, so zeigt uns doch die Phantasie, die an keine Zeit gebunden ist, eine inhaltreiche Perspektive. Hume vergleicht in seiner Abhandlung von den Leidenschaften die Seele mit einem Saiteninstrumente, auf dem die Schwingungen der angeschlagenen Töne nach geschehener Berührung noch fortbeben. Das wahre Kunstwerk, sei es in Worten oder Farben, geht weit über seinen Rahmen hinaus, und Marietta, obgleich sie nur eine optische Täuschung ist, läßt uns doch ihren industriellen Erwerb vergessen, und der schöne Schein eines einfachen Landmädchens, das das Glück der ersten Liebe empfindet, fesselt unsere Sinne. Und dabei wird geplaudert und gescherzt, und die Alte, die die sittliche Haltung des Modells zu überwachen hat, äußert auch über die künstlerische ihr höchstes Wohlgefallen. Am

Schluß der Sitzung fällt Marietta selbst ihr Urteil, und sie betrachtet ihren Kopf, der schon einige hundert Mal porträtiert worden ist; sie ist nicht ganz mit der Auffassung zufrieden, sie fühlt sich nicht getroffen und macht die graziöse Geste der Verneinung, indem sie den Zeigefinger dicht vor dem Kinn hin und her bewegt. Der Künstler tröstet sie damit, daß auch Rom nicht in einem Tag gebaut worden ist und daß in der nächsten Sitzung ihre Schönheit im höchsten Glanze strahlen werde. Marietta nickt und lächelt und zeigt den Schmelz ihrer Zähne, die unter der stark markierten, echt römischen Lippe wie Perlen hervorquellen. Und wer hätte dieses Lächeln nicht schon gesehen! Diese lachende Römerin ist ebenso bekannt in Rom, Paris, New York, wie in London, Berlin und St. Petersburg. Gemalt, lithographiert, in Kupfer gestochen, photographiert, kein Monarch, kein Feldherr, keine geistige Größe ist so oft wiedergegeben und vervielfältigt worden wie dieses einfache Mädchen aus der Via Felice, das, wie sie selbst bekennt, nie über die Berge von Albano hinausgekommen ist. Daran erkennt man die Macht der Schönheit. (…)

Aber die Stunde ist längst abgelaufen. Marietta tritt mit der Alten wieder hinter den Vorhang, bringt die Toilette in Ordnung und legt das bunte Tuch über den Arm, das sie für alle Arten Drapierungen immer mit sich führt. Die Alte kassiert den immer feststehenden Preis von 5 Paul, d. h. 20 Sgr. für jede Stunde ein, und Patron und Schützling empfehlen sich, nachdem sie die nächste Sitzung verabredet, dem Signore pittore. Da noch ein zweiter Künstler ihrer harrt, so müssen sie sich beeilen. Sie gehen schnell und züchtig über die Straße und Marietta kümmert sich nicht um die Blicke der Vorübergehenden, die ein Modell durch Schönheit und vorzugsweise durch die reinliche, sorgfältige Tracht immer erregt.

Hermann Lessing (1817–1898)

Piazza del Popolo · Öffentliche Lustbarkeit

Gewöhnlich sind Missetäter, die das Leben verwirkt haben, dazu bestimmt, am ersten Tage des Karnevals, wenig Stunden vor dem Ausbruch der Freude, öffentlich hingerichtet zu werden. Das war auch diesmal der Fall.

Am Spätabend wird der Galgen auf dem Platz del Popolo errichtet. Der Henker nimmt zu dieser Arbeit mehrere Gehilfen aus der niedern Volksklasse, die schon in Arlekins-Masken dabei erscheinen, um nicht erkannt zu werden. Dem Missetäter wird nur erst in der Nacht vor der Hinrichtung sein letztes Schicksal angekündigt. Man führt ihn nämlich in der Mitternachtsstunde in den mit allen Schrecknissen des Todes behangenen Gerichtssaal; hier vernimmt er sein Urteil. Auf dem Rückweg zum Gefängnis wird er in eine Kapelle gebracht, wo ein Christusbild, durch Maschinenwerk in Bewegung gesetzt, ihm vom Kreuze herab die Arme entgegenstreckt. Von diesem Augenblick an treten zwei Mitglieder jener Brüderschaft zu ihm, deren ich schon öfter erwähnt habe. Sie teilen das Geschäft, dem Verurteilten die letzten Stunden durch geistigen Trost und körperliche Erquickungen zu erleichtern. Auch ein Geistlicher wird beauftragt, ihn zum Tode vorzubereiten.

Heut am Morgen erscholl plötzlich das Gerücht der hartnäckigen Unbußfertigkeit des einen Verbrechers. Das gespannte Volk ward betroffen und niedergeschlagen, und betete für die Rettung der armen Seele, bis die Nachricht der endlichen Bekehrung erfolgte. Nun kam der Zug des ernsten peinlichen Gerichts, von Kavallerie und Sbirren begleitet. Jeder Verurteilte saß auf einem besondern Karren, neben dem verhüllten Bruder; ihm gegenüber ein Geistlicher, der ihm das Kruzifix vorhielt. Kavallerie und das Haupt der Sbirren beschlossen den Zug. In einem schwarz behangenen Vorhause am Richtplatz legte jeder Missetäter noch einmal seine Beichte ab und erhielt die letzte Absolution. Der Geistliche und der tröstende Bruder begleiten ihn zur Richtstelle. Der Letztere nimmt sich endlich auch des Leichnams an. Während der Hinrichtung betet, stehend und kniend, das Volk sehr inbrünstig für die Seele des Unglücklichen, der jetzt von der Schwelle des Lebens hinabgestoßen wird. Dies verursacht unter einer so großen Menge ein schauderhaftes Getöse. Die Genossen der Brüderschaft sammeln indes Almosen ein. Das Geld wird teils zu Seelmessen für die Hingerichteten, teils zur tröstenden Aufrichtung ihrer Familien verwandt, und zwar so, daß diese jedesmal den Ertrag von der letzten bei der vorherigen Exekution veranstalteten Sammlung erhalten. Auch werden die Angehörigen noch, um sie dem schmerzlichen Anblick der Vorkehrungen zu entziehn, außer der Stadt bewirtet.

Elisa von der Recke (1754–1833)

Dichter im Caffè Rosati

Alberto Moravia nähert sich dem Café Rosati, die Piazza del Popolo überquerend, groß, mager, steil aufgerichtet, leicht hinkend, den Kopf mit dem verbitterten Mund hochmütig zurückgeworfen. Der demokratischste Schriftsteller Italiens sieht aus wie ein preußischer Offizier. Ich wage diesen Vergleich, weil mich die modische Abneigung gegen preußische Offiziere seit langem zum Widerspruch reizt. Moravia jedenfalls könnte ein Monokel tragen; sein seltenes Lächeln wirkt immer so, als ließe er ein unsichtbares Einglas fallen Natürlich hat man sich den berühmten Kenner des Volkes ganz anders vorgestellt: breit, deftig, fast gemütlich, aber der Mann, der dort draußen keinem Auto auch nur einen Schritt ausweicht, ist ein durchaus ungemütlicher Herr, und man begreift plötzlich, daß er das Volk, das er so meisterhaft wiedergibt, nicht wie ein großmütiger Vater liebt, sondern wie ein Kommandeur, der seine Truppen inspiziert. Das Allerunerklärlichste ist dabei, daß Moravia aus einer Familie des böhmischen Judentums stammt. Vielleicht sind die großen Naturalisten niemals Kinder des Volkes gewesen, sondern haben in aristokratischer Spannung zu ihm gelebt: ich denke an Tolstoi, an Maupassant. Immerhin ist es doch eine Überraschung, daß der fast besessene Porträtist der Via Margutta das Bild eines strengen Puritaners bietet. Ist dieses Bild nur Maske? Ich weiß es nicht. Er betritt das Rosati, alle Blicke wenden sich ihm zu, der Kommandeur ist eingetreten, aber er nimmt von niemandem Notiz, sondern geht sofort auf Pier Paolo Pasolini zu, läßt sich an seinem Tisch nieder, entspannt sich im Gespräch mit dem jungen Bandenführer, den er wohl als seinen Lieblingsschüler betrachten muß, als den Dichter, in dem sein Geist und sein Stil gänzlich verwandelt Schule gemacht haben. Moravia ist streng, während Pasolini scharf ist, ein scharfer böser Junge mit einem kleinen braunen Gesicht hinter einer schwarzen Hornbrille, ein junger Uhu, ein nächtlicher Raubvogel, in allen Künsten des Erschreckens geübt. Man hat ihn gerade zu vier Monaten Gefängnis verurteilt, wegen seines blasphemischen Angriffs auf die Religion in seinem Film „La Ricotta".

Alfred Andersch (1914–1980)

Via del Corso · Carneval in Rom

Die Carnavals-Lustbarkeit ist in Rom für Leute, die nicht bloß allein auf Üppigkeiten sehen, viel angenehmer als zu Venedig, da man die ganze Zeit in schlechten unansehnlichen Larven herum läuft, und die Kurtisanen meistenteils nur Weibsstücke sind, die in den österreichischen und kaiserlichen Landen gebrandmarkt, oder des Landes verwiesen worden. In Rom darf keine als für ehrlich gehaltene Weibesperson auf den Corso kommen, wenn sie sich nicht in Gefahr eines Schimpfes, im Fall sie erkannt würde, setzen will. Noch in diesem letzten Carnaval nahm Mylord – – – etlichemal die Maitresse, welche er in seinem Hause mit großen Unkosten unterhält, in seinem Wagen mit auf die Carnavals-Spazierfahrt; es wurde ihm aber angedeutet, daß man außer Schuld sein wollte, wenn beiden darüber etwas Mißfälliges widerfahren sollte; nach welcher Warnung er sie auch zu Hause ließ. Diese Lustbarkeit währet nur die letzten acht Tage vor dem Anfange der Fasten, und zwar nicht die ganzen Tage, sondern nur von 3 bis 6 Uhr nachmittags; daher die Römer sagen, ihr Carnaval daure eigentlich nur vierundzwanzig Stunden. Der Sammelplatz ist *il Corso*, eine schöne Straße, welche in gerader Linie von der *Porta del Popolo* elfhundert geometrische Schritte, deren jeder zu fünf Füßen gerechnet wird, oder in allen etwan zweitausend siebenhundert und zwanzig gemeine Schritte betragen, fortläuft. Man hat alle Freiheit, mit oder ohne Maske, zu Fuße oder im Wagen zu erscheinen. Die Kutschen gehen in zwei Reihen, und folget eine der andern. Die vornehmsten vom römischen Adel erscheinen mit prächtigen Triumphwagen, so der Lustbarkeit ein großes Ansehen machen. Hie und da sind Sbirren gestellt, um allen Unordnungen vorzubauen; der Barigello reitet mit entblößtem Haupte auf und ab, und setzet seinen Hut nicht eher auf, bis er gegen Abend Befehl zum Wettlaufen der Pferde erhalten. Dieses ist eine Lust, die man nirgends als in Italien zu sehen bekommt. Die vornehmsten Herren suchen hier, wie in England, eine Ehre darinnen, daß sie Pferde unterhalten, welche andere in Geschwindigkeit übertreffen. In Italien nimmt man meistenteils Pferde aus der Barbarei dazu; die Engländer aber haben nicht Ursache, außer Landes zum Wettlauf geschickte Pferde zu suchen. Darinnen besteht auch ein großer Unterschied zwischen dieser Lustbarkeit der zwei Nationen, daß in England auf jedem Pferde ein Reiter sitzt, der mit vieler und genauer Aufsicht den andern Reitern am Gewichte gleichgemacht wird; in Italien aber laufen die Pferde ganz allein, wozu sie besonders abgerichtet werden müssen. An den Seiten und auf den Rücken haben sie unter ledernen Riemen, die mit schwarzem Peche festgemacht und angeklebet sind, runde Kugeln von Eisen, aus welchen starke spitzige Stacheln gehen, die das Pferd stechen und gleichsam anspornen, sobald es sich beweget. Dergleichen Stachel ist ihnen auch unter den Schwanz gemachet. Sie stehen auf der *Piazza del Popolo*, fünf bis acht in einer Reihe, und erwarten mit großer Ungeduld das Zeichen, so ihnen gegeben wird, und die Niederlassung des Seiles, das vor ihnen über den Weg gespannet ist. Sobald dieses erfolgt, läßt man sie los, und sie laufen als ein Pfeil durch die ganze Straße *del Corso* zwischen den auf beiden Seiten haltenden Kutschen und einer unglaublichen Menge Volkes, ohne scheu zu werden. Der Preis für den Herrn des siegenden Pferdes wird gemeiniglich den Stallbedienten zuteil und besteht in einem Stück Brokat von siebenzig bis achtzig Scudi. Dieses geschieht täglich, so lange das Carnaval dauret.

Johann Georg Keyßler (1689–1743)

Kehraus mit Moccoli

Nun hatte sich ein neues Element des Lärmens und der Bewegung in die Menge gemischt: die Moccolihändler waren soeben in die Szene getreten.

Die Moccoli oder Moccoletti sind Kerzen von verschiedener Dicke, die bei den Schauspielern dieser den römischen Karneval beendigenden Szene zweierlei Tätigkeiten erwecken: erstens, das eigene Moccoletto brennend zu halten; zweitens das Moccoletto anderer auszulöschen.

Das Moccoletto wird an irgendeinem Licht entzündet. Wer aber vermöchte die tausend Mittel zu beschreiben, die erfunden worden sind, um das Moccoletto auszulöschen … die Riesenohrfeigen, die ungeheuren Löschhörner, die übermenschlichen Windfächer? Jedermann beeilte sich, Moccoletti zu kaufen, Franz und Albert wie die andern.

Die Nacht rückte rasch heran, und bereits begannen bei dem tausendfachen schrillen Händlerruf: „Moccoli!" einige Sterne über der Menge zu glänzen. Es war dies wie ein Signal. Nach Verlauf von zehn Minuten funkelten fünfzigtausend Lichter von dem venetianischen Palast nach der Piazza del popolo herab, und von der Pizzza del popolo nach dem venetianischen Palast hinauf. Man hätte glauben sollen, es wäre das Fest der Irrlichter; denn es läßt sich in der Tat von diesem Anblick, wenn man nicht einmal Augenzeuge davon gewesen ist, kein Begriff machen.

In diesem Augenblick besonders gibt es keinen gesellschaftlichen Unterschied mehr. Der Facchino hängt sich an den Prinzen, der Prinz an den Trasteveriner, der Trasteveriner an den Bürger … Jeder bläst, löscht aus, zündet wieder an. Erschiene der alte Aeolus zu dieser Stunde, er würde zum König der Moccoli ausgerufen und Aquilo zum Präsumtiverben der Krone. Dieses tolle, flammende Rennen dauerte ungefähr zwei Stunden; der Korso war erleuchtet wie am hellen Tag, man konnte die Züge der Zuschauer im dritten und vierten Stock unterscheiden.

Plötzlich erscholl die Glocke, die das Signal zum Schluß des Karnevals gibt, und in einer Sekunde erloschen alle Moccoli wie durch einen Zauber. Es war, als ob ein einziger, ungeheurer Windstoß alles vernichtet hätte. Franz, den Albert mit dem Vorgeben, ein Rendezvous zu haben, verlassen hatte, befand sich in der tiefsten Finsternis. Man hörte dann nur noch das Rollen der Wagen, die die Masken nach Hause führten, und sah nur spärliche Lichter hinter den Fenstern glänzen.

Der Karneval war zu Ende.

Alexandre Dumas (1802–1870)

QUIRINAL UND VIMINAL

Staatsempfang

Ein König ist heut nicht mehr ein Tyrann
– die Zeit ist lang vorbei –,
er ist ein schlichter, jovialer Mann,
regiert so, daß es nie zum Schaden sei.

Zum Beispiel unsrer: Er empfängt
am Neujahrstag im Quirinal,
und Tags darauf steht im Journal
sein Wort ans Volk, das dort sich drängt.

So fragt' er einen Abgeordneten beim letzten Mal:
„Wie gehts gesundheitlich?" „O, Majestät",
sagt der, „mich plagt das Rheuma! Eine Qual!"

Der König sprach: „Das ist die Jahreszeit!"
Das hat die Ratsversammlung tief bewegt
und machte Eindruck weit und breit.

Trilussa (1871–1950)

Besser als Rohrdommelruf

Ausruhen auf einer niederen Steinbank auf dem Monte Cavallo an einem heißen Tag. Ich ließ meine Blicke über den Quirinalsplatz hingehen und empfand ein besonderes Wohlgefühl angesichts der rostroten Palastmauern, der weißen Balustraden und Wappenschilder unter einem Himmel von reinem, nicht allzu kräftigem Blau. Mir im Rücken sprang der Platz wie eine Kanzel vor, da floß zur Seite des runden Turms die breite Treppe stadtwärts, da sah man über den Dächern und Terrassen die Kuppel von Sankt Peter, ein Stückchen Monte Mario und die Viergespanne des Monuments. Über dem Portal des ehemaligen päpstlichen Palastes sah ich Petrus und Paulus bequem ausgestreckt, was nebenan, über Tor und Fenster des Palazzo della Consulta lagerte, waren nur Harnische ohne Menschen, Helme und Waffen aller Art. In der Mitte des Platzes bäumten sich die Pferde der Dioscuren, den Inschriften nach Werke des Phidias und des Praxiteles, aber gewiß in Italien entstanden, Castor und Pollux, weiß und ein wenig fett, wie sie die Rosse bändigen, aber weil die bronzenen Zügel fehlen, sieht es so aus, als stiegen die Götterpferde, von ihrer Gebärde magisch beschworen, so steil gen Himmel empor. Mir war das alles heute nicht wesentlich, überhaupt keine Einzelheit, sondern nur das Ganze des Platzes, das unabsichtlich schöne Maß in seiner Unregelmäßigkeit, Menschenwürde über die Natur gesetzt. Die nämlich war völlig ausgesperrt, jedenfalls von dort, wo ich saß, konnte ich nicht das geringste Grün, weder Laubwerk noch Grashalm, auch keine Handbreit Erde sehen. Solche Lust an der Austilgung des Vegetativen schien mir schon immer ein besonderer Wesenszug der Italiener, römisches und vorrömisches Erbe, Umgrenzung, Eindämmung des Eigenen gegen den Wildwuchs, gegen alles Fremde, Bedrohliche der Natur. Wir Nordländer kennen diese Lust kaum, jammern um jeden sterbenden Baum, um jede Handbreit Erde, die mit Asphalt erstickt wird, um jedes Hochmoor, das der Pflug erschließt.

Das ist barbarisch und romantisch, die letzten Wälder, die letzten Wölfe, Steppenseele, die sich noch verlieren will ins Unwegsame und dort ihre Götter sucht. Ich vergesse nicht die beiden jungen Leute aus Ostpreußen, die auf der Terrasse des Pincio um einen Ort im Samland, namens Elendskrug, weinten, auch nicht meinen eigenen Schmerz, das lateinische Ufer nach dem Kriege durch breite Autostraßen, Hochhäuser und eine nicht endenwollende Reihe von Badeanstalten 'zivilisiert', das heißt bis zur Unkenntlichkeit verschandelt zu finden. Für die Römer aber war damit das Meer erst eigentlich genießbar geworden, ein Stück Menschenwelt, in der einem das Element nichts anhaben kann. Diese Geringschätzung des Ursprünglichen sah ich nun gestern, auf dem Quirinalsplatz, plötzlich mit andern Augen an. Ich begriff, was dahintersteckte, nicht nur Angst und Geselligkeitstrieb, sondern auch das Bedürfnis, die Formen der Natur mit den von der Zeitlichkeit gereinigten der Baukunst und des Ornaments wie mit einer steinernen Maske zu überdecken und damit nicht nur die Umwelt, sondern auch sich selbst der Vergänglichkeit zu entziehen. Mit einemmal entzückte mich der Gedanke, daß dort, wo kein Blatt welkt und kein Grashalm in der Hundstagshitze verdorrt, der Tod sein Recht verloren hat, die römischen Plätze erschienen mir nun als eine Flucht von ewig festlichen Innenräumen, die römischen Gärten wie Oleander in Kübeln und Rosenbüsche in Töpfen, die man nur aufstellt, solange sie blühen. Capitolsplatz, Quirinalsplatz, Piazza Colonna, Sant' Ignazio, Stein Stein, aber welche Überwindung des Sterbens, welche durch kein Waldesrauschen und kein Rohrdommelrufen ersetzbare menschliche Musik.

Marie Luise Kaschnitz (1901–1974)

Piazza Barberini · Das einsamste Lied

Ich lag ein paar Wochen hinterdrein in Genua krank. Dann folgte ein schwermütiger Frühling in Rom, wo ich das Leben hinnahm – es war nicht leicht. Im Grunde verdroß mich dieser für den Dichter des Zarathustra unanständigste Ort der Erde, den ich nicht freiwillig gewählt hatte, über die Maßen; ich versuchte loszukommen – ich wollte nach *Aquila*, dem Gegenbegriff von Rom, aus Feindschaft gegen Rom gegründet, wie ich einen Ort dereinst gründen werde, die Erinnerung an einen Atheisten und Kirchenfeind *comme il faut,* an einen meiner Nächstverwandten, den großen Hohenstaufen Kaiser Friedrich den Zweiten. Aber es war ein Verhängnis bei dem allen: ich mußte wieder zurück. Zuletzt gab ich mich mit der *piazza Barberini* zufrieden, nachdem mich meine Mühe um eine *antichristliche* Gegend müde gemacht hatte. Ich fürchte, ich habe einmal, um schlechten Gerüchen möglichst aus dem Wege zu gehn, im *palazzo del Quirinale* selbst nachgefragt, ob man nicht ein stilles Zimmer für einen Philosophen habe. – Auf einer *loggia* hoch über der genannten *piazza*, von der aus man Rom übersieht und tief unten die *fontana* rauschen hört, wurde jenes einsamste Lied gedichtet, das je gedichtet worden ist, das *Nachtlied;* um diese Zeit ging immer eine Melodie von unsäglicher Schwermut um mich herum, deren Refrain ich in den Worten wiederfand „tot vor Unsterblichkeit …"

Das Nachtlied

Nacht ist es: nun reden lauter alle springenden Brunnen. Und auch meine Seele ist ein springender Brunnen.

Nacht ist es: nun erst erwachen alle Lieder der Liebenden. Und auch meine Seele ist das Lied eines Liebenden.

Ein Ungestilltes, Unstillbares ist in mir; das will laut werden. Eine Begierde nach Liebe ist in mir, die redet selber die Sprache der Liebe.

Licht bin ich: ach, daß ich Nacht wäre! Aber dies ist meine Einsamkeit, daß ich von Licht umgürtet bin.

Ach, daß ich dunkel wäre und nächtig! Wie wollte ich an den Brüsten des Lichts saugen!

Und euch selber wollte ich noch segnen, ihr kleinen Funkelsterne und Leuchtwürmer droben! – und selig sein ob eurer Licht-Geschenke.

Aber ich lebe in meinem eignen Lichte, ich trinke die Flammen in mich zurück, die aus mir brechen.

Ich kenne das Glück des Nehmenden nicht; und oft träumte mir davon, daß Stehlen noch seliger sein müsse als Nehmen.

Das ist meine Armut, daß meine Hand niemals ausruht vom Schenken; das ist mein Neid, daß ich wartende Augen sehe und die erhellten Nächte der Sehnsucht.

O Unseligkeit aller Schenkenden! O Verfinsterung meiner Sonne! O Begierde nach Begehren! O Heißhunger in der Sättigung!

Sie nehmen von mir: aber rühre ich noch an ihre Seele? Eine Kluft ist zwischen Geben und Nehmen; und die kleinste Kluft ist am letzten zu überbrücken.

Ein Hunger wächst aus meiner Schönheit: wehetun möchte ich denen, welchen ich leuchte, berauben möchte ich meine Beschenkten – also hungere ich nach Bosheit.

Die Hand zurückziehend, wenn sich schon ihr die Hand entgegenstreckt; dem Wasserfalle gleich zögernd, der noch im Sturze zögert – also hungere ich nach Bosheit.

Solche Rache sinnt meine Fülle aus: solche Tücke quillt aus meiner Einsamkeit.

Mein Glück im Schenken erstarb im Schenken, meine Tugend wurde ihrer selber müde an ihrem Überflusse!

Wer immer schenkt, dessen Gefahr ist, daß er die Scham verliere; wer immer austeilt, dessen Hand und Herz hat Schwielen vor lauter Austeilen.

Mein Auge quillt nicht mehr über vor der Scham der Bittenden; meine Hand wurde zu hart für das Zittern gefüllter Hände.

Wohin kam die Träne meinem Auge und der Flaum meinem Herzen? O Einsamkeit aller Schenkenden! O Schweigsamkeit aller Leuchtenden!

Viel Sonnen kreisen im öden Raume: zu allem, was dunkel ist, reden sie mit ihrem Lichte – mir schweigen sie.

O dies ist die Feindschaft des Lichts gegen Leuchtendes, erbarmungslos wandelt es seine Bahnen.

Unbillig gegen Leuchtendes im tiefsten Herzen, kalt gegen Sonnen – also wandelt jede Sonne.

Einem Sturme gleich fliegen die Sonnen ihre Bahnen, das ist ihr Wandeln. Ihrem unerbittlichen Willen folgen sie, das ist ihre Kälte.

Oh, ihr erst seid es, ihr Dunklen, ihr Nächtigen, die ihr Wärme schafft aus Leuchtendem! Oh, ihr erst trinkt euch Milch und Labsal aus des Lichtes Eutern!

Ach, Eis ist um mich, meine Hand verbrennt sich an Eisigem! Ach, Durst ist in mir, der schmachtet nach eurem Durste!

Nacht ist es: ach daß ich Licht sein muß! Und Durst nach Nächtigem! Und Einsamkeit!

Nacht ist es: nun bricht wie ein Born aus mir mein Verlangen – – nach Rede verlangt mich.

Nacht ist es: nun reden lauter alle springenden Brunnen. Und auch meine Seele ist ein springender Brunnen.

Nacht ist es: nun erwachen alle Lieder der Liebenden. Und auch meine Seele ist das Lied eines Liebenden. –

Also sang Zarathustra.

Friedrich Nietzsche (1844–1900)

S. Maria della Concezione · Todeslager

Die Steinstufen hoch zur Kirche & rechts den Seiteneingang in die
„Mondo Cane"-Gruft: 1 Vorraum zuerst, mit 2 rumlatschenden Ca-
puzinern in Kutten & kahlem Kopf, dafür Bärte, sie schauten frech,
der Blick, das fiel mir auf, war zynisch-abgebrüht, keine Trauer,
keine entsetzte Miene, keine leere Gleichgültigkeit, kein Interesse,
sie bewachten & handelten mit einer Perversion – im Vorraum:
Postkartenständer, Ständer mit Rosenkränzen, Papstbildern, Bro-
schüren über 1 stigmatisierten Pater, & dazu: Totenköpfe in Nachbildungen, kleine Papstbüsten, Puppen (!) in Zellophankästchen
zum Verkauf! / rechts der Eingang zu 1 schmalen Gang, gewölbt, an
dem dann links jeweils die einzelnen Gewölbe liegen, rechts die
Außenmauer. / Das Licht ist düster, man muß mit den Augen
tasten, & tastet mit den Augen zuerst eine Fülle als: Knochenfülle,
& vielleicht macht es diese Fülle, die das Empfinden betäubt, stumpf
macht, vergessen läßt, was man sieht – Stapel von Köpfen, Stapel
von Beckenknochen, Stapel von Arm & Beinknochen, Stapel von
Schulterknochen – alles getrennt, für sich – sortierte Menschenkno-
chen /: ringsum gestapelt, wie 1 Todeslager, etwas, nein, nichts an
1 Ersatzteillager erinnernd. / Das Grauen kommt langsam: ein
Grauen über die Perversion, 1 Grauen an das Show-Tod-Business
mit Toten, 1 Grauen über Menschen & Ideen, so etwas anzustellen,
zu verfertigen – & 1 Ekel, über die Blödheit / Das Verlöschen des
Einzelnen in der Totenmasse bis über den Tod hinaus – eine wahn-
witzige Besessenheit guckt hervor: die Besessenheit der Idee, der
Gemeinschaft (…) Da war der Tod zu Stukkaturen verarbeitet, da
hingen Lampen aus menschlichen Knochen verfertigt – die langen
Schienbeinknochen als Halter, muschelige Knochen als Gefäße /
es waren braune, torfmullartige Flächen gelassen in den Grüften,
worin einige Holzkreuze standen – zwischen gestapelten Gebeinen
freigelassener Raum für ausgetrocknete Toten in Ketten, mit Draht
an die Mauer festgebunden, da war ein Arm mit einem anderen
Arm in 1 Kutte samt Hand zu 1 Kreuz stilisiert / winzige Gelenk-
knochen waren zu Bögen verarbeitet/hier hat 1 gewütet, der perver-
tierte vom Leben / ich beugte mich vor & sah aus 1 verstaubten
Kutte faserige Gebilde herauskommen, zu einer verschwommenen

betenden Gebärde gekreuzigt – zusammengebunden mit Draht – ausgetrocknete Haut, die Hände ein wuseliges Gewirr der Zersetzung / von der Decke wollte 1 Gerippe runterstürzen / hinter mir redeten laut und ungerührt 1 holländisches Paar in ihrer puddinghaften Halssprache / sonst war niemand mit im Gang / von oben, aus der Kirche, kamen verwischte pumpende Harmoniumtöne / es roch nach nichts /

Rolf Dieter Brinkmann (1940–1975)

Diokletiansthermen · Antiker Lebensgenuß

Die Römer liebkosten den Sinn des Gefühls mit Baden wie wir ohngefähr unsre Nasen mit Düften und unsre Zungen mit Brühen und Weinen. Sie fingen vom Heißen an und gingen alsdenn alle Grade der Wärme durch, teils im Wasser, teils in lauer Luft, bis zum Kalten: Wollust, die alle verschiedne Wärme der Existenz nachahmt, vom heißesten Herzensgetümmel der hohen Leidenschaften bis zur frischen Besonnenheit; alle Grade des physischen Gefühls, ohne das Seelenleben, das Geistige, welches sie sich doch in gewisser Rücksicht auch vorphantasieren konnten, indem ihre weiblichen Schönheiten sich unter den Kaisern, wenigstens zuverlässig vom Domitian an, öffentlich nackend mit den Männern badeten. Sie ahndeten etwas vom Paradiese und dem Stande der Unschuld, ohne die Bücher Mosis gelesen zu haben. Und überdies hatten sie gleich daneben ihre Fechterspiele und Ringplätze.

Die *Thermen* in Italien entstanden aus den *Gymnasien* der Griechen; nur waren bei diesen die Leibesübungen das Vornehmste und bei den Römern das Baden. Darnach mußten sich die Architekten in der Anlage der Gebäude richten.

Die Bäder waren eigentlich der Hauptgenuß, den die stolzen Enkel des Romulus und seiner Räuberbande von den Siegen ihrer Vorfahren über die Welt hatten, und die Gebäude dazu das Höchste der Architektur, was wir mit den ägyptischen Labyrinthen und einigen Tempeln der Griechen in der Geschichte der Menschheit kennen. Es war da alles was das Leben freut und angenehm macht, beisammen. Wir können uns, ohngeachtet der ungeheuern Ruinen, wenig davon vorstellen, weil uns diese Gattung Genuß ganz entrückt ist. Wenn wir ein halbes Säkulum alter Römer und Römerinnen der ersten Jahrhunderte erwecken könnten, so würden sie sich aus Ekel, Langeweile und Verzweiflung über das heutige Elend binnen wenig Tagen aufhenken.

Wilhelm Heinse (1746–1803)

Thermenmuseum · Griechische Trauer

Im Thermen-Museum war ich der einzige Gast. Einen Anblick, der sicherlich selten ist, gewährte der Garten des großen Kreuzgangs; dicker Schnee lag auf den sieben steinernen Tierköpfen, die den Brunnen umgeben, Schnee auf der hohen Zypresse, die noch aus Michelangelos Zeitalter steht, Schnee auf kleinblütigen Rosen und lila Schwertlilien, Schnee auf der goldenen Ernte zweier Orangenbäume.

In den Sälen saßen die Aufseher und wärmten sich an ihren Kohlenbecken. Ein Alter, der den Raum der Aphrodite von Kyrene bewachte, empfahl die reizende des Hauptes beraubte Göttin mit einladender Handbewegung meiner besonderen Aufmerksamkeit: „Molto simpatica!" Mich aber mahnte die geheimnisvolle Weisung des Freundes; ich suchte den Kopf der schlafenden Erinys. (…)

Durch schneeumsäumte Fensterscheiben fiel ein mattes Licht auf den Marmorkopf herein, der einer schlafenden Erinys zugeschrieben wird. Er gleicht nicht ganz den Abbildungen, die von ihm verbreitet sind. Wieder nahm ich mir vor, von überlieferten Bezeichnungen abzusehen; doch Namen haben ihre Magie, die sich nicht einfach von den Dingen wegblasen läßt. Von Aischylos und von den Forschern her sind uns Erinyen als wütend vampirische Rachegeister bekannt, die schon durch ihre greuliche Erscheinung den Widerwillen und den Zorn Apollons erregen, so daß er sie aus seinem Tempel jagt, sie sogar mit einer silbernen Pfeilschlange von seinem goldenen Bogen bedroht.

Einer solchen Vorstellung entspricht nun diese Schlummernde nicht; eher möchte man sie selbst als apollinisch ansprechen. Zu der großen Ruhe des Antlitzes freilich steht das halbwirre, wie von einem verfolgenden Wind gelöste Haar, dessen Strähnen bis zu den Brauen, ja bis zum Kinn hereinreichen, in wundersamem Gegensatz; aber natternhaft ist es nicht. Auch deutet nichts auf den todhauchenden Atem, vor dem sich im Eumenidendrama die Pythia entsetzt, und ebenso wenig merken wir von dem argen den Augen entträufelnden Gift. Fast könnte man die Schläferin für eine Entschlafene halten; dagegen aber spricht schon der lebensvoll versonnene Mund. Sie scheint eine Harmonie zu hören oder einen Auftrag zu erwägen, den sie nach dem Erwachen ausführen wird, und sogar wenn dieser sie zum Vollzug einer grausamen Bestrafung verpflichtete, so müßte er doch in der Richtung eines hohen, klaren Zieles liegen; der Geist, der sich ein solches Antlitz gebildet, steigt nicht zu niedrigen Zwecken herab.

Was für ein Blick aber träfe uns, wenn sie die Lider aufschlüge? Es könnte nur ein unverschleierter, stark leuchtender Augenstrahl sein, kein trüber Blutsaugerblick. Auch kein Wonne verheißender Liebesblick! Versuchen wir nur, uns dieses Haupt auf den verlockend nackten Leib jener Aphrodite von Kyrene zu denken, wie klänge das auseinander!

Trauer schwebt um Augen und Mund, die unbewußte Trauer des antiken Menschen, dem auferlegt war, den unerbittlichen Mächten des Daseins gerade ins Gesicht zu schauen. Das phantasiebegabteste Volk der Erde war ja zugleich das klarste, dem Diesseits verbundenste; ihm genügte die Wirklichkeit seiner irdischen Tage, um fromm, schön und groß zu sein. Innerhalb des kurzen Lebens muß der Grieche der homerischen Zeit sein Los und seine Verpflichtungen erfüllen; er darf sich nicht auf ein Jenseits vertrösten, auch nicht auf ein Wiedergeborenwerden. Die Himmlischen sind ihm nah, nehmen Anteil an ihm, lieben ihn wohl auch und freuen sich seiner opferwilligen Gesinnung, die sie gerne mit ihrem gnädigen Beistand belohnen; sie strafen ihn mitleidlos, wenn er sich überhebt und ihnen zu gleichen vermeint. Sie ehren das Andenken, das er hinterläßt, sein Bild, seinen Ruhm; die verstorbene Person aber lischt hinüber in das Nichts, ins graue Reich der wesenlosen Schatten, und in dieses folgt ihm kein Gott.

Hans Carossa (1878–1956)

LATERAN, CAELIUS UND ESQUILIN

Obelisk vor dem Lateran · Geschenk des Nils

Die Schmeichler ließen nach ihrer Gewohnheit Constantius keine Ruhe und redeten sich heiser darüber, daß Octavianus Augustus zwar zwei Obelisken aus der ägyptischen Stadt Heliopolis herbeitransportiert habe, von denen der eine im Circus Maximus, der andere auf dem Marsfeld steht, aber den einen kürzlich herangeschafften, weil er vor den mit seiner Größe verbundenen Problemen Angst hatte, weder zu bearbeiten noch herbeizuholen wagte. Alle, die es nicht wissen, sollen daher erfahren, daß der alte Kaiser, nachdem er einige Obelisken hatte holen lassen, diesen einen deswegen unberührt liegen ließ, weil er dem Sonnengott als ein besonderes Geschenk geweiht war und im Heiligtum eines grandiosen Tempelbezirks, das man nicht antasten konnte, errichtet war und wie eine Bergspitze alles überragte.

Konstantin jedoch maß dem keine Bedeutung bei; er ließ den Riesenstein aus seinen Fundamenten reißen und glaubte mit Recht, keinen Religionsfrevel zu begehen, wenn er das Wunderwerk von einem einzelnen Tempel wegnehme und der Stadt Rom weihe, das heißt dem Tempel der ganzen Welt. Er ließ ihn lange Zeit liegen, um die für die Überführung nötigen Vorbereitungen zu treffen. Nachdem er dann auf dem Nil transportiert und in Alexandria ausgeladen worden war, baute man dort ein Schiff von bis dahin nicht gekannter Größe, das von dreihundert Ruderern angetrieben werden sollte.

Nach diesen Vorkehrungen starb der erwähnte Kaiser, und der Schwung, mit dem man an das Unternehmen gegangen war, ließ nach. Nach langer Verzögerung wurde der Obelisk endlich auf das Schiff geladen und über das Meer und die Fluten des Tibers nach Vicus Alexandri gebracht, einem drei Meilen von Rom entfernten Ort. Es war, als ob sich der Tiber fürchtete, er selber könne das Geschenk, das der fast unbekannte Nil geschickt hatte, unter Gefahr für seinen Lauf kaum in die Mauern seines Sprößlings bringen. In Vicus Alexandri wurde der Stein auf Schleifen gelegt und ganz langsam durch die Porta Ostiensis und durch die Region Piscina Publica in den Circus Maximus gebracht. Jetzt mußte er nur noch aufgerichtet werden. Man hatte kaum oder vielmehr gar keine Hoffnung, das bewältigen zu können. Und unter großer Gefahr wurden an hohe Balken, so daß man einen Wald von Kränen zu erblicken glaubte, riesenlange Seile geknüpft, die wie vielschichtige Fäden in großer Dichte den Himmel verfinsterten. An diese Seile wurde das mit Schriftzeichen bedeckte Felsstück gebunden und allmählich durch den Raum in die Senkrechte gehoben mit Hilfe von vielen Tausenden von Menschen, die sozusagen Mühlräder drehten. Lange Zeit hing er schwebend in der Luft, dann wurde er mitten im Zirkus aufgestellt. Auf seine Spitze setzte man eine Bronzekugel, die von Blattgold glänzte. Sie wurde sehr bald von einem gewaltigen Blitz getroffen und deswegen entfernt. An ihrer Stelle brachte man die Bronzenachbildung einer Fackel an, die ebenfalls vergoldet ist und wie eine riesige Flamme strahlt.

Ammianus Marcellinus (geb. um 330)

S. Giovanni in Laterano · Häupter der Heiligen

Am Tag vor Ostern sah ich in San Giovanni in Laterano die Häupter des heiligen Paulus und des heiligen Peter, die dort vorgezeigt werden. Die Fleischteile, Farbe und Haarwuchs sehen aus, als ob sie lebten. Das Gesicht St. Peters ist weiß, ein wenig länglich, die Haut purpurfarbig und Vollblütigkeit verratend, der geteilte Bart grau; das Haupt ist mit einer Papstmitra gekrönt. St. Paul ist schwarz, hat ein breites und volleres Gesicht und einen stärkeren Schädel, der Bart ist grau und dicht.

Die Köpfe werden oben von einem besonderen Ort herab gezeigt. Das Volk wird durch Glockengeläut herbeigerufen, und dann sinkt von Zeit zu Zeit ein Vorhang, hinter dem die Häupter nebeneinander ruhen. Sie bleiben so viel Zeit, als man zu einem Ave Maria braucht, sichtbar, dann steigt der Vorhang wieder plötzlich in die Höhe. Nach einer Weile senkt er sich von neuem, und das bis zu drei Malen. Die Schaustellung erfolgt vier- bis fünfmal am Tag. Die Zuschauer stehen ungefähr eine Lanzenhöhe tiefer und können außerdem die Reliquien nur durch dicke Eisenstäbe hindurch sehen. Rings um die Außenseite des Gitters brennen einige Kerzen, aber es ist schwer, alle Einzelheiten genau zu erkennen. Ich sah die Häupter zwei- oder dreimal. Der Glanz der Gesichter erinnerte an unsere Masken.

Michel de Montaigne (1533–1592)

S. Croce in Gerusalemme
Aschermittwochsgedanken

Gestern, am Aschermittwoch, lag ich ganz allein auf den Knien in Santa Croce, dieser Kirche an den Mauern von Rom, nahe der Porta di Napoli. Ich vernahm in dieser Einsamkeit den monotonen und düsteren Gesang der Mönche, ich wünschte, ich hätte auch im Ordensgewand zwischen diesen Trümmern singen dürfen. Welch eine Stätte, um mit dem Ehrgeiz Frieden zu schließen und die Eitelkeiten der Welt zu bedenken!

François-René de Chateaubriand (1768–1848)

S. Stefano Rotondo · Unerträglicher Anblick

Die eigenartige Rundkirche Santo Stefano Rotondo steht auf den Fundamenten einer großen Markthalle der späteren Kaiserzeit. (…) Im Inneren ist sie mit den schrecklichen Malereien des Pomarancio und Tempesta ausgestattet, die bei den gewöhnlichen Menschen, die der Zufall nach Rom führt, so berühmt sind; sie sind für diese Herren so verständlich, wie die Guillotine bei der Arbeit. Diese schauderhafte Wirklichkeit ist für gemeine Seelen das Erhabene. Raffael ist freilich kalt neben dem heiligen Erasmus, dem man die Eingeweide mit einer Winde herauszieht.

Beim Eintreten erblickte ich neben der Tür einen Heiligen, dessen Kopf zwischen zwei Mühlsteinen zermalmt wird; das Auge quillt aus der Augenhöhle hervor. (…) Der Rest ist zu furchtbar, um beschrieben zu werden.

Die schönen Verse Racines verhüllen den Schrecken eines grausamen Schauspiels, das sie beschreiben, durch ihre Eleganz. Die Fresken in Santo Stefano Rotondo sind durchaus nicht so schön, um die furchtbaren Martern, die sie kraß darstellen, erträglich zu machen. Der Anblick dieser Gemälde, welche die ganze innere Rundmauer der Kirche bedecken, war unsern Damen unerträglich.

Stendhal (1783–1842)

Unterirdisches Rom

Ich dringe in einen jahrelang als unbetretbar deklarierten und jetzt wegen Renovationsarbeiten geschlossenen Rundbau auf dem Celio ein. Noch immer gießen zahlreiche, mit den Säulen korrespondierende Fenster eine Fülle von Licht in den hohen zylinderförmigen Mittelraum, der eine einst großartige antike Konstruktion ahnen läßt. Die goldschimmernden Mosaike, die den Innenraum der späteren Kirche gänzlich bedeckt haben sollen, sind geraubt, verschwunden. Ein Restaurator steht, mit einer Arbeitslampe, auf den obersten Stufen einer Leiter, die in das gruftartige Mithräum hinunterführt, er lädt mich ein, ihm zu folgen. Immer von neuem die unverstandene Faszination, in die Vergangenheit Roms hinabzusteigen, in die durch die vielen Aufschüttungen weit unter dem heutigen Straßenniveau erhaltenen Kulträume, Villen. Absolute Lautlosigkeit herrscht hier, die fast zu einem leisen Sausen in den Ohren wird, manchmal plötzlich durchbrochen von fernem Wasserplätschern. Dann aber sieht das Auge nur noch die in solcher Tiefe geradezu wie von einer verlorenen Erde anmutenden gemalten Weinblätter auf den Wänden, fragile Überreste einer Girlande, ein Körbchen mit Feigen, eine Entenfeder. Im Mithräum ist es dunkel, der Restaurator beleuchtet mit einer Lampe eine Ecke, mannshohe schwarze Plastiksäcke stehen nebeneinander, bis obenauf mit ausgegrabenen Knochen gefüllt, der Restaurator greift mit dem Arm hinein, die Knochen sehen so grau, steinartig aus, als würden Tiere, Menschen über die Jahrhunderte hinweg Teil einer universellen Versteinerung. Der Restaurator läßt das Lampenlicht weiter über die Wände wandern, keine andere Spur deutet darauf hin, daß hier ein Kult stattfand, der Kult des Mithras, Kämpfer gegen die Mächte der Finsternis, unter den Legionen der römischen Spätzeit verbreitet, nur die Stille rauscht in diesem unterirdischen Raum, doch jetzt richtet der Restaurator die Lampe voll auf die hinterste Wand, und da sehe ich es, übergroß, wie eine Erscheinung: ein Frauengesicht, im Profil, leicht geneigt, die Augen weit offen, erfüllt von hingerissener Wachsamkeit. Nichts sonst von der Figur, die einst die Wand eines viel höheren Raums bedeckt haben muß, ist sichtbar, nur dieses riesige geneigte Gesicht, mit einem Ausdruck der Wachheit, des Erschreckens, daß einen unwillkürlich die Frage verfolgt, was die Frau wohl gesehen hat? Sieht sie den rot wehenden Mantel des Mithras, der seinen Speer in die Flanken des Stiers bohrt, oder das in einer Blutlache verendende Opfertier?

Gertrud Leutenegger (geb. 1948)

Domus aurea Neronis · Nero und der Brand Roms

Es folgte nun ein Unglück, ungewiß, ob durch Zufall entstanden oder durch des Kaisers Tücke (denn beides berichten die Quellen), jedoch schwerer und schrecklicher als alle, die unserer Stadt durch die Gewalt des Feuers zustießen. Seinen Ursprung nahm es an der dem Palatin und dem Caelius zugewandten Seite des Zirkus, wo in den mit brennbarer Ware gefüllten Buden das Feuer zugleich ausbrach und Kraft gewann und vom Winde getrieben alsbald die ganze Länge des Zirkus erfaßte. Es waren ja keine von Gartenmauern umgebenen Häuser oder aus Stein gebauten Tempel, noch andere Hindernisse dazwischen. Im Sturm durchraste der Brand die Ebene, stieg dann die Höhen hinauf, verwüstete wieder die tiefer gelegenen Stadtteile und kam durch die Schnelligkeit des Unheils den Abwehrmaßnahmen zuvor. Dabei war ihm die Stadt günstig durch die Enge und Gewundenheit ihrer Gassen und die Unregelmäßigkeit der Straßenzüge. So war ja das alte Rom. Dazu kam der Jammer der verängstigten Frauen, Greise und Kinder. Und diejenigen, die an sich selbst oder an andere dachten, indem sie Kraftlose mit sich schleppten oder auf sie warteten, behinderten teils durch ihre Eile, teils durch ihre Langsamkeit das Ganze. Und oft wurden sie, wenn sie nach hinten zurückschauten, auf den Seiten oder vorne eingeschlossen, oder wenn der nahe Unterschlupf, nach dem sie entkommen waren, ebenfalls von den Flammen ergriffen wurde, so fanden sie auch die Viertel, die sie für weit abliegend gehalten hatten, in derselben Lage. Endlich füllten sie die Straßen und warfen sich auf die Felder nieder, ratlos, was sie tun oder lassen sollten. Etliche gingen nach dem Verlust ihrer ganzen Habe, auch der täglichen Kost, andere aus Liebe zu den Ihrigen, die sie nicht hatten retten können, freiwillig in den Tod, obwohl ihnen der Weg ins Freie offenstand. Und niemand wagte, dem Feuer zu wehren, weil viele mit drohenden Worten das Löschen verhinderten und weil andere offen brennende Fackeln schleuderten und behaupteten, im Auftrag zu handeln. Dadurch wollten sie entweder größere Freiheit zum Plündern gewinnen, oder sie handelten wirklich auf Befehl.

Nero weilte damals in Antium und kam nicht eher nach Rom zurück, als bis das Bauwerk, mit dem er den Kaiserpalast und den Park des Maecenas verbunden hatte, vom Feuer bedroht wurde. Doch konnte er nicht verhindern, daß der Palast und das Gebäude und alles ringsum verbrannte. Zum Trost für das aufgewühlte und flüchtige Volk ließ er aber das Marsfeld und das Monument des Agrippa, ja sogar seinen eigenen Park öffnen und Baracken bauen, um die obdachlose Menge aufzunehmen. Und Hausrat wurde aus Ostia und den nahen Landstädten angefahren, und der Kornpreis auf drei Sesterzien herabgesetzt. Diese volksfreundlichen Maßnahmen blieben aber wirkungslos, weil das Gerücht sich verbreitet hatte, er habe genau im Zeitpunkt des Stadtbrandes seine Hausbühne betreten und den Untergang Trojas besungen, indem er die gegenwärtige Not dem alten Unglück verglich.

Am sechsten Tage erst konnte am unteren Rande der Esquilien dem Brande ein Ende gemacht werden, indem man weithin die Häuser niederriß, so daß der fortrasenden Zerstörungsmacht das freie Feld und sozusagen der leere Himmel entgegentrat. Aber noch nicht legte sich die Furcht, noch kehrte dem Volke die Hoffnung wieder: denn das Feuer brach von neuem aus, und zwar in den offenen Teilen der Stadt. Daher waren die Menschenverluste geringer, aber Gotteshäuser und Säulenhallen von berühmter Schönheit brachen weithin ein. Und dieser Brand rief noch mehr böses Blut hervor, weil er im Aemilischen Grundstück des Tigellinus ausgebrochen war, und weil man den Eindruck gewann, Nero suche den Ruhm, die Stadt neu zu gründen und nach seinem Namen zu nennen. Rom ist bekanntlich in vierzehn Regionen eingeteilt, davon blieben vier unversehrt, drei wurden dem Erdboden gleichgemacht, in den übrigen sieben waren wenige zerfetzte und halbverbrannte Häuserreste erhalten. (…)

Nero machte sich die Zerstörung seiner Vaterstadt zunutze und erbaute sich einen Palast, der nicht so sehr durch Edelsteine und Gold – das sind ja altgewohnte und allverbreitete Mittel zu prunken – ein Wunderwerk sein sollte, vielmehr durch Wiesen, Teiche, durch Wechsel von Hainen, freien Plätzen und Ausblicken, als ob man sich irgendwo auf dem Lande befände. Leiter und Erfinder dieser Anlage waren Severus und Celer, geschickte und rücksichtslose Leute, die das, was die Natur nicht hergab, künstlich schufen und so die Reichtümer des Prinzeps vergeudeten. (…)

Die zerstörten Häuser der Stadt wurden nun aber nicht wie nach dem gallischen Brande ungleichmäßig und planlos wiederaufgebaut. Es wurden regelmäßige Häuserreihen und breite Straßen angelegt, die Höhe der Häuser beschränkt, freie Hofräume gelassen und Säulengänge angebaut, um die Front der Mietshäuser zu verdecken. Diese Säulengänge versprach Nero auf eigene Kosten bauen zu wollen und den Eigentümern die Bauplätze abgeräumt zu übergeben. Ferner setzte er Preise je nach dem Stande und den Vermögensverhältnissen der einzelnen aus; und er setzte eine Zeit, innerhalb deren jeder für die Vollendung seines Palastes oder Mietshauses einen Preis erhalten sollte. Als Abladestelle für den Schutt bestimmte er die Sümpfe bei Ostia. Die Schiffe, die mit Getreide von Ostia tiberaufwärts kamen, mußten Brandschutt als Rückfracht nehmen. Die Häuser selber sollten bis zu einer gewissen Höhe ohne Gebälk, nur aus Gabiner- und Albanerstein erbaut werden, weil dieser Stein dem Feuer eher Widerstand leistet. Ferner stellte er die

Wasserleitungen unter Aufsicht, damit das Wasser, das bisher nach Gutdünken von den einzelnen abgeleitet wurde, der Allgemeinheit reichlicher und an zahlreicheren Stellen zur Verfügung stehe. Jeder sollte Löschgeräte im Vorhofe bereit halten. Auch sollten die Häuser keine gemeinsamen Wände mehr haben, sondern nur von ihren eigenen Mauern umschlossen sein.

Diese Einrichtungen wurden aus praktischen Gründen getroffen, verschönerten die neue Stadt aber auch. Trotzdem waren manche der Meinung, daß die alte Bauart gesünder gewesen sei; die engen Straßen und die hohen Häuser hätten die Sonnenglut besser abgehalten. In den breiten, schattenlosen Straßen sei jetzt die Hitze weit ärger.

Das waren die Maßregeln, die menschliche Vernunft ergriff. Darauf galt es, auch die Götter zu versöhnen. Man befragte die Sibyllinischen Bücher und richtete nach ihnen Gebete an Vulkan, Ceres und Proserpina. Matronen opferten der Juno, zuerst auf dem Kapitol, dann an der nächstgelegenen Meeresküste, wo Wasser geschöpft und damit der Tempel und das Bild der Göttin besprengt wurde. Und die Ehefrauen feierten Sellisternien und Pervigilien.

Aber das entsetzliche Gerücht, Nero selber habe den Brand anlegen lassen, wollte sich durch keine teilnahmsvolle Unterstützung, durch keine Schenkungen und Sühnezeremonien aus der Welt schaffen lassen. Um ihm ein Ende zu machen, schob er daher die Schuld auf andere und strafte mit ausgesuchten Martern die wegen ihrer Verbrechen verhaßten Leute, die das Volk Christen nennt. Der Stifter dieser Sekte, Christus, ist unter der Regierung des Tiberius durch den Prokurator Pontius Pilatus hingerichtet worden. Der unheilvolle Aberglaube wurde dadurch für den Augenblick unterdrückt, trat später aber wieder hervor und verbreitete sich nicht bloß in Judäa, wo er entstanden war, sondern auch in Rom, wo alle furchtbaren und verabscheuungswürdigen religiösen Gebräuche, die es in der Welt gibt, sich zusammenfinden und geübt werden. Man faßte also zuerst Leute, die sich offen als Christen bekannten, und auf ihre Anzeige hin dann eine riesige Menge Menschen. Sie wurden nicht gerade der Brandstiftung, aber doch des Hasses gegen das menschliche Geschlecht überführt. Man machte aus ihrer Hinrichtung ein lustiges Fest: In Tierhäuten steckend, wurden sie entweder von Hunden zerfleischt oder ans Kreuz geschlagen oder angezündet, um nach Eintritt der Dunkelheit als Fackeln zu dienen. Nero hatte seine eigenen Parkanlagen für dies Schauspiel hergegeben und verband es mit einer Zirkusaufführung; in der Tracht der Wagenlenker trieb er sich unter dem Volke umher oder fuhr auf dem Rennwagen. So regte sich das Mitleid mit jenen Menschen. Obwohl sie schuldig waren und die härtesten Strafen verdient hatten, fielen sie ja doch nicht dem Allgemeinwohl, sondern der Grausamkeit eines einzigen zum Opfer.

Tacitus (um 55–120)

S. Pietro in Vincoli · Der Moses des Michelangelo

Wir haben gehört, wie vielen, die unter dem Eindruck der Statue standen, sich die Deutung aufgedrängt hat, sie stelle Moses dar unter der Einwirkung des Anblicks, daß sein Volk abgefallen sei und um ein Götzenbild tanze. Aber diese Deutung mußte aufgegeben werden, denn sie fand ihre Fortsetzung in der Erwartung, er werde im nächsten Moment aufspringen, die Tafeln zertrümmern und das Werk der Rache vollbringen. Dies widersprach aber der Bestimmung der Statue als Teilstück des Grabdenkmals Julius II. neben drei oder fünf anderen sitzenden Figuren. Wir dürfen nun diese verlassene Deutung wieder aufnehmen, denn unser Moses wird nicht aufspringen und die Tafeln nicht von sich schleudern. Was wir an ihm sehen, ist nicht die Einleitung zu einer gewaltsamen Aktion, sondern der Rest einer abgelaufenen Bewegung. Er wollte es in einem Anfall von Zorn, aufspringen, Rache nehmen, an die Tafeln vergessen, aber er hat die Versuchung überwunden, er wird jetzt so sitzen bleiben in gebändigter Wut, in mit Verachtung gemischtem Schmerz. Er wird auch die Tafeln nicht wegwerfen, daß sie am Stein zerschellen, denn gerade ihretwegen hat er seinen Zorn bezwungen, zu ihrer Rettung seine Leidenschaft beherrscht. Als er sich seiner leidenschaftlichen Empörung überließ, mußte er die Tafeln vernachlässigen, die Hand, die sie trug, von ihnen abziehen. Da begannen sie herabzugleiten, gerieten in Gefahr zu zerbrechen. Das mahnte ihn. Er gedachte seiner Mission und verzichtete für sie auf die Befriedigung seines Affekts. Seine Hand fuhr zurück und rettete die sinkenden Tafeln, noch ehe sie fallen konnten. In dieser Stellung blieb er verharrend, und so hat ihn Michelangelo als Wächter des Grabmals dargestellt. (…)

Nun wird man uns aber entgegenhalten: Das ist also doch nicht der Moses der Bibel, der wirklich in Zorn geriet und die Tafeln hinwarf, daß sie zerbrachen. Das wäre ein ganz anderer Moses von der Empfindung des Künstlers, der sich dabei herausgenommen hätte, den heiligen Text zu emendieren und den Charakter des göttlichen Mannes zu verfälschen. Dürfen wir Michelangelo diese Freiheit zumuten, die vielleicht nicht weit von einem Frevel am Heiligen liegt? (…)

Wichtiger als die Untreue gegen den heiligen Text ist wohl die Umwandlung, die Michelangelo nach unserer Deutung mit dem Charakter des Moses vorgenommen hat. Der Mann Moses war nach den Zeugnissen der Tradition jähzornig und Aufwallungen von Leidenschaft unterworfen. In einem solchen Anfalle von heiligem Zorne hatte er den Ägypter erschlagen, der einen Israeliten mißhandelte, und mußte deshalb aus dem Lande in die Wüste fliehen. In einem ähnlichen Affektausbruch zerschmetterte er die beiden Tafeln, die Gott selbst beschrieben hatte. Wenn die Tradition solche Charakterzüge berichtet, ist sie wohl tendenzlos und hat den Eindruck einer großen Persönlichkeit, die einmal gelebt hat, erhalten. Aber Michelangelo hat an das Grabdenkmal des Papstes einen anderen Moses hingesetzt, welcher dem historischen oder traditionellen Moses überlegen ist. Er hat das Motiv der zerbrochenen Gesetzestafeln umgearbeitet, er läßt sie nicht durch den Zorn Moses' zerbrechen, sondern diesen Zorn durch die Drohung, daß sie zerbrechen könnten, beschwichtigen oder wenigstens auf dem Wege zur Handlung hemmen. Damit hat er etwas Neues, Übermenschliches in die Figur des Moses gelegt, und die gewaltige Körpermasse und kraftstrotzende Muskulatur der Gestalt wird nur zum leiblichen Ausdrucksmittel für die höchste psychische Leistung, die einem Menschen möglich ist, für das Niederringen der eigenen Leidenschaft zugunsten und im Auftrage einer Bestimmung, der man sich geweiht hat.

Hier darf die Deutung der Statue Michelangelos ihr Ende erreichen.

Man kann noch die Frage aufwerfen, welche Motive in dem Künstler tätig waren, als er den Moses, und zwar einen so umgewandelten Moses, für das Grabdenkmal des Papstes Julius II. bestimmte. Von vielen Seiten wurde übereinstimmend darauf hingewiesen, daß diese Motive in dem Charakter des Papstes und im Verhältnis des Künstlers zu ihm zu suchen seien. Julius II. war Michelangelo darin verwandt, daß er Großes und Gewaltiges zu verwirklichen suchte, vor allem das Große der Dimension. Er war ein Mann der Tat, sein Ziel war angebbar, er strebte nach der Einigung Italiens unter der Herrschaft des Papsttums. Was erst mehrere Jahrhunderte später einem Zusammenwirken von anderen Mächten gelingen sollte, das wollte er allein erreichen, ein Einzelner in der kurzen Spanne Zeit und Herrschaft, die ihm gegönnt war, ungeduldig mit gewalttätigen Mitteln. Er wußte Michelangelo als seinesgleichen zu schätzen, aber er ließ ihn oft leiden unter seinem Jähzorn und seiner Rücksichtslosigkeit. Der Künstler war sich der gleichen Heftigkeit des Strebens bewußt und mag als tiefer blickender Grübler die Erfolglosigkeit geahnt haben, zu der sie beide verurteilt waren. So brachte er seinen Moses an dem Denkmal des Papstes an, nicht ohne Vorwurf gegen den Verstorbenen, zur Mahnung für sich selbst, sich mit dieser Kritik über die eigene Natur erhebend.

Sigmund Freud (1856–1939)

S. Maria Maggiore · Christliche Frühzeit

Die Baugeschichte von Maria Maggiore erstreckt sich über anderthalb Jahrtausende. Sie ist nicht weniger reich als die von St. Peter, und große Namen sind ihr eingeschrieben. Ja, eigentlich sind der Marienbasilika mehr Umgestaltungen widerfahren als dem Petersdom, freilich keine so tiefgreifenden, und daher hat sich in ihr unendlich viel mehr als in St. Peter vom Geist der noch der Antike verbundenen christlichen Frühzeit erhalten können. Dies scheint zur Örtlichkeit zu gehören: denn wenn das Marsfeld die mittelalterliche und barocke Papststadt, wenn der kapitolinische und der palatinische Hügel und ihre Umgebungen das antike Rom repräsentieren, so bilden Cälius, Aventin, Viminal und Esquilin das Gelände, da uns noch heute das römische Urchristentum am nächsten ist. Dieser Geist christlichen Altertums drückt sich, allen späteren Umgestaltungen und Zutaten zum Trotz, im Bau selbst aus, namentlich im Mittelschiff mit seinen sechsunddreißig weißen ionischen Marmorsäulen, aber auch im Schmuck; in der antiken Porphyrwanne des Hochaltars mit ihren Reliquien, ganz besonders aber in den Mosaiken am Triumphbogen und über dem Architrav, die in antiker Auffassung Vorgänge der Heilsgeschichte erzählen. Ihnen schließt sich in der Tribuna die neue Mosaikenkunst des Jacobus Torriti an, der im dreizehnten Jahrhundert innerhalb einer fortschreitenden Gesamtentwicklung einen byzantinisch beharrenden, doch individuell kräftigen Geist bezeugt. Aber am Schmuck der Maria Maggiore haben auch neuere Epochen mitgearbeitet. Keine andere römische Kirche hat eine Decke von ähnlicher Pracht und Feinheit aufzuweisen; das erste aus dem neuentdeckten Amerika gekommene Gold funkelt in ihrem Zierat, und zu lichthellen Stunden kann es vom Fußboden widergespiegelt werden. Dies gehört zu den prachtvollsten Eigentümlichkeiten der Renaissancezeit, daß von nun an in römischen Kirchen der kostbare Marmorschmuck des Fußbodens so oft im kostbaren Kassettenschmuck der Decke seine Erwiderung findet.

Werner Bergengruen (1892–1964)

Stazione Termini · Wahrhafter Weltbahnhof

Wer zu Fuß oder in der Kalesche oder gar auf einem Elefanten kam, Hannibal, Luther, Goethe, staubbedeckt, durchgerüttelt, Gefahren entronnen, rief wohl beim Anblick der ersehnten Stätte vom nahen Hügel beeindruckt, erlöst, glücklich, dankbar, fragend, fordernd, gierig sein „Ecco Roma". Der Reisende in der Eisenbahn sieht sich unversehens in die Stadt getragen; bei Orte, eine Stunde vorher, wechselte das Licht, im Winter hob sich der Nebel, urplötzlich war die Sonne da, auf einmal war man im Süden, und im Sommer brach das Gestirn aus Gewitterwolken hervor, entzündete den Dunst in einem Kessel, geformt aus schwarzblauem Himmel und der lilablauen Silhouette der Sabinerberge. Auch das Gras, die Pinien, die Zypressen, die Ölbäume schimmern blau, fremd und unheimlich. Dem Reisenden ist bang zumute. Dann kommen schon die Hütten der Armut, Beute der Straße aus Erde und Blech, aus dem Land hier Angespülte, Völkerwanderer in den Glanz der Kapitale, Kinderreichtum und Wohnungselend wie um jede europäische Siedlung und im Süden immer ausgebreitet, dargeboten, öffentlich, und aus den Wagenburgen, den Autofriedhöfen, den Schuttplätzen dann schon die neuen Hochhäuser, Kasematten, Vorwerke gegen die Urfeindin, die immer raubgierige Natur, gleißend weiß, die Sonnenglut abwehrend, geschaffen, die Menschenbrut unterzubringen, deren liebevoll blankgeputzte Fortbewegungsorgane, Fahrräder, Mopeds, Roller, Automobile schwungbereit vor den Türen stehen. Die Häuser sind von bemerkenswerter Modernität; ihre Balkone ähneln den Kanzeln schneller Flugzeuge. Auch Corbusier, der Rom nicht mag, der behauptete, es könne ihm nichts geben, ist durch die Stadt gegangen. Das Glücksgefühl, dort zu sein, überfällt aber einen nun erst auf dem Bahnhof. Es ist der schönste Bahnhof der Welt, aus Stahl, Beton und Glas und mattschimmerndem Aluminium, und wenn einst ein deutscher Professor, voll von Latein und Geschichtszahlen und voller Bewunderung so unmenschlicher Erscheinungen wie Mucius Scävola, des älteren Brutus, der Mutter der Gracchen, des Marcus Curtius, der sich eitel und töricht zu Pferd in den Abgrund stürzte, zum erstenmal nach Rom gekommen, in seinem schäbigen Hotelzimmer auf und ab ging und sich immer wieder staunend und stolz sagte „ich bin in Rom, ich bin in Rom", so darf sich der moderne Reisende in der auffallend rußfreien, so eigenartig belebenden Luft dieses wahrhaften Weltbahnhofs, auf leichtem Metallstuhl auf der Terrasse des Bahnsteig-Cafés den ersten Espresso trinkend, der, unvergleichlich jedem anderen Kaffee, für das Abenteuer Rom stärkt, staunend und stolz seines In-Rom-Seins bewußt werden.

Wolfgang Koeppen (1906–1996)

Piazza Vittorio Emanuele

Katzen am Grashang
Neben der magischen Pforte
Spielen mit Fischköpfen
Grünlichen Gräten.

Zwischen Kohlrippen, bleichem Gedärm
Leuchtet der Hahnenkamm
Gefleckt von Orangenschalen
Versickert der Blutbach

Der Hauch des Mittags hält
Die fahrbaren Spielzeuge an
Und die Klöppel der Glocken.

Die Riesin Roma schläft
Zurückgewendet das Haupt
in die wilde Campagna.

Marie Luise Kaschnitz (1901–1974)

UM DEN AVENTIN

Die Gründung der Stadt

Sorglich bereiten sie dann, die Königswürde begehrend,
beide die Vogelschau und der göttlichen Zeichen Deutung.
Fromm bereitet ist Remus zum heiligen Schauen, und einsam
harrt er günstigen Zeichens; der schöne Romulus aber
harrt hochfliegender Schar auf der aventinischen Höhe.
Unten die Männer, im Streit, ob Rom oder Remora heißen
solle die Stadt, ob der oder jener zum König bestimmt sei:
wie, wenn heute beim Spiel der Konsul das Zeichen will geben,
aller Blicke begierig zum Rand der Schranken gespannt sind,
ob nun gleich das gemalte Tor den Wagen sich öffne,
also wartete drunten das Volk und hielt danach Ausschau,
wem von beiden der Sieg und wem die Krone bestimmt sei.
Da sie harrten, verschwand ins nächtliche Dunkel die Sonne.
Endlich fuhren ins Freie des Lichtes schimmernde Strahlen,
und es flog von oben ein wunderherrlicher Vogel
linker Hand heran; aufsteigt die goldene Sonne,
und es kommen vom Himmel dreimal vier heilige Vögel,
die sogleich sich lagern auf schönen, günstigen Plätzen.
Romulus aber erkennt, daß ihm das Zeichen den Vorrang,
ihm der Gott das Land und den Thron der Herrschaft verliehen. (...)
Siebenhundert Jahr', etwas mehr oder weniger, sinds nun,
seit mit erhabenem Zeichen dies herrliche Rom ward gegründet.

Ennius (239–169 v. Chr.)

Die Pyramide des Cestius

Öder Denkstein, riesig und ernst beschaust du
Trümmer bloß, Grabhügel, den Scherbenberg dort,
Hier die weltschuttführende, weg von Rom sich
    Wendende Tiber!

Stolze Prunksucht türmte dich einst, o Grabmal,
Als vor zwei'n Jahrtausenden hier Augustus
Sich der Welt aufdrang, der erschreckten durch die
    Leiche des Cäsar.

Rom jedoch, kaum neigte dem Untergang sich's,
Als das Saatkorn neuer Gewalt gesät ward;
Denn es schuf hier jener Apostelfürst zum
    Throne den Altar.

Aber Deutschlands rauhes Geschlecht, das ehmals
Deinen Kriegsruhm, herrschendes Rom, zerstörte,
Stürmt noch einmal, stürmt, o geweihtes Rom, dein
    Heiliges Bollwerk!

Allzuschwer fast schwebte der Rachedämon
Über Roms Haupt, Rache, daß einst des frechen
Priesters Goldsteigbügel an Hohenstaufens
    Eiserne Hand klang.

Aber Rom trotzt, doppelt besiegt und doppelt
Unbesiegbar scheint es, gewöhnt an Hoheit,
Seines Dreireichs blitzende Krone wankt zwar,
    Aber sie bebt nicht.

Wehe, wer nicht spielend, ein Kind der Kirche,
Ihr im Schoß ruht! Wehe, denn jeden Tag droht
Priestermund ihm, Priestergemüt in Rom ihm
    Stete Verdammnis!

Aber huldreich gönnten sie doch des Irrtums
Söhnen gern hier eine geheime Ruhstatt,
Ja, es kühlt dein Schatten, o Bau des Cestius,
    Nordische Gräber!

Möchten hier einst meine Gebeine friedlich
Ausgestreut ruhn, ferne der kalten Heimat,
Wo zu Reif einfriert an der Lippe jeder
    Glühende Seufzer.

Gern vermißt sei neben dem Heidengrabstein,
Was so streng Rom jedem Verirrten weigert:
Jenes Jenseits, das des Apostels goldner
    Schlüssel nur auftut.

Führt mich dorthin lieber, und sei's die Hölle,
Wo der Vorwelt würdigen Seelen Raum ward,
Wo Homer singt oder der lorbeermüde
    Sophokles ausruht.

Aber schweigt jetzt, Sterbegedanken! Blüht nicht
Lebenslust rings unter dem Römervolk noch,
Einem Volk, dem zehrendes Feu'r die Lieb' ist,
    Liebe die Freundschaft?

Daure, Herz, ausdulde die Zeit des Schicksals,
Wenn auch einsam! Stimme geheim, o stimme
Deinen bergstromähnlichen, echoreichen,
    Starken Gesang an!

August von Platen (1796–1835)

Protestantischer Friedhof · Pilger und Fremdlinge

2. Oktober 1984

In den protestantischen Friedhof dürfen jeweils nicht mehr als zwölf Personen eintreten. Es ist später Sonntagvormittag, der Dreiecksschatten der Cestiuspyramide ist jetzt, Ende Oktober, sehr spitz und fällt auf die andere Seite der Friedhofsmauer. Wir warten ein paar Minuten, dann gehören wir zu den auserwählten Aposteln der nächsten Gruppe. Zwischen den Gräbern sind die Wege frisch geharkt, auf den schmalen Pfaden wächst Moos, es duftet nach Pinien- und Zypressenharz. Auf einer Bank liegt eine getigerte Katze in der Sonne.

Was für ein Friedhof! Ein Hans Barth und seine Gattin Ida, geborene Lamparter, haben sich auf ihren Stein meißeln lassen: „Rom / du bist eine Welt", und auf die entgegengesetzte Seite: „Wir sind Pilger und Fremdlinge." Ja, hier hat alles seine Ordnung, und eins steht zum anderen in pointierter Beziehung.

August Goethes Kopf ist in Bronze gegossen, Wilhelm Waiblingers Antlitz in Stein gemeißelt, Goethes Sohn liegt unter breitblättrigen Callas, Waiblinger unter Efeu begraben. Ein wilder Rosenstrauch ist aus dem Efeu herausgewachsen, die letzte Blüte ist schon zum Holzapfel geworden. Zwei breite Marmorplatten, vom rissigen Stamm einer Zypresse getrennt, decken die Gräber zweier Freunde: rechts liegt Shelleys Herz, links Trelawnys Leib; Shelley, im Sturm vor der ligurischen Küste ertrunken, ist dreißig, Trelawny, damals im Hafen von Livorno zurückgeblieben, ist achtundachtzig geworden. In der Ecke liegt Keats, in der Mitte liegt Humboldts Sohn. Die Muse der Malerei setzt Hans von Marees den Lorbeerkranz aufs Haupt, auf dem Grab von Violet May Courth ist ein Engel gelandet, es ist ein weiblicher Engel mit bloßer Schulter, der Busen hängt vorne über das Schleiergewand, und hinten hängen die Flügel bis auf den Boden herab.

Der Schatten der Pyramide ist weitergerückt, jetzt liegt das Rasenstück an ihrer Basis in der vollen Sonne, und die Katzen räkeln sich auf den Marmorstufen.

Ludwig Harig (geb. 1927)

Wunde des Lebens

An Schiller, Rom, 27. August 1803

Ich schreibe Ihnen, lieber Freund, mit wehmütigem Herzen. Ich kann sagen, daß mich, seit ich lebe, jetzt das erste Unglück betroffen hat. Aber der erste Schlag ist auch fast der härteste, der mich je hätte treffen können. Unser ältester Knabe, Wilhelm, dessen Sie sich vielleicht dunkel erinnern, ist uns plötzlich an einem bösartigen Fieber gestorben. Das arme Kind war kaum einige Tage krank. Auf einige leichte Fieberanfälle folgte plötzlich ein heftiges Nasenbluten. Wir waren auf dem Lande, in L'Ariccia, aber zufälliger Weise hatten wir und haben noch einen deutschen Arzt bei uns, einen trefflichen Menschen, von außerordentlicher Kenntnis und Erfahrung, dem teilnehmendsten Gemüt und doch der größesten Besonnenheit und Ruhe. Dieser – er heißt Kohlrausch und ist ein Hannoveraner – tat, was er konnte, aber die Gewalt des Übels war zu heftig, und in kaum 36 Stunden lebte er nicht mehr. Sein Tod war sanft, er hatte fröhliche Phantasien, litt nicht und ahnte nichts. Er liegt jetzt bei der Pyramide am Scherbenberg, von der Ihnen Goethe erzählen kann. Ich habe mit diesem Kinde unendlich viel verloren. Unter allen, die ich habe, war er am liebsten um mich; er verließ mich fast nie; vorzüglich in den letzten Monaten beschäftigte ich mich regelmäßig mit ihm; er ging immer mit mir spazieren; er fragte nach allem; er kannte die meisten Örter, die meisten Ruinen; er war bei jedermann beliebt, weil er mit jedem, und jetzt schon recht gut, italienisch sprach. Das ist nun alles dahin, und wohin? gegangen. Dieser Tod hat mir auf der einen Seite alle Sicherheit des Lebens genommen. Ich vertraue nicht meinem Glück, nicht dem Schicksal, nicht der Kraft der Dinge mehr. Wenn dies rasche, blühende, kraftvolle Leben so auf einmal untergehen konnte, was ist dann noch gewiß? Und auf der anderen habe ich wieder auf einmal so eine unendliche Sicherheit mehr gewonnen. Ich habe den Tod nie gefürchtet und nie kindisch am Leben gehangen, aber wenn man ein Wesen tot hat, das man liebte, so ist die Empfindung durchaus verschieden. Man glaubt sich einheimisch in zwei Welten.

Ich muß es ewig wiederholen: Dies Kind war mir so tief in die Seele
gewachsen, daß ich ganze Spaziergänge, halbe Nächte lang alles, was
ich von ihm weiß, zurückrufen und dabei unendlich genießen kann.
Je länger wir ihn verloren haben, desto tiefer werden mir diese Gefühle; bloß, das Streben, alles, was man noch von ihm zu sehen, zu
hören glaubt, recht fest zu halten, ermüdet und spannt ab. Sonst
sind diese Erinnerungen himmlisch, und ich kenne nichts, das an
ihre Freude grenzt. Von jeher war es so in mir. Wenn ich in Burgör-
ner ein paar Tage bei Dir gewesen war und nun wieder alleine sein
mußte, mit nichts auf Erden hätte ich den stillen Genuß vertauscht.
Und so ist es mir jetzt. Manchmal kann ich kaum sagen, daß mich
sein Tod schmerzt. Er ist so leicht, so fröhlich hingegangen. Im
Leben ist so vieles, was uns abstumpft und verderbt. Er ist vorüber-
geglitten, und sein Bild hat er rein und ungetrübt gelassen. Aber
manchmal wieder ergreift mich auch ein recht eigentlich physisch
wehetuender Schmerz. Neulich ging ich, es ist schon eine Zeit, über
den spanischen Platz und sah Reiter, die hier Künste machen, über
den Platz reiten. Es waren ein paar Knaben auf kleinen Pferden
dabei. Es fiel mir nun so vorübergehend ein: Wenn Wilhelm doch
die sähe! Und es ergriff mich so, daß ich in die Villa Medicis gehen
mußte und lang dableiben. Der Ort fesselte mich so. Ich war immer
da, gerade die nächsten Tage nach seinem Tode, und ich erinnere
mich ewig, wie mich schauderte, als ich zufällig den kleinen Berg
hinaufstieg und den Monte Cavo sah.

Ich habe mich so gehen lassen, davon zu schreiben, liebe Li. Wenn
ich täte, wie ich möchte, schriebe ich, spräche ich selten von etwas
anderem, und es hat mich oft geschmerzt den Winter, daß aus Schonung für Theodor, für Kohlrauschens Besorgnisse, der arme Wilhelm fast aus unseren Gesprächen verbannt war. Du bist stark und
bist nicht so, das weiß ich: Dich und mich wird der Gedanke an den
Verlust nur spornen und stärken. Mich hat er recht eigentlich ge-
stählt. Es heißt mit rascher Hand in die Wunde des Lebens greifen,
wenn man so einen Verlust ganz fühlt, und wund ist immer auch
das glücklichste Leben. Wenn es nicht schmerzen soll, will es nur
halb berührt sein. Es ist nicht, daß man litte, aber daß man sehen
muß, daß das Schönste getrübt ist, daß man es auch mit dem besten

Willen nur immer halb genießt, daß man von allen göttlichen unendlichen Gestalten nur Schatten sieht und nur Schatten ist, das ist
das Entsetzliche.

Wilhelm von Humboldt (1767–1835)

Shelleys Grab

Verlohten Fackeln gleich am Bett des Kranken
Stehn Thujen um den sonngebleichten Stein;
Hier nistet sich der kleine Nachtkauz ein,
Lazerten huschen hier, die gold'gen, schlanken.

Und wo die brennendroten Mohne schwanken,
Lauert im Schoße wohl der Pyramide,
Daß nie gestört wird dieser Totenfriede,
Eine antike Sphinx mit grimmen Pranken.

O süß die Rast, die dir die Erde hier,
Ewigen Schlafes große Mutter, gab,
Doch süßer wär' in blauer Grotte dir

In echovollem Grund ein rastlos Grab
Oder wo in der dunklen Nacht die Schiffe
An Felsen scheitern flutzerspellter Riffe.

Oscar Wilde (1854–1900)

Caracallathermen
Menschenwerk, in Natur verwandelt

Am Ende einer langen Reihe von Gassen, weißen Mauern und öden
Gärten taucht die große Ruine auf. Ihre Form läßt sich mit nichts
vergleichen, und die Linie, welche sie auf den Himmel zeichnet, ist
einzig. Weder die Berge, noch die Hügel, noch die Gebäude, noch die
Werke der Natur, noch die der Menschen geben eine Vorstellung
von ihr, sie ähnelt allem diesem: sie ist ein menschliches Werk, wel-

ches Zeit und Zufälle verändert und gewandelt haben, bis es natürlich wurde.

Man tritt ein, und es scheint einem, daß man niemals etwas so Großes auf der Welt gesehen hat, selbst das Kolosseum kommt dem nicht nah, so sehr steigert die Vielfältigkeit und Unregelmäßigkeit der Trümmer noch die Riesenhaftigkeit der riesenhaften Umrandung. Vor diesen Bergen verrosteter und zernagter Ziegel, diesen runden Wölbungen, welche wie die Bogen einer Brücke aufragen, und diesen zusammenstürzenden Dämmen fragt man sich, ob denn dort eine ganze Stadt gestanden hat. Oft ist eine Wölbung eingestürzt, und die ungeheure Grundmauer, welche sie trug, ragt noch in die Luft mit dem Rest einer Treppe und dem Stück eines Bogens, das dick wie ein Haus und mächtig und ungestalt ist. Manchmal ist auch die Wölbung in der Mitte gespalten, und es sieht aus, als wolle eine Ecke sich ablösen und wie ein Felsen herabrollen, Mauerwände und zusammengedrückte Bogentrümmer kleben daran, und Vorsprünge, welche in die leere Luft überhängen, drohen. Die Höfe sind voller Trümmer und die Ziegelstücke sind unter dem Druck der Zeit ebenso holprig ineinander gewachsen, wie die vom Meere aufgehäuften Kieselblöcke. An anderen Stellen stehen die unversehrten Bogen einer über dem anderen, der von ihrer Krümmung durchschnittene Himmel leuchtet hinter ihnen, und ganz oben auf dem matten Rot der Ziegel schillern und schaukeln die grünenden Ranken der Pflanzen inmitten des Himmelsblaus.

Man steigt, ich weiß nicht wieviele Stockwerke hinauf, und auf dem Gipfel findet man das Pflaster der oberen Zimmer, eine Täfelung aus kleinen Marmorfliesen; Ginster und Kräuter haben sich in die Ritzen gesetzt und sprengen sie, manchmal sieht man unter der Erdkruste ein unversehrtes, fast frisches Stück des Mosaiks durchschimmern. Hier standen einst sechzehnhundert Sitze aus geglättetem Marmor. In den Thermen des Diokletian war Platz für dreitausendzweihundert Badende. Wenn man von dieser Höhe aus um sich blickt, sieht man die Ebene bis ins Unabsehbare hinein von alten Wasserleitungen durchzogen und auf der Seite des Monte Albano drei andere mächtige Ruinen und einen Haufen geschwärzter oder rötlicher Arkaden, welche von den Jahrhunderten zerspalten, zerstückelt und zerbröckelt sind.

Man steigt wieder hinunter und schaut noch einmal: der Saal, in welchem sich das Badebassin befand, mißt hundertundzwanzig Schritt in der Länge, der Saal, in dem man sich entkleidete, ist achtzig Fuß hoch, und alles war mit Marmor bekleidet, und dieser Marmor ist so schön, daß man aus seinen Überbleibseln Kaminschmuckstücke herstellt; im sechzehnten Jahrhundert hat man den Herkules Farnese, den belvederischen Torso, die Venus Kallipygos und ich weiß nicht, wieviele andere Meisterwerke, und im siebzehnten Jahrhundert Hunderte von Bildsäulen daraus gefertigt. Es ist wahrscheinlich, daß kein Volk jemals die Annehmlichkeiten, die Zerstreuungen und vor allem die Schönheiten wieder finden wird, welche die Römer in Rom hatten.

Hippolyte Taine (1828–1893)

TIBER UND TIBERINSEL

Tiberwasser, sehr gesund zu trinken

Der berümte Fluß / Tyber genannt /entspringt im Apenninischen Gebürg: ist anfangs sehr klein/wirt aber durch zwen und vierzig Flüß gemehrt/unnd Schiffreich gemacht: falt bey der Statt unnd Port Ostien / ins Tuscanisch oder Undermeer / von dannen auch die Schiff / biß gehn Rom / nicht ohne sondere komligkeit der Statt / hinauff-fahren. Hat erstlich Albula geheissen / nachmahls aber von König Tybernio / so darinn ertruncken / Tyber genannt worden: ist gemeinlich trüb und leimfarb / laufft unversehens sehr an / und thut mehrmahlen grossen schaden: ist etwan uber die Engelbruck geloffen / unnd hat die nehst gelegenen Gassen / mit eynwerffen vieler gebäwen / und grossem verderben vieler leuten / uberschwemmet / wie noch heutiges tages daselbst / an dem Castell / und an anderen gemerckzeichen / mit verwunderung zu sehen. Ist sehr gesund zu trincken / und behalt sich lange zeit / ohn einiche corruption / uund bösen geschmackt / welches dann nicht wegen des Schwäfels und Alauns / wie etlich zu Rom vermeinen / sondern wegen des Sandts geschicht / so darinn ist vermischt.

Bapst Paulus der Dritt / hat dieß Wasser so hoch gehalten / daß er davon nicht nur zu Rom / in seiner ordentlichen Hoffhaltung / getruncken / sondern auch dasselbe / mit sich gehn Loreto / auff der Walfahrt / Bononia / Nizza (da er Anno Christi / tausent fünffhundert acht und dreissig / mit Keiser Carolo dem Fünfften / und König Francisco dem Ersten / auß Franckreich / den neunjärigen anstand gemacht) und an andere orth / da er hingereißt / zu seiner notturfft hat hingefuhrt / dabey er sich auch jederzeit sehr wol und gesund befunden.

Johann Jacob Grasser (1579–1627)

O Natur! Natur!

Das immer noch vordringende Wasser hat die sonst den Corso bela-
gernden Bettler auf den Spanischen Platz zusammengetrieben. Da
liegen sie nun, wie ein Auswurf der Menschheit, mitten unter dem
Auswurf aus den Häusern, womit der Platz bis zum Ekel angefüllt
ist. Mit Schauder und Wehgefühl drängten wir uns durch dies Elend
und stiegen den Pinzius hinan zur Villa Medici. Dort übersahen wir
von der höchsten Gallerie das fürchterlich große Schauspiel. Wo das
Auge hinblickt, wirbelnde Fluten; die weite Campagna schien ein
Teil des Weltmeeres geworden. Wie Inseln blickten die kleinen
Hügel hervor, die Wipfel der Bäume wie schwimmendes Gesträuch.
Verschwunden waren die Weingärten, ihre Stellen bezeichneten nur
die Spitzen der Gartenhäuser. Keine Grenzwand war mehr sichtbar,
12 Fuß hohe Mauern hatte das Wellengewühl niedergestürzt. Gerät
und Trümmer von Hütten schwammen umher. Welches Elend wird
diese neue Verheerung dem bereits vorhandenen hinzufügen! Erstaunen und Schmerzgefühl wechseln in meiner Seele. Das Große
der Natur reißt zur Bewunderung hin, wenn es auch Verderben in
seinem Gefolge hat. Der umfangende Himmel spiegelte sich in der
unendlichen Flut, aus welcher die entfernten Gebirge mit ihren
schneebeglänzten Häuptern emporzusteigen schienen.

Wir verließen den tief erschütternden, aber dennoch fesselnden
Anblick, um das ebenfalls im Wasser stehende Pantheon zu sehen.
Wir fuhren durch überschwemmte Straßen wie durch Venetiani-
sche Kanäle und gelangten auf Umwegen zu dem Platz des Tempels.
Der hohe Portikus spiegelte sich in der Wasserfläche, seine kräftigen
Granitsäulen trotzten dem gewaltigen Elemente. Wir kamen ver-
mittelst einer engen Seitengasse durch die Sakristei in das Innere
der Rotunda. – Allerfüllend waltete hier, aber still und gleichsam
besänftigt die wilde Flut. Wir standen auf der obersten Stufe des
höchsten Altares, zu welcher schon das Wasser herauftrat. Das
schauerliche Schweigen in dem Tempelraume ward nur zuweilen
durch ein leises Wellengeräusch bei neuem Andrange unterbrochen.
Prächtig spiegelte sich die hohe Wölbung auf der runden Wasserfläche ab. Wie aus der Tiefe herauf leuchtete das Bild der Kuppelöff-
nung, einem verhüllten Monde gleich, der einzige Lichtpunkt in

dieser feierlichen Dämmerung. O Natur! Natur! du Abglanz des Ewigen, der die Welten schuf und die Elemente hervorrief, wie groß bist du! Tiefer hat mich noch nie die Erscheinung irgend einer auffallenden Begebenheit durchdrungen, als dieser schauerlich erhabene Anblick. Mir war es, als hätte der Geist der Welten aus dem heiligen Tempel allen Götzendienst alter und neuer Zeit, mit ihren Fabeln und Täuschungen, hinweg geschwemmt, um ein Bild der ewigen Kraft darzustellen, welche die Werke der Menschen vereitelt, wenn sie nicht ausgehen von dem Geiste der Wahrheit.

Elisa von der Recke (1754–1833)

In gigantische Festungsmauern gesperrt

Aber der Lieblingsspaziergang Pierres wurde bald der neue Tiberkai vor der andern Fassade des Palazzo Boccanera. Er brauchte nur durch das Vicolo, das enge Gäßchen, zu gehen und gelangte an einen einsamen Ort, an dem alles ihn mit unendlichen Gedanken erfüllte. Der Kai war nicht vollendet, die Arbeiten schienen sogar vollständig im Stiche gelassen worden zu sein: es war ein ungeheurer, mit Schutt und Bausteinen angefüllter Zimmerplatz, der von halbzerbrochenen Zäunen und Werkzeugschuppen mit zusammenbrechenden Dächern durchschnitten wurde. Das Flußbett war unaufhörlich gestiegen, während fortwährende Ausgrabungen den Boden der Stadt zu beiden Seiten gesenkt hatten. Um sie daher vor Überschwemmungen zu schützen, hatte man eben das Wasser in diese gigantischen Festungsmauern gesperrt. Man hatte zu diesem Zweck die alten Ufer noch erhöhen müssen, so daß die Terrasse des kleinen Boccaneraschen Gartens unter dem Schutze ihres Portikus, mit ihrer Doppeltreppe, an der einst die Lustboote verankerten, niedriger lag und in Gefahr stand, ganz begraben zu werden und zu verschwinden, sobald die Straßenarbeiten beendigt wären. Es war noch nichts nivelliert, die herbeigeführte Erde blieb so liegen, wie die Schubkarren sie abgeladen hatten, und überall war inmitten der verlassenen Materialien nichts zu sehen als Morastlöcher und Abrutschungen. Nur armselige Kinder spielten

188

zwischen diesem Schutt, in dem der Palast versank, arbeitslose Werkleute schliefen träge in der heißen Sonne, und Frauen breiteten ihre ärmliche Wäsche auf den Kieselhaufen aus. Dennoch war es für Pierre eine glückliche Zuflucht voll sicheren Friedens und unerschöpflicher Träumereien, wenn er hier stundenlang verweilte, um den Fluß und die Kais und die Stadt gegenüber zu beiden Seiten zu betrachten.

Von acht Uhr an vergoldete die Sonne die unermeßliche Lücke mit ihrem gelben Licht. Wenn er hinüber nach links schaute, bemerkte er die fernen Dächer von Trastevere, die sich graublau, von Nebel überzogen, von dem glänzenden Himmel abhoben. Nach rechts zu bildete der Fluß jenseits des runden Chors von San Giovanni de Fiorentini einen Bogen. Die Pappeln des Heiligengeistspitals zogen über das andere Ufer ihren grünen Vorhang und ließen am Horizont das reine Profil der Engelsburg sehen. Vor allem aber konnte er die Augen nicht von dem gegenüberliegenden Ufer losreißen, denn dort war ein Stück des ganz alten Rom unversehrt geblieben. Von der Sixtusbrücke bis zur Engelsbrücke befand sich auf dem rechten Ufer der Teil der unterbrochenen Kaibauten, dessen Fertigstellung später den Fluß vollends in die schrecklichen, hohen und weißen Festungsmauern einsperren würde. Und wirklich, diese außerordentliche Heraufbeschwörung der alten Zeit, dieses mit einem ganzen Stück der alten Päpstestadt bedeckte Ufer war etwas Überraschendes und Bezauberndes. Auf der Via della Longara mußten die gleichförmigen Fassaden wohl neu angestrichen sein, aber hier blieben die Rückseiten der bis zum Wasser reichenden Häuser so, wie sie waren: rissig, gebräunt, rostbefleckt, gleich antiken Bronzen von der brennenden Sommersonne mit Patina überzogen. Was für ein Haufen, was für eine unglaubliche Menge! Unten dunkle Gewölbe, in die der Fluß eindrang, Pfahlwerk, das die Mauern stützte, Stücke römischer Bauwerke, die senkrecht hinabtauchten; dann steile, aus den Fugen geratene, grün überzogene, aus dem Ufersand aufsteigende Treppen, übereinanderliegende Terrassen, Stockwerke mit den Reihen der unregelmäßigen, aufs Geratewohl durchgebrochenen kleinen Fenster, Häuser, die sich über anderen Häusern erhoben- und das in einem ausschweifenden phantastischen Durcheinander von Balkonen, von Holzgalerien, von quer über Höfe

geschlagenen Brücken, von Baumgruppen, die aus den Dächern erblüht zu sein schienen, von Mansarden, die inmitten der rosa
Dachziegel aufgesetzt waren. Eine Traufe gegenüber floß mit lautem Geräusch aus einem abgenutzten und besudelten Steinrachen.
Überall, wo das Ufer durch das Zurücktreten der Häuser erschien,
war es mit einer wilden Vegetation, mit Unkraut, Sträuchern, mit
Efeumänteln bedeckt, die in königlichen Falten auf dem Boden
schleppten. Das Elend, der Schmerz verschwanden unter der Verklärung der Sonne. Die alten eingesunkenen, zusammengehäuften
Fassaden wurden zu Gold, die in den Fenstern trocknende Wäsche
flaggte sie mit dem Purpur der roten Röcke und dem blendenden
Schneeweiß des Linnens. Weiter oben dagegen, über dem Viertel,
erhob sich in dem Glanze des Gestirns der Janiculus mit dem fei-
nen Profil von Sant' Onofrio, zwischen Zypressen und Pinien.

Pierre lehnte sich oft an die Brüstung der ungeheuren Kaimauer
und blieb lange dort stehen, um mit schwellendem Herzen, voll
von der Trauer der toten Jahrhunderte, den dahinfließenden Tiber
zu betrachten. Nichts hätte die große Müdigkeit dieser alten Gewässer zu schildern vermocht, nichts ihr düsteres, langsames Da-
hinfließen am Grunde dieses sie einschließenden, babylonischen
Grabens, dieser übergroßen, geraden, glatten, kahlen, in ihrer
neuen Häßlichkeit noch ganz weißlichen Gefängnismauern.

Emile Zola (1840–1902)

Äskulap rettet die Stadt

Latiums Luft war einst mit gräßlichem Gifte behaftet;
Siechtum zehrte Blut und bleichte die Leiber zum Abscheu.
Als man, müde zuletzt der Bestattungen, alle Versuche
Sterblicher eitel ersah und eitel der Heilenden Künste,
sucht man himmlische Hilf', besucht das Orakel des Phöbus,
Delphi, die Stadt inmitten der Welt, und fleht zu dem Gotte,
daß er rettenden Spruch zum Schutz in kläglicher Lage
wolle verleihn und der herrlichen Stadt Drangsale beende.
Siehe, die Stätte bebt, der Lorbeer bebt und der Köcher,

den er trägt, und es läßt sich der Dreifuß also vernehmen
aus dem inneren Raum und bewegt die ängstlichen Herzen:
„Was hier, Römer, du suchst, das hättest du näher gefunden.
An dem näheren Ort nun such es! Nicht des Apollo,
daß er lindre die Not – ihr bedürfet des Sohnes Apollos.
Auf denn, glückliche Fahrt! Herbei holt unseren Sprößling!"

Als der weise Rat den Befehl des Gottes vernommen,
forschen sie, wo sich erkor den Sitz der Phöbische Jüngling,
und sie entsenden ein Schiff, das steuere gen Epidaurus.
Da mit gebogenem Kiel alldort die Gesandten gelandet,
treten sie vor den Rat, die griechischen Väter, und bitten,
ihnen zu geben den Gott, des Näh' einstelle die Trübsal
beim ausonischen Volk: so sage verlässiger Ausspruch.
Meinungen sind geteilt; denn nicht zu versagen den Beistand
halten die einen für recht; doch andre raten, den Schirmer
dazubehalten und nicht hinauszulassen die Gottheit.
Da sie zögerten, wich das späte Licht vor der Dämm'rung,
von der Nacht war nun mit Dunkel bezogen der Erdkreis,
als im Traume du sahst, wie vor dein Lager, o Römer,
trat der Genesungsgott, genauso, wie er im Tempel
pflegt zu sein; die Linke gestützt mit ländlichem Stabe,
strich er mit der Rechten das Haar des wallenden Bartes
und er sprach aus friedlicher Brust die folgenden Worte:
„Banne die Furcht! Ich komme zu euch, verlasse mein Bildnis.
Schau die Schlange dir an, die um den Stab sich gewunden
ringelt, und merke sie wohl, daß du sie wiedererkennest:
Die soll Hülle mir sein; doch werd' ich größer erscheinen,
so viel, wie sich ziemt, wenn himmlische Leiber sich wandeln."
Es entweicht mit der Stimme der Gott; mit Gott und Stimme
weicht der Schlaf, und auf den Schlaf folgt helle der Morgen.

Als nun waren verscheucht von Aurora die lichten Gestirne,
kommen die Ersten der Stadt zaghaft zum prächtigen Tempel,
den der begehrte Gott sein nennt, und bitten ihn selber,
wo er weilen will, durch himmlische Zeichen zu künden.
Kaum war solches gesagt, als golden am stehenden Kamme,

Schlange geworden, der Gott ausstieß andeutendes Zischen
und den Altar, das Bild, die Tür in Erschütterung setzte
durch sein Nah'n, den Marmorboden, den goldenen Giebel,
mitten sodann im Tempel stand, in die Höhe gerichtet
bis zur Brust, und umher ließ gehn die funkelnden Augen.
Furchtsam bebten sie all'; wohl aber erkannte die Gottheit,
der ums würdige Haar trug schneeige Binde, der Priester.
„Seht, der Gott," so rief er, „der Gott! Ihr all in der Nähe
feiert mit Lippen und Sinn! Sei uns zu Frommen erschienen,
Schönster! Schirme das Volk, das dich zu ehren bedacht ist!"
Huldigung gibt, wer nur zugegen, dem Gott wie befohlen;
fromm spricht jeder nach des Priesters Gebet, und Äneas'
Enkel halten mit Mund und Gemüt andächtige Feier.
Ihnen nickt der Gott; den Kamm zu verlässiger Bürgschaft
regend, erhebt er Gezisch mehrmals mit schnalzender Zunge.
Alsdann schlüpft er hinab die blanken Stufen, und rückwärts
dreht er das Haupt und blickt im Gehn zum alten Altare,
zum gewohnten Haus und grüßt den einstigen Tempel.
Über den Boden sodann (den decken gestreuete Blumen)
kriecht er durch die Stadt in hoch aufbäumenden Bogen,
bis zum Hafen, der liegt im Schutz der gebogenen Molen.
Stille stand er und schien sein Geleit und der folgenden Menge
Ehrendienst mit freundlichem Blick zu entlassen. Er streckte
ruhig den Leib im ausonischen Schiff. Das spürte der Gottheit
Last, es drückte den Kiel mit Wucht die erhabene Bürde.
Froh sind Äneas' Enkel. Ein Rind erst schlachtend am Strande
machen sie los das gedrehte Tau der festlichen Barke.

Sachte fuhr vorm Winde das Schiff. Aufragend vor allen
drückt mit dem Nacken der Gott das runde Steuer und schauet
nieder in bläuliche Flut. Bei mäßigem Zephyr gelangt er
durch das Jonische Meer nach Italien, als sich des Pallas
Tochter zum sechstenmal erhob. An Lacinium, von der
Göttin Tempel berühmt, an Scylacium fährt er vorüber,
läßt Japygien dann und bleibt den amphrisischen Klippen
links mit den Rudern ferne, rechts dem celennischen Steilhang;
Kaulon vorbei und der Stadt der Narykier streichen die Ruder.

Er bezwingt den Sund, den Pelorus der Sikuler enget.
Äolus' Königshaus und Temeses Erze erstrebt er,
bald Leukosia auch und die Rosen des sonnigen Pästum;
Capri streift er sodann und das Vorgebirge Minervas
und die gesegneten Höh'n der edlen surrentischen Reben,
Stabiä, Hercules' Stadt, Parthenope, welche der Muße
pflegt, und nun das heilige Haus der Sibylle von Cumä.
Nun ist Linternum da, das Mastix zeugt, und die warmen
Quellen, Volturnus nun, der reichen Sand mit dem Strome
führt, Sinuessa, reich an schneeigen Tauben, Minturnäs
Seuchen zeugender Grund, die Amme bestattet vom Zögling
des Antiphates Haus und die sumpfumlagerte Trachas
und das circäische Land und Antiums dichtes Gestade.
Als den besegelten Kiel hier hatten gelandet die Schiffer
– hoch ging eben die See –, da löst der Gott das Geringel,
und den gewundenen Leib nachziehend in mächtigen Bogen,
kriecht er am gelben Gestade ein in den Tempel des Vaters.
Still ist die See. Da verläßt der epidaurische Gott des
göttlichen Vaters Altar, wo traute Macht ihn beherbergt,
ritzt erst an der Küste den Sand mit schlurfenden Schuppen,
schwingt sich dann am Steuer hinauf und legt auf das hohe
Hinterverdeck sein Haupt, bis er Castrum und den heil'gen
Sitz der Lavinischen Stadt erreicht, die Mündung des Tiber.
Dorthin zieht ihm entgegen das Volk, der Mütter und Väter
Menge zuhauf, sie auch, die das Feuer der troischen Vesta
haben in Hut, und begrüßen den Gott mit freudigem Jubel.
Wo das eilende Schiff nun gegen die Wellen hinandrängt,
knistert das Ufer entlang auf gereihten Altären zu beiden
Seiten die Luft mit süßem Geruch vom wehenden Weihrauch,
und den jähen Stahl macht warm das getroffene Opfer.
Als zum Haupte der Welt, zur römischen Stadt sie gelangte,
richtet die Schlange sich auf, und angelehnt an den Mastbaum,
regt sie den Hals und späht umher nach günstigem Wohnsitz.
In zwei Läufe teilt sich der Strom mit fließenden Wellen
– Insel heißt die Statt –, und neben dem Land in der Mitte
Streckt er sich rechts und links mit ebenmäßigen Armen.

Dorthin wendet sich nun zu gehn die Phöbische Schlange
aus dem latinischen Kiel; in Gottesgestalt nun wieder,
endet sie die Not. So kam sie als Retter der Hauptstadt.

Ovid (43 v. Chr.–8 n. Chr.)

Ripa Grande · Segnung der Schiffe

Rom, am Pfingstsamstage (25. Mai) 1828
Nun fängt es in Rom schon tüchtig an heiß zu werden, so daß man
sich in den Mittagsstunden sehr ermattet fühlt und nur etwa gegen
Abend einen Spaziergang unternehmen kann. Mein Lieblingsspaziergang des Sonntags bei schönem Wetter ist jetzt der Stadtteil
jenseits der Tiber, Trastevere, und der römische Hafen, Ripa grande
genannt. Hierherein kommen immerwährend kleine Kauffahrer mit
fremden Weinen und anderen Produkten aus Spanien, Frankreich,
England und Malta; sie fahren bei Ostia in die Tiber herein bis nach
Rom. Dieser kleine Hafen gibt durch seine Lage und Belebtheit
einen sehr angenehmen Anblick. Gegenüber liegt auf dem mit Öl-
bäumen und Orangen schön bewachsenen Monte Aventino das reizende Kloster S. Sabina, in der Verlängerung der Tiber sieht man
den Monte Testaccio und die Pyramide des Cajus Cestius, weiterhin
die Ruine der Paulskirche, und auf der andern Seite hin zieht sich
der Janiculus mit seinen schönen Villen, Klöstern und Kirchen, die
gar munter aus dem vielfarbigen Grün heraussehen. Der ziemlich
stattliche Wald von Masten und bunten Wimpeln und Flaggen,
sowie das Treiben des Schiffsvolks auf dem großen mit alten Bäumen bepflanzten Platze, gibt dem Ganzen etwas sehr Heiteres. Die
Schiffe, die des Samstags angekommen, sowohl als die, welche
Montags wieder zur See gehen, halten des Sonntags Rasttag. Die
Mannschaft der letzteren beichtet und kommuniziert an diesem
Tage in einem kleinen Kirchlein an der Tiber, Maria del buon viag-
gio (Maria von der guten Reise) genannt. Ab Abend des Tags geht
dann die ganze Schar aus der Kirche in Begleitung eines Priesters in
Prozession nach dem Hafen, die beiden ältesten Marinari tragen
zwei Fahnen voraus, worauf Petrus und Paulus als die Schutzpatro-

ne der Schiffenden und Maria als Stern der Meere und Retterin in Sturm und Schiffbruch gemalt sind. Wenn der Zug (gewöhnlich einige Hundert an der Zahl und aus vielen Nationen) betend und singend im Hafen angekommen ist, so segnet der Priester die abgehenden Fahrzeuge, und die Prozession geht wieder nach der Kirche zurück, von wo aus dann jeder einzelne nach seinem Schiffe sich begibt und von jedem Vorübergehenden eine glückliche Reise und Madonna zur Begleiterin gewünscht bekommt.

Joseph von Führich (1800–1876)

TRASTEVERE UND GIANICOLO

Unmittelbares Leben

Im Mittelalter bestand das verfallene Rom zeitweilig aus mehreren, durch Wüsteneien voneinander getrennten Siedlungen, in denen sich etwas wie ein eigenes Ortsbewußtsein entwickelte. Spuren davon haben sich erhalten. Insbesondere die Bewohner von Trastevere gelten in mancher Hinsicht auch heute noch für eine der gesamtrömischen Bevölkerung nicht eingeschmolzene Sondergruppe; hier wird eine eigene Mundart gesprochen, und man rühmt sich gern einer reinblütigen Abstammung von den Römern der Vorzeit. Trastevere ist das Stadtviertel, das den bunten, wilden, wimmelnden Geist des Südens am ursprünglichsten aushaucht, oft schon an Neapel erinnernd. Nirgends in Rom flattert die Wäsche so lustig wie hier, oben an den Häusern und quer über die engen Gassen. Trastevere ist malerisch, laut, volkstümlich. Dem pedantischen Sinne des Nordländers mag es schmutzig erscheinen; aber das ungebrochene, animalische Leben ist nicht sauber, es kennt keinen Reinlichkeits- und Ordnungsfanatismus, und die Hygiene bezeugt, daß schon die Erwägung über den Instinkt triumphierte. Auf den Straßen türmen sich die Abfälle, um die Katzen und Hühner sich bemühen. Die Hühner picken in den Fugen zwischen dem Pflaster; es kommt auch vor, daß die Bewohner einfach ein paar Pflastersteine entfernt haben, um ihren Hühnern die Pickfreiheit zu sichern. Daneben dominieren hier die Hunde mehr als in anderen Vierteln, Geschöpfe von allen erdenklichen Farben, Größen und Beschaffenheiten; auch der erfahrenste Hundefreund wäre verlegen, wenn er Hypothesen über ihre Entstehung aufstellen sollte. Dem Spaziergänger kann es geschehen, daß, aus dem Fenster eines vielgeschossigen Hauses geworfen, plötzlich ein toter Kanarienvogel, ein abgenagter Knochen, ein leerer Maiskolben, ein angefaulter Kohlstrunk klatschend neben ihm zu Boden fällt und ihn seinen Gedanken entreißt. Er soll sich glücklich schätzen, daß er ungetroffen blieb, und sich im übrigen sagen, es sei doch das Natürlichste von der Welt, daß man Dinge, die einem in der Wohnung lästig werden, aus dem Fenster wirft. Oft wiederholte trasteverinische Spaziergänge werden ihn in solchen Auffassungen fördern.

Die volkstümliche Lebensunmittelbarkeit ist nicht das einzige Element, das Trastevere so aller Zuneigung wert macht. Die Lage zwischen dem Fluß und der grünen Höhe des Gianicolo, die uralten Kirchen Santa Maria in Trastevere, Santa Cecilia, San Crisogono, die Paläste landsitzartigen Charakters heben es seit alters über den Rang einer reizvollen Vorstadt hinaus und fügen die Note einer gelassen verwitternden Herrlichkeit hinzu. Papst Julius II. verband Trastevere durch eine gerade Straße, die Lungara, mit dem Borgo. Die Lungara führt von Tor zu Tor, von der Porta Settimiana im Süden, deren Errichtung dem Septimius Severus zugeschrieben wird, bis zur ernsten, unvollendeten Porta Santo Spirito im Norden, die zu den Befestigungsbauten der Renaissancezeit gehört. Die Straße läuft dem Tiber parallel, freilich ohne seinen Windungen zu folgen, und ist heute in ihrem nördlichen Teil nur einseitig bebaut, denn die Häuserzeile der Wasserseite ist mitsamt den zum Fluß hinabreichenden Gärten der Tiberregulierung zum Opfer gefallen. Mit vielen älteren Straßen teilt sie das belebende, gegensätzliche Miteinander von noblen Repräsentationsbauten und kleinbürgerlich-mannigfaltigem Daseinstreiben.

Werner Bergengruen (1892–1964)

Die heilige Cäcilia

Seit ich zum ersten Male hier geweilt, war mir die Geschichte unvergeßlich geblieben, wie sie zu ihrer letzten Ruhestatt hergefunden. Der Papst Paschalis, so wird berichtet, der zu Lebzeiten Karls des Großen auf dem Stuhle Petri saß, hatte in den Katakomben vergeblich nach ihrem Sarkophage gesucht. Ein paar Jahre danach jedoch, eines Morgens, während sie ihm die Vigilien sangen, habe er auf seinem Thronsessel eines kleinen Schlummers genossen. Da sei ihm Cäcilia erschienen, um ihm anzuvertrauen, daß er sie damals um ein Haar gefunden hätte. So nahe sei er ihr gekommen, daß sie von Mund zu Munde miteinander hätten sprechen können. Sogleich wäre der Papst vom Schlummer aufgestanden und habe aufs Neue in den Grüften vor der Stadt nach dem Leibe der Heiligen geforscht und ihn jetzt auch wirklich entdeckt. In ihrem Sarge fand er sie, mit zur Erde gewandtem Angesicht auf der Seite liegend, in goldgesticktem Kleid, zu Füßen die blutgetränkten Tücher, wie man sie nach der Hinrichtung aufgebahrt. In dieser Haltung sei sie dann auf dem marmornen Boden des Totenschreines in die Kirche jenseits des Tibers getragen worden.

Rubens aber ist schon ein junger Mann gewesen, und Shakespeare sann über seinen Dramen, als man, achthundert Jahre hernach, den Sarg abermals öffnete. Es geschah in der Gegenwart bedeutender Gelehrter, deren Namen überliefert sind. Da lag sie noch, wie sie damals gelegen, in ihren goldenen Kleidern, zu Füßen die Tücher, an deren einem man noch einen Splitter von ihrem Haupte fand. Und so barg die Gruft in der Krypta nun wohl noch immer, was so viele Jahrhunderte einmal nicht hatten Staub werden lassen, Scherben des lieblichen Gefäßes einer tapferen Seele, Haupt, Gebein und goldenes Kleid, und das Linnen schwarz von ihrem Blut.

Paul Alverdes (1897–1979)

Die Klage der Baggermaschine

Nur das Lieben, nur das Kennen
zählt, und nicht: geliebt, und nicht:
gekannt zu haben. Beklemmend ist's,

von verbrauchter Liebe zu leben.
Die Seele wächst nicht mehr.
Im warmen Zauber der Nacht,

die hier unten, am Knie des Flusses,
im schläfrigen, lichtergesprenkelten
Traumbild der Stadt, noch von tausend

Leben zurückschallt, von Unliebe,
Rätsel und Elend der Sinne,
ist's das, was die Formen der Welt

mir unleidlich macht, die bis gestern
den Grund meines Daseins bedeuteten.
Müde, gelangweilt, geh ich nach Haus

über schwärzliche Marktplätze, traurige Straßen
am Hafen des Flusses, vorbei an Baracken
und Lagerhallen, die sich mit letzten

Wiesen vermischen. Tödlich ist dort
die Stille: doch unten, im Viale Marconi,
am Bahnhof Trastevere, scheint der Abend

noch lieblich. Auf leichten Motorrädern
kehren die Jungen in die heimischen Viertel
und Vororte zurück- in Arbeiterkleidung

und schlechten Hosen, von festlicher Freude
getrieben, den Freund auf dem Sozius,
lachend und schmutzig. Mit Stimmen,

die hell durch die Nacht schallen, schwätzen,
schon stehend, die letzten Gäste
in den noch lichten, schon halbleeren Kneipen.

Wundervolle und elende Stadt,
die du mich lehrtest, was fröhlich und wild
die Menschen als Kinder erlernen,

die kleinen Dinge, in denen die Größe
des Lebens sich friedlich entdeckt,
wie: schnell und bestimmt durchs Gedränge

der Straßen zu gehen, ohne zu zittern
mit anderen Menschen zu sprechen,
ohne viel Scham das Geld anzusehen,

das mit trägen Fingern der Schaffner abzählt,
schwitzend vor den ziehenden Fassaden
in den ewigen Farben des Sommers.

Sich zu verteidigen, beleidigen, die Welt
vor Augen zu haben und nicht nur
im Herzen, begreifen,

daß wenige nur die Leidenschaft kennen,
in der ich stets lebte: daß diese
mir nicht verwandt sind und dennoch

Brüder im Kennen der Leidenschaft,
Menschen, die fröhlich, bewußtlos
und ganz aus Erfahrungen leben,

die mir nicht bekannt sind.
Wundervolle und elende Stadt,
die du mich dies unbekannte Leben

erfahren ließest: bis dorthin,
daß du mir entdecktest,
daß jeder für sich eine Welt war.

Ein sterbender Mond scheint bleich in der Stille,
die ganz von ihm lebt, auf gewaltsamen
Glanz, der erbärmlich die leblose Stätte,

die prächtigen Straßen, die uralten Gassen
blendet und lichtlos in dünnem
und warmem Gewölk zurückscheinen läßt,

wie überall auf dieser Welt.
Dies ist die schönste Nacht des Sommers.
Trastevere, im Duft von Stroh

aus alten Ställen und von leeren
Tavernen, schläft noch nicht.
Die dunklen Winkel, die friedlichen Mauern

hallen im lärmenden Zauber.
Männer, alte und junge, kehren nach Hause
– unter nun leeren Girlanden von Licht –

in ihre Gassen, die von Unrat und Dunkel
verstopft sind, im milden Schritt,
der mir die Seele erfüllte,

als ich wahrlich liebte,
wahrlich verstehen wollte.
Und wie damals entschwinden sie singend.

Pier Paolo Pasolini (1922–1975)

Blick auf Rom

Ach, mit wie zärtlichen und feurigen Augen betrachtete er sein
Rom, das Rom seines Buches, das neue Rom, von dem er träumte!
Wenn ihn anfangs in der etwas verschleierten Milde des wunder-
baren Morgens bloß das Gesamtbild gepackt hatte, so vermochte er
jetzt schon Einzelheiten zu unterscheiden. Mit kindlicher Freude erkannte er alle Monumente; er hatte sie lange genug auf Plänen und
in photographischen Sammlungen studiert. Dort, zu seinen Füßen,
am Grunde des Janiculus, breitete sich Trastevere aus, das Chaos seiner alten, rötlichen Häuser, deren sonnverbrannte Dächer den Lauf
des Tiber verbargen. Das flache Aussehen der Stadt überraschte ihn
etwas. Von der Höhe der Terrasse, aus der Vogelperspektive gesehen, sah sie fast eben aus; die sieben berühmten Hügel bildeten nur

schwache Wölbungen, eine fast unmerkliche Schlagwelle in dem breiten Meer der Fassaden. Ja, das da unten, rechts, in dunklem Lila von der bläulichen Ferne der Albanerberge abstechend, das war der Aventin mit seinen drei unter Laubwerk halbversteckten Kirchen. Da war auch der entkrönte Palatin, den eine Reihe von Zypressen wie eine schwarze Franse begrenzte. Dahinter lag der Caelius; man sah von ihm nichts als die vom Goldstaub der Sonne entfärbten Bäume der Villa Mattei. Gegenüber, ganz in der Ferne, am andern Ende der Stadt, bezeichneten der schlanke Turm und die beiden kleinen Kuppeln von Santa Maria Maggiore den Gipfel des Esquilin. Auf der Spitze des benachbarten Viminal bemerkte er jedoch nichts als ein in Licht gebadetes Gewirr von weißlichen, mit dünnen braunen Streifen durchzogenen Blöcken, etwas wie einen verlassenen Steinbruch; zweifellos waren das Neubauten. Lange spähte er nach dem Kapitol aus, ohne es entdecken zu können. Er suchte sich zu orientieren und redete sich zuletzt ein, daß er ganz deutlich den Campanile sehe, da unten, vor Santa Maria Maggiore, diesen viereckigen Turm, der so bescheiden aussah, daß er sich inmitten der umgebenden Dächer verlor. Links kam dann der Quirinal; er erkannte ihn an der langen Fassade des königlichen Palastes, die der einer Kaserne oder eines Hotels glich, von einem harten Gelb, flach und von unzähligen, regelmäßigen Fenstern durchlöchert. Als er sich jedoch dann vollends umdrehte, ließ ihn ein plötzlicher Anblick erstarren. Vor der Stadt, über den Bäumen des Corsinigartens erschien der Dom von Sankt Peter. Er schien auf dem Grün zu ruhen und sah bei dem reinen, blauen Himmel selbst so zart himmelblau aus, daß er sich mit dem unendlichen Azur vermischte. Die Steinlaterne, die ihn krönt, schien weiß und leuchtend in der Luft zu hängen.

Pierre konnte sich nicht satt sehen. Seine Blicke schweiften unaufhörlich von einem Ende des Horizontes zum andern. Er betrachtete lange die edlen Zacken, die stolze Anmut der mit Städten besäten Sabiner- und Albanergebirge, deren Gürtel den Horizont abschloß. Kahl und majestätisch, gleich einer toten Wüste, und seegrün wie ein stehendes Meer breitete sich die ungeheure römische Campagna aus. Zuletzt unterschied er den niedrigen, runden Turm des Grabes der Cäcilia Metella, hinter dem eine dünne, weiße Linie die antike Via Appia bezeichnete. Trümmer von Wasserleitungen bestreuten den Rasen mit dem Staube zusammengebrochener Welten. Seine Blicke schweiften wieder zurück – und da war wieder die Stadt, das Durcheinander der Gebäude, wie das Auge eben darauf fiel. Hier, ganz in der Nähe erkannte er an der dem Strom zugekehrten Loggia den ungeheuren, rotgelben Würfel des Palastes Farnese. Jene niedrige, kaum sichtbare Kuppel mußte das Pantheon sein. Dann erkannte er, die Entfernungen mit dem Blick jäh überspringend, die frisch geweißten Mauern von San Paolo fuori le Mura, die den Mauern einer riesigen Scheune glichen, dann die Statuen, die San Giovanni in Laterano krönen. Sie erschienen aus der Ferne winzig, kaum insektengroß. Dann kamen die unzähligen Dome, der von del Gesù, der von San Carlo, der von Sant' Andrea della Valle, der von San Giovanni de Fiorentini, hernach noch so viele andere, von Erinnerungen erfüllte Gebäude: die Engelsburg mit ihrer funkelnden Statue, die Villa Medici, die die ganze Stadt beherrschte, die Terrasse des Pincio, wo zwischen seltenen Bäumen weiße Marmorgruppen leuchteten, und in der Ferne die tiefen Schatten der Villa Borghese, mit ihren grünen Höhen den Horizont abschließend. Vergebens suchte er das Kolosseum, obwohl ein leichter Nordwind sich erhoben hatte und den Morgennebel zu zerstreuen begann. In der dunstigen Ferne zeichneten sich ganze Stadtteile kräftig ab, gleich Vorgebirgen auf einem sonnenbeschienenen Meer. Da und dort leuchtete zwischen der undeutlichen Masse der Häuser eine weiße Mauer auf; eine Reihe von Fenstern blitzte, ein Garten bildete einen schwarzen Fleck, und alles war von überraschender Farbenpracht. Das übrige, das Durcheinander der Straßen, Plätze, der auf allen Seiten zerstreuten, endlosen Häuserinseln vermischte sich und verschwamm in der lebendigen Pracht der Sonne.

Emile Zola (1840–1902)

Abgenutztes Panorama

Ich gehe besorgt unter den Touristen auf dem Gianicolo umher. Ich muß mit dem Bürgermeister sprechen, sage ich mir. Diese Touristen werden das Panorama Roms so lange betrachten, bis sie es abgenutzt haben; man muß dieses Panorama vor den ätzenden Blicken der Touristen schützen. Tausende und aber Tausende jedes Jahr. Langsam wird es abgenutzt, Tag für Tag, und zuletzt wird nichts mehr übrigbleiben. Ich trete an die kleine Mauer und sehe, daß das Panorama tatsächlich ein wenig verschwommen und abgenutzt ist. Auch die Mietfeldstecher müssen abgeschafft werden, der Bürgermeister muß eingreifen.

Luigi Malerba (geb. 1927)

Acqua Paola · Triumph des Wassers

Auf dem Platze vor St. Peter in Montorio begrüßten wir den Wasserschwall der Acqua Paola, welcher durch eines Triumphbogens Pforten und Tore in fünf Strömen ein großes verhältnismäßiges Becken bis an den Rand füllt. Durch einen von Paul V. wiederhergestellten Aquädukt macht diese Stromfülle einen Weg von fünfundzwanzig Miglien hinter dem See Bracciano her durch ein wunderliches, von abwechselnden Höhen gebotenes Zickzack bis an diesen Ort, versieht die Bedürfnisse verschiedener Mühlen und Fabriken, um sich zugleich in Trastevere zu verbreiten.

Hier nun rühmten Freunde der Baukunst den glücklichen Gedanken, diesen Wassern einen offen schaubaren triumphierenden Eintritt verschafft zu haben. Man wird durch Säulen und Bogen, durch Gesims und Attiken an jene Prachttore erinnert, wodurch ehmals kriegerische Überwinder einzutreten pflegten; hier tritt der friedlichste Ernährer mit gleicher Kraft und Gewalt ein und empfängt für die Mühen seines weiten Laufes sogleich Dank und Bewunderung. Auch sagen uns die Inschriften, daß Vorsehung und Wohltätigkeit eines Papstes aus dem Hause Borghese hier gleichsam einen ewigen ununterbrochenen stattlichen Einzug halten.

Ein kurz vorher eingetroffener Ankömmling aus dem Norden fand jedoch, man würde besser getan haben, rohe Felsen hier aufzutürmen, um diesen Fluten einen natürlichen Eintritt ans Tageslicht zu verschaffen. Man entgegnete ihm, daß dies kein Natur-, sondern ein Kunstwasser sei, dessen Ankunft man auf eine gleichartige Weise zu schmücken gar wohl berechtigt gewesen wäre.

Johann Wolfgang Goethe (1749–1832)

S. Onofrio · An Tassos Grab

2. Oktober 1828. – Heute früh gingen wir, ehe es heiß wurde, zum
Kloster Sant' Onofrio am Fuße des Janiculus. Als Tasso sein Ende
nahen fühlte, ließ er sich hierher bringen. Er hatte recht: dies ist
sicherlich eine der schönsten Stätten auf Erden, um zu sterben. Der
umfassende, herrliche Blick über Rom, die Stadt der Gräber und Erinnerungen, erleichtert gewiß den letzten schweren Schritt, den
Dingen der Welt Valet zu sagen, wenn anders er schwer ist.

Der Blick von diesem Kloster aus ist sicherlich einer der schönsten auf Erden; wir kehren von Neapel und Syrakus zurück, und es
scheint uns in diesem Augenblick nicht, daß ihm irgendein anderer
vorzuziehen sei. Wir setzten uns im Garten unter eine alte Eiche.
Hier soll Tasso, als er sein Ende nahen fühlte, gesessen haben, um
den Himmel noch einmal zu schauen (1595). Man brachte uns sein
Schreibzeug und ein eingerahmtes Sonett, das er geschrieben hat.
Mit Rührung betrachteten wir diese Zeilen voll wahrer Empfindung
und dunklem Platonismus, der damals die Philosophie der zarten
Seelen war.

Stendhal (1783–1842)

Einsame Schatten, unendliche Lust

Wahrlich, o Roma, du bist an bezauberndem Wechsel ein Wunder,
　　Nur wer dich siehet, erkennt, was du dem Glücklichen bist.
Selbst der schweigende Gott, wenn der staunende Wandrer ihn
　　fraget,
　　Deutet aufs ewige Buch, das die Geschichte sich nennt,
Denn, was der Schöpfung er ist, das ist Roma der Welt, und ihr
　　Schicksal
　　Fiel aus der Urne, wie nur Einer Kronion es gab.
Schaue die Tempel nur an, und die mächtigen Säulen, die herrlich
　　Unterm erhabenen Schutt zweier Jahrtausende stehn!
Tritt nur ins Pantheon ein, da lächelt's ins heilige Dunkel,
　　Oben voll heiterem Licht, schön wie der Himmel herab.

Und kein verwegenes Wort, das empfindende Herz nur erreicht es;
  Aber das schönste ist Rom, was mir in Rom noch gefiel.
Darum erwählet mein Herz mit deiner Pinienhügel
  Blühenden Gärten so gern, süßer Gianicolo, dich!
Und ich entwandle dem Schwarm der rauschenden Straßen am
  Abend,
  Bis dein erquickendes Bild über dem Tiber erscheint.
Dann erglüht mir das stumme Gemüt, und ich fliege dir sehnend,
  Wie der Mutter das Kind, heil'ger Onofrio, zu.
Und du labst mich mit friedlichem Grün und einsamen Schatten,
  Wo ich so selig dich einst, Kloster und Kirche, begrüßt.
Da ist Ruhe, da lispelt es kaum im zitternden Laube,
  Still, wie des Dichters Grab breitet das Plätzchen sich aus.
Da mit unendlicher Lust eil' ich ans moos'ge Gemäuer,
  Feuer und Nebel im Blick – Himmel und Roma vor mir!
Und ich knie auf die steinerne Bank, und hinunter, hinunter
  Schau' ich wie Zeus im Olymp, über die Herrliche hin.
O weß Auge das Meer nie erblickt, weß Auge nicht Rom sah,
  Der hat die Welt und in ihr auch nicht den Schöpfer gesehn.
Schweiget, ihr Worte, mir ist als erständen die Geister vom Grabe,
  Die ihr erhabenes Werk hier für die Nachwelt gebaut,
Als erbraust' ihr rauschendes Lied hoch über den Trümmern,
  Als erhübe die Zeit selber den Schicksalsgesang!
Und doch lächelt der Himmel so voll unaussprechlicher Liebe,
  Über dem blühenden Kind, über der süßen Natur,
Wie er's, das blaue Auge voll tief wollüstigem Lichte,
  Selig am Schöpfungstag einst auf die Stirne geküßt.
Sieh nur hinunter, wie hold auf dem Laub die Limonien lachen,
  Wie aus dem Lorbeergesträuch marmorne Bilder erstehn!
Wie mit unsäglicher Pracht die Villen Zypressen beschatten,
  Wie die Pinie so stolz über dem Kloster sich wölbt,
Wie der Tiber am Schattengewölb von Adrians Grabe
  Trauernd sich schlängelt und dort Berge von Häusern durchirrt!
Über der Rebe St. Peter sich türmt in den glühenden Himmel,
  Über Palästen sich dort Reihen von Kuppeln erhöhn,
Wie die gewaltigen Säulen und Obelisken sich heben
  Fern bis zu Cestius Grab, über der flammenden Stadt,

Fremd in der fremden Welt Agrippa's ernste Rotunda,
    Nero's düsterer Turm, Jupiter, dein Capitol,
Romulus Hügel und grausig die Trümmer der stolzen Cäsare,
    Furchtbar, wie Felsen, die Gott strafend mit Blitzen zerschellt;
Überall Tempel im Grün und entlang die unendlichen Gründe
    Bögen, in rosige Flut himmlisch vom Abend getaucht.
Götter, was all'? und das duft'ge Gebirg in verschämtem Erröten
    Zart und herrlich, wie nur Claud' und der Schöpfer gemalt!
O wie ein glühender Seufzer der liebenden seligen Schöpfung
    Dieser unsägliche Hauch über dem schmachtenden Bild.
Blendend die glänzenden Höhen, vom bläulichen Haupt des Sorakte,
    Dünn, wie ein schwellend Gewand, dem sich ein Busen vertraut,
Immer reiner und zärter hinab zum elysischen Tibur
    Bis wo der Cavo sich hold über Albano verklärt.
Auf in die Lüfte! welch strahlendes Meer von flutendem Golde,
    Alles unendliche Licht, Himmel, mit dem du entzückst!
Auf in die Lüfte! da fällt's mir aufs Haupt wie heiliger Wahnsinn,
    Und ich drücke das Aug' stumm mit den Händen mir zu,
Und ich lege die brennende Stirn ans kalte Gemäuer,
    Und der entfesselte Geist ringt im vergehenden All,
Und mir ist, als sänk' ich hinab in den ewigen Abgrund,
    Über mir brauste das Meer, und mich verschlänge die Nacht!

Wilhelm Waiblinger (1804–1830)

VATIKAN

Wie ward mir, Königin!

MORTIMER: Ich zählte zwanzig Jahre, Königin,
In strengen Pflichten war ich aufgewachsen,
In finsterm Haß des Papsttums aufgesäugt,
Als mich die unbezwingliche Begierde
Hinaustrieb auf das feste Land. Ich ließ
Der Puritaner dumpfe Predigtstuben,
Die Heimat hinter mir, in schnellem Lauf
Durchzog ich Frankreich, das gepriesene
Italien mit heißem Wunsche suchend.

Es war die Zeit des großen Kirchenfests,
Von Pilgerscharen wimmelten die Wege,
Bekränzt war jedes Gottesbild, es war,
Als ob die Menschheit auf der Wandrung wäre,
Wallfahrend nach dem Himmelreich – Mich selbst
Ergriff der Strom der glaubenvollen Menge,
Und riß mich in das Weichbild Roms –

Wie ward mir, Königin!
Als mir der Säulen Pracht und Siegesbogen
Entgegenstieg, des Kolosseums Herrlichkeit
Den Staunenden umfing, ein hoher Bildnergeist
In seine heitre Wunderwelt mich schloß!
Ich hatte nie der Künste Macht gefühlt.
Es haßt die Kirche, die mich auferzog,
Der Sinne Reiz, kein Abbild duldet sie,
Allein das körperlose Wort verehrend.
Wie wurde mir, als ich ins Innre nun
Der Kirchen trat, und die Musik der Himmel

Herunterstieg, und der Gestalten Fülle
Verschwenderisch aus Wand und Decke quoll,
Das Herrlichste und Höchste, gegenwärtig,
Vor den entzückten Sinnen sich bewegte,
Als ich sie selbst nun sah, die Göttlichen,
Den Gruß des Engels, die Geburt des Herrn,
Die heilge Mutter, die herabgestiegne
Dreifaltigkeit, die leuchtende Verklärung –
Als ich den Papst drauf sah in seiner Pracht
Das Hochamt halten und die Völker segnen.
O was ist Goldes, was Juwelen Schein,
Womit der Erde Könige sich schmücken!
Nur Er ist mit dem Göttlichen umgeben.
Ein wahrhaft Reich der Himmel ist sein Haus,
Denn nicht von dieser Welt sind diese Formen.

Friedrich Schiller (1759–1805)

Petersplatz · Vollendung der Kunst

Rom, 24. November. – Heute früh, als unsere Droschke die Engelsbrücke passiert hatte, erblickten wir die Peterskirche am Ende einer
schmalen Straße. Napoleon beabsichtigte, seinen Einzug in Rom
durch Ankauf und Niederlegung aller Häuser auf der linken Straßenseite zu verherrlichen. Einmal sagte er, dieses Dekret solle von
seinem Sohn unterzeichnet werden; doch die Welt ist in ihren
Schneckengang zurückgesunken, und das konstitutionelle Regime
ist viel zu vernünftig, um je eine so unsinnige Ausgabe zu machen.
  Wir fuhren durch die enge Straße, die Alexander VI. angelegt hat,
und gelangten zur Piazza Rusticucci, auf der jeden Mittag die päpstliche Wachtparade mit schallender Musik und Trommelgerassel auf-
zieht, ohne je Tritt zu halten Dieser Platz öffnet sich auf die gewaltige, ovale Kolonnade des Petersplatzes, die so prächtig auf den
schönsten Tempel der Christenheit vorbereitet. Rechts über dieser
Kolonnade erblickt man den hochragenden Vatikanspalast; für die
Wirkung der Peterskirche wäre es besser, er fehlte.

Der Platz zwischen den beiden Halbkreisen der berninischen Kolonnade ist nach meinem Geschmack der schönste der Welt: in der Mitte der große ägyptische Obelisk, den Sixtus V. hierher versetzen ließ, rechts und links die ewig sprudelnden großen Fontänen, deren Wasser in breiter Garbe emporsteigt und in die mächtigen Granitschalen fällt. Dieses ruhige, beständige Rauschen, das von den Kolonnaden widerhallt, stimmt zur Träumerei und bereitet wunderbar auf die Peterskirche vor, entgeht aber den Besuchern, die im Wagen ankommen. Man muß an der Piazza Rusticucci aussteigen!

Die beiden Fontänen schmücken diesen herrlichen Platz, ohne seiner Majestät Abbruch zu tun. Es ist ganz einfach die Vollendung der Kunst. Etwas mehr Schmuck, und das Majestätische litte darunter; etwas weniger, und der Platz wäre kahl. Diese wunderbare Wirkung verdankt man dem Cavaliere Bernini, dessen Meisterwerk die Kolonnaden sind. Alexander VII. gebührt der Ruhm, sie errichtet zu haben. Das gemeine Volk sagte, sie würden die Peterskirche verderben.

Stendhal (1783–1842)

Peterskirche · Bild des Unendlichen

Jetzt zeigte sich ihnen die Peterskirche, das größte aller Gebäude, die Menschen jemals errichtet haben; denn selbst die Pyramiden Ägyptens erreichen ihre Höhe nicht. „Ich hätte Ihnen vielleicht unser schönstes Gebäude zuletzt zeigen sollen", sagte Corinna, „aber das ist nicht meine Art. Um das Gefühl für die Schönheiten der Kunst zu wecken, muß man, glaube ich, mit den Gegenständen anfangen, die eine gewaltige und tiefe Bewunderung erregen. Ist dieses Gefühl erst vorhanden, so öffnet sich uns gleichsam eine neue Welt von Ideen, und macht uns nachher fähiger, alles zu lieben und zu beurteilen, was auch in einer niederen Gattung dennoch jenen ersten Eindruck von neuem hervorruft. Alle die Abstufungen, die methodischen und abgemessenen Vorbereitungen eines großen Gefühls sind nicht nach meinem Sinn. Man gelangt nicht stufenweise zum Erhabenen; durch eine unendliche Kluft wird es sogar von dem noch geschieden, was nur schön ist." Ein seltsames Gefühl ergriff

Oswald beim Anblick der Peterskirche. Es war das erstemal, daß ein Werk der Menschen auf ihn wirkte wie die Wunder der Natur. Es ist das einzige Kunstwerk unsrer jetzigen Erde, das dieselbe Art von Größe hat, welche sonst nur den unmittelbaren Werken des Schöpfers eigen ist. Corinna freute sich an Oswalds Staunen. (…)

„Verweilen Sie", sagte Corinna zu Lord Nelvil, als er schon unter dem Portikus der Kirche stand, „noch einen Augenblick hier, ehe wir den Vorhang aufheben, der die Tür der Kirche bedeckt. Klopft Ihnen das Herz nicht bei der Annäherung an das Heiligtum? Und fühlen Sie nicht, da wir im Begriff stehen hereinzutreten, alles, was man bei der Erwartung einer feierlichen Handlung empfinden würde?" Corinna hob selbst den Vorhang auf und hielt ihn, um Lord Nelvin hindurchgehen zu lassen; sie hatte in dieser Stellung so viel Anmut, daß Oswalds erster Blick auf sie fiel, und einige Augenblicke lang konnte er ihn nicht von ihr wenden. Gleichwohl trat er weiter in die Kirche hinein, und das Gefühl, das ihn unter diesen ungeheuren Gewölben ergriff, war so tief und so ernst, daß die Liebe selbst nicht mehr hinreichend war, um seine Seele ganz zu erfüllen. Er ging langsam an Corinnas Seite; beide schwiegen. Alles lädt hier zum Stillschweigen ein; das geringste Geräusch hallt so weit nach, daß keine Worte würdig genug scheinen, auf solche Weise in dieser fast ewigen Behausung wiederholt zu werden! Das Gebet allein, der Laut der Klage, mag er sich mit noch so schwacher Stimme erheben, erweckt in dieser erhabenen Umgebung eine tiefe Rührung. Und wenn man unter diesen hohen Hallen von weitem einen Greis kommen hört, dessen zitternde Schritte sich auf dem Marmorboden fortschleppen, der schon von so vielen Tränen benetzt wurde, dann fühlt man, daß der Mensch durch die Gebrechlichkeit seines Wesens selbst, die seine göttliche Seele so vielen Leiden preisgibt, so hoch steht, und daß das Christentum, die Religion des Schmerzes, das wahre Geheimnis der Wanderschaft des Menschen auf Erden enthält.

Corinna unterbrach Oswalds Träumerei und sagte zu ihm: „Sie haben gotische Kirchen in England und in Deutschland gesehen, und Sie werden ohne Zweifel bemerkt haben, daß ihr Charakter keineswegs so heiter ist wie der dieser Kirche. Der Katholizismus hat in den nördlichen Ländern einen tieferen Ernst; der unsre spricht durch sinnliche Gegenstände zur Einbildungskraft. Michelangelo sagte, als er die Kuppel des Pantheons erblickte: 'Ich will sie in die Luft stellen'; und in der Tat ist St. Peter ein Tempel, der sich auf einer Kirche erhebt. In dem Eindruck, den das Innere dieses Gebäudes auf die Einbildungskraft macht, findet eine gewisse Vermählung des Altertums mit der christlichen Religion statt. Ich gehe oft hierher, um die Heiterkeit wiederzugewinnen, die meine Seele bisweilen verliert. Der Anblick eines solchen Gebäudes ist wie eine nie endende, festgehaltene Musik, die immer bereit ist, wohltätig auf uns zu wirken, sooft wir uns ihr nähern; und ohne Zweifel müssen wir die Geduld und den uneigennützigen Mut der Kirchenfürsten, welche hundertundfünfzig Jahre lang so viel Geld und so viel Arbeit auf die Vollendung eines Gebäudes verwandt haben, an dem die, welche es erbauten, sich nicht mehr selbst zu erfreuen hoffen durften, mit unter die Ansprüche zählen, die unsre Nation auf Unsterblichkeit machen darf. Das heißt die öffentliche Tugend befördern, wenn man einem Volke ein Denkmal gibt, welches das Sinnbild so vieler großer und erhabener Gedanken ist." – „Ja", sagte Oswald, „die Kunst hat hier etwas Großes; Einbildungskraft und Erfindung sind voller Genie; aber die Würde des Menschen selbst, wie wird sie aufrecht erhalten? Welche Einrichtungen und welche Schwäche in den meisten italienischen Regierungen! Und wie unterwürfig ist ihnen dennoch der Geist!" – „Andere Völker haben das Joch so gut ertragen wie wir", unterbrach ihn Corinna, „und es fehlte ihnen noch obendrein die Einbildungskraft, die uns wenigstens in Gedanken mit einer edleren Bestimmung beschäftigt.

'Servi siam si, ma servi ognor frementi – Sklaven sind wir zwar, aber Sklaven, die immer murren', sagt Alfieri, der erhabenste unsrer neuen Schriftsteller. Es ist ein so tiefes Gemüt in den Hervorbringungen unsrer Kunst, daß vielleicht eines Tages der Charakter bei uns dem Genie gleichkommt.

Betrachten Sie", fuhr Corinna fort, „diese Statuen auf den Gräbern hier; diese Mosaikbilder, genaue und treue Nachbildungen der berühmtesten Werke unsrer großen Meister. Ich kann mich selten entschließen, die Peterskirche im einzelnen durchzugehen, weil diese Mannigfaltigkeit und Menge von Schönheiten mir doch den Eindruck des Ganzen etwas stören. Aber was soll man von einem

Denkmale sagen, bei dem selbst die höchsten Meisterwerke des menschlichen Geistes als überflüssiger Zierat erscheint? Diese Kirche ist gleichsam eine Welt für sich. Man findet Schutz hier gegen Kälte und Hitze. Sie hat ihre eigenen Jahreszeiten, ihren ewig gleichen Frühling, den die äußere Luft nie ändert. Der Boden dieses Tempels bedeckt eine unterirdische Kirche, in der die Päpste und mehrere fürstliche Personen aus fremden Ländern begraben sind; die Königin Christine nach ihrer Abdankung, die Stuarts nach dem Sturz ihrer Dynastie. Rom war lange der Zufluchtsort der Verbannten aller Weltgegenden, und ist Rom heute nicht selbst entthront? Dieser Anblick kann entthronte Könige trösten.

Cadono le città, cadono i regni,
E l'uom, d'esser mortal, par che si sdegni.
Städte und Reiche versinken,
und der Mensch will zürnen, daß er sterblich sei.

Treten Sie hierher", sagte Corinna zu Lord Nelvil, „neben den Altar mitten unter der Kuppel, Sie können hier durch das eiserne Gitter die Totenkirche unter unseren Füßen sehen, und wenn Sie Ihren Kopf in die Höhe richten, werden Ihre Augen kaum den Gipfel dieses Gewölbes erreichen. Diese Höhe erregt, wenn man von unten hinaufschaut, ein Gefühl von Schrecken; es ist, als öffnete sich ein Abgrund über unserem Haupte. Alles, was ein gewisses Maß überschreitet, flößt dem beschränkten Wesen des Menschen einen unbezwinglichen Schrecken ein. Was wir kennen, ist ebenso unerklärlich wie das Unbekannte, aber wir haben uns mit dieser gewöhnlichen Unbegreiflichkeit schon vertraut gemacht, statt daß ein noch neues Geheimnis uns in Erstaunen und unsre Fähigkeiten in Verwirrung setzt. (…)
Sehen Sie, wie wenig der Mensch ist im Angesicht der Religion, wenn wir auch nur ihr körperliches Sinnbild betrachten! Welche unbewegliche Dauerhaftigkeit können die Menschen nicht ihren Werken geben, während sie selbst so schnell vorübereilen und sich nur durch die Kunst überleben! Dieser Tempel ist ein Bild des Unendlichen, ohne Grenzen sind die Gefühle, die er erregt, die Gedanken, die er hervorruft, und die lange Reihe von Jahren, teils in

der Vergangenheit, teils in der Zukunft, die er vor die Seele bringt; und tritt man aus seinem Umkreise hervor, so ist es, als käme man von den Gedanken des Himmels zu den Angelegenheiten des irdischen Daseins, und von der Ewigkeit des Göttlichen in die bewegliche Atmosphäre der vergänglichen Welt."

Germaine de Staël (1766–1817)

Sixtinische Kapelle · Wunderwerk des Jahrhunderts

Michelangelo hatte schon mehr als drei Viertel des Bildes vollendet, als Papst Paul kam, um es zu besichtigen. Messer Biagio von Cesena, Zeremonienmeister und ein sehr kleinlicher Mann, war mit Seiner Heiligkeit in der Kapelle, und auf die Frage, was er von dem Werk halte, entgegnete er, es sei wider alle Schicklichkeit, an einem heiligen Ort so viele nackte Gestalten zu malen, die aufs unanständigste ihre Blößen zeigten; es sei kein Werk für die Kapelle des Papstes, sondern für eine Bade- oder Wirtshausstube. Das verdroß Michelangelo, und um sich zu rächen, malte er den Zeremonienmeister, sobald er fort war, ohne ihn weiter vor sich zu haben, als Minos in der Hölle, die Beine von einer großen Schlange umwunden, umgeben von einer Schar von Teufeln. Und es half dem Messer Biagio nichts, daß er sich an den Papst und Michelangelo wandte und bat, er möge sein Bild dort wegnehmen – es blieb stehen zum Andenken an diese Geschichte.

In jener Zeit geschah es, daß Michelangelo ziemlich hoch von dem Gerüst in der Kapelle herunterfiel und sich am Bein verletzte. Aus Schmerz und Zorn aber wollte er sich von niemandem heilen lassen. Nun war damals Meister Baccio Rontini aus Florenz, sein Freund, ein geschickter Arzt und großer Verehrer der Kunst, noch am Leben. Eines Tages ging er aus Teilnahme zu Michelangelos Haus, pochte an und stieg, da weder einer der Nachbarn noch jener selbst Antwort gab, auf geheimen Wegen hinan und von einem Zimmer ins andere, bis er zu Michelangelo gelangte, der in Verzweiflung dalag. Unter diesen Umständen wollte Meister Baccio ihn durchaus nicht verlassen und trennte sich nicht von ihm, bevor er wiederhergestellt war. Von seinem Übel endlich geheilt und zur Arbeit zurückgekehrt, beschäftigte sich Michelangelo nun ohne Unterbrechung damit, führte sein Werk in wenigen Monaten zu Ende und gab den Gestalten darin solche Kraft, daß er das Wort Dantes verwirklichte: „Die Toten schienen tot, die Lebenden lebendig." Man erkennt in dem Gemälde den Jammer der Verdammten und die Freude der Seligen. Als daher dieses Weltgericht aufgedeckt war, zeigte sich Michelangelo nicht nur als Sieger über die Künstler, die früher in derselben Kapelle gearbeitet hatten, sondern man sah auch, daß er sich in seinen Darstellungen an der Decke, die er zu so großem Ruhme ausgeführt hatte, noch selbst übertreffen wollte, und er hat sich darin übertroffen, und zwar sehr weit.

Wer Urteilskraft besitzt und etwas von der Malerei versteht, der erkennt hier die erschreckende Gewalt der Kunst, sieht in den Gestalten Gedanken und Leidenschaften, die kein anderer außer Michelangelo je gemalt hat. Hier lernt man, wie den Stellungen Abwechslung in den seltsamen und verschiedenen Gebärden bei jungen und alten Männern und Frauen gegeben werden kann. Wem offenbart sich in ihnen nicht die furchtbare Macht der Kunst, vereint mit jener Anmut, die diesem Meister von der Natur verliehen war? Denn alle Herzen werden tief bewegt, mögen sie von unserem Beruf nichts verstehen oder seiner kundig sein. Dieses Werk ist für unsere Kunst jenes Zeugnis und jenes große Gemälde, das Gott den Menschen zur Erde geschickt hat, damit sie sehen, wie das Schicksal wirkt, wenn Geister von der erhabensten Stufe auf die Erde herabkommen und Anmut und Göttlichkeit des Wissens in ihrem Innern mitbringen.

Dieses Gemälde legt alle in Fesseln, welche die Kunst zu verstehen glauben, und wer darin, sei es, was es sei, in Umrissen veranschaulicht sieht, der bebt und befürchtet, irgendein mächtiger Dämon habe sich der Zeichenkunst bemeistert. Und beachtet man nur die Mühen der Arbeit, so sind die Sinne allein bei dem Gedanken betäubt, was andere schon ausgeführte oder einst auszuführende Gemälde im Vergleich zu diesem noch sein können. Glücklich kann sich wirklich nennen und ein beseligendes Andenken bewahrt in sich, wer dieses tatsächlich herrliche Wunderwerk unseres Jahrhunderts gesehen hat. Acht Jahre lang arbeitete Michelangelo an diesem Bild und deckte es am Weihnachtsabend 1541 auf, zum Verwundern und Erstaunen Roms, ja der ganzen Welt.

Giorgio Vasari (1511–1574)

Miserere in der Sixtinischen Kapelle

Ich verlasse die Sixtinische Kapelle, nachdem ich dem Requiem beigewohnt und das Miserere gehört habe. Ich erinnerte mich, daß Sie mir von dieser Zeremonie erzählten, und war deshalb noch hundertmal mehr davon gerührt. Der Tag ging zur Neige. Die Schatten überschwemmten langsam die Fresken der Kapelle, und man bemerkte nur mehr einige große Pinselstriche Michelangelos. Die nacheinander erlöschenden Kerzen ließen aus ihrem erstickten Licht einen leichten weißen Rauch aufsteigen: das rechte Abbild des Lebens, das die Heilige Schrift mit einem Rauchwölkchen vergleicht. Die Kardinäle beteten, der neue Papst lag vor dem gleichen Altar, an dem ich einige Tage zuvor noch seinen Vorgänger gesehen hatte, auf den Knien: immer wieder ertönte in dem Schweigen und in der Nacht das herrliche Bußgebet, das auf die Klage des Propheten folgte. Man fühlte sich niedergeschlagen unter dem großen Mysterium eines Gottes, der gestorben ist, um die Sünden der Menschen zu tilgen. Auf diesen sieben Hügeln war das katholische Erbe mit all seinen Erinnerungen anwesend; aber inmitten all dieser mächtigen Priester, dieser Kardinäle, die den Monarchen den Vorrang streitig machten, verkündete ein armer, alter, gelähmter Papst, ohne Familie, ohne Unterstützung der Kirchenfürsten, ohne allen Pomp, das Ende einer Macht, welche die moderne Welt zivilisierte. Mit ihr verschwanden die Meisterwerke der Kunst, sie verblaßten auf den Mauern und auf den Gewölben des Vatikans. Ein halb verlassener Palast. Neugierige Ausländer, die nicht zur Einheit der Kirche gehörten, wohnten einen Augenblick der Zeremonie bei und ersetzten die Gemeinschaft der Gläubigen. Eine doppelte Traurigkeit ergriff das Herz. Das christliche Rom, welches das Gedächtnis des Todes Christi feierte, gab den Anschein, seine eigene Agonie zu feiern und für das Neue Jerusalem die Worte zu wiederholen, die Jeremias an das Alte richtete: Rom ist der recht Ort, um alles zu vergessen, alles zu verachten und zu sterben.

François-René de Chateaubriand (1768–1848)

In der Sistina

In der Sistine dämmerhohem Raum,
Das Bibelbuch in seiner nerv'gen Hand,
Sitzt Michelangelo in wachem Traum,
Umhellt von einer kleinen Ampel Brand.

Laut spricht hinein er in die Mitternacht,
Als lauscht' ein Gast ihm gegenüber hier,
Bald wie mit einer allgewalt'gen Macht,
Bald wieder wie mit seinesgleichen schier.

„Umfaßt, umgrenzt hab ich dich, ewig Sein,
Mit meinen großen Linien fünfmal dort!
Ich hüllte dich in lichte Mäntel ein
Und gab dir Leib wie dieses Bibelwort.

Mit wehnden Haaren stürmst du feurigwild
Von Sonnen immer neuen Sonnen zu.
Für deinen Menschen bist in meinem Bild
Entgegenschwebend und barmherzig du!

So schuf ich dich mit meiner nicht'gen Kraft:
Damit ich nicht der größre Künstler sei,
Schaff mich – ich bin ein Knecht der Leidenschaft –
Nach deinem Bilde schaff mich rein und frei!

Den ersten Menschen formtest du aus Ton,
Ich werde schon von härterm Stoffe sein,
Da, Meister, brauchst du deinen Hammer schon,
Bildhauer Gott, schlag zu! Ich bin der Stein."

Conrad Ferdinand Meyer (1825–1898)

Ich unterwerfe Ihrem Urteil einen andern Versuch von einer kurzen Beschreibung. Laokoon ist von einer andern Natur als Apollo, und also muß auch das Bild von demselben verschieden sein. (…)

Das gütige Schicksal aber, welches über die Künste bei ihrer Vertilgung noch gewachet, hat aller Welt zum Wunder ein Werk aus dieser letzten großen Zeit der Kunst erhalten, zum Beweis von der Wahrheit der Geschichte und von der Herrlichkeit so vieler vernichteten Meisterstücke.

Laokoon nebst seinen beiden Söhnen, von Agesander, Apollodorus und Athenodorus, aus Rhodus, gearbeitet, ist aller Wahrscheinlichkeit nach aus dieser Zeit, ob man gleich dieselbe nicht bestimmen, noch weniger, wie einige getan haben, die Olympias, in welcher diese Künstler gelebet, angeben kann.

Wir wissen, daß man dieses Werk schon im Altertum allen Gemälden und Statuen vorziehen wollte, und also verdienet es bei der niedrigern Nachwelt, die nichts dem zu vergleichen hervorgebracht hat, um desto größere Aufmerksamkeit und Bewunderung.

Der Weise findet darin zu forschen und der Künstler unaufhörlich zu lernen, und beide können überzeugt werden, daß mehr in demselben verborgen liegt, als was das Auge entdecket, und daß der Verstand des Meisters viel höher als sein Werk gewesen.

Laokoon ist eine Natur im höchsten Schmerz nach dem Bilde eines Mannes gemacht, der die bewußte Stärke des Geistes gegen denselben zu sammlen sucht, und indem sein Leiden die Muskeln aufschwellet und die Nerven anziehet, so tritt der mit Stärke bewaffnete Geist in der aufgetriebenen Stirn hervor, und die Brust erhebt sich durch den beklemmten Othem und durch Zurückhaltung des Ausbruchs der Empfindung, um den Schmerz in sich zu fassen und zu verschließen. Das bange Seufzen, welches er in sich ziehet, erschöpfet den Unterleib und macht die Seiten hohl, welches uns gleichsam von der Bewegung seiner Eingeweide urteilen lässet.

Sein eigenes Leiden aber scheinet ihn weniger zu beängstigen als die Pein seiner Kinder, die ihr Angesicht zu ihrem Vater wenden und um Hülfe schreien: denn das väterliche Herz offenbaret sich in den wehmütigen Augen und schwimmet wie in einem trüben Duft auf denselben. (Dieses können nur Sonntags-Kinder, so wie die Gespenster, sehen. Aber es ist kein Hirn-Gespinst.)

Der Mund ist voll Wehmut, und die gesenkte Unterlippe schwer von derselben: in der überwärts gezogenen Oberlippe aber ist sie mit Schmerz vermischt, welcher mit einer Regung von Unmut, wie über ein unwürdiges Leiden, in die Nase hinauftritt, dieselbe schwülstig macht und sich in den erweiterten und aufwärts gezogenen Nüstern offenbaret.

Unter der Stirn ist der Streit zwischen Schmerz und Widerstand wie in einem Punkt vereinigt mit großer Weisheit gebildet. Denn indem der Schmerz die Augenbrauen in die Höhe treibet, so drücket das Sträuben wider denselben das obere Augenfleisch in die Höhe und gegen das obere Augenlid zu, so daß dasselbe durch das übergetretene Fleisch beinahe ganz bedecket wird.

Dieses Werk ist ein unerschöpflicher Quell von Betrachtungen der Natur und der Weisheit, noch mehr aber der Kunst.

Johann Joachim Winckelmann (1717–1768)

Apollo im Belvedere

Wie schön und lieblich dieser
Marmorne Bogenschütze, Gott von Delos,
So wild und zornig ist er.
Anscheinend droht und schießt er
Mehr Zorn und Rache mit den schönen Augen
Als Pfeile mit den Händen.
Und hätt' pontifikaler frommer Eifer
Ihn nicht entwaffnet schon und ihm entzogen
Den Pfeilschaft und den Bogen,
So würde Niobe, obwohl gefühllos,
Selbst Fels geworden, ihn, der Fels ist, fürchten.

Giambattista Marino (1569–1625)

Ein merkwürdiges Mißverständnis im Petersdom

Deutsches Dichter kommt nach Rom,
geht sich gleich in Petersdom.

Sieht dort einen Pietà,
macht sich deutsches Dichter: Ah!

Ist von Michelangelo,
macht sich deutsches Dichter: Oh!

Hört sich Papst das heimlich an,
denkt sich: Das ist kluges Mann!

Macht sich einen Räusperton,
sagt dann laut: Sehr wahr, mein Sohn.

Jesus Christus ist sich ja
Alpha sowie Omega.

Und ich bin sein Stellvertret,
was sich schon in Bibel steht.

Und was auch mein Nam beweist,
was bekanntlich Karol heißt.

Also bin ich A und O –
und wie heißen wir denn so?

Denkt sich Dichter sehr verwirrt:
Hat sich Papst ganz schön geirrt.

Ist sich aber braves Mann,
was man nicht enttäuschen kann.

Und so sagt er frank und frei,
daß er Willi Wurzel sei.

Robert Gernhardt (geb. 1937)

Das Verschwinden der Peterskirche

Anna fährt mich in Richtung der Via della Conciliazione, weil, wie sie sagt, etwas Seltsames geschehen ist. Sie will mir nicht verraten, worum es sich handelt; ich soll es mit eigenen Augen sehen. Ich bin gereizt wegen dieser ganzen Geheimnistuerei und sage: „Das ist so eine Manie von dir – die Überraschungen." In der Via della Conciliazione bemerke ich plötzlich eine Leere vor uns. „Verdammt", sage ich, „Sankt Peter ist weg!" Anna schweigt. Wir kommen näher, und tatsächlich *fehlt* die Peterskirche, nur der Platz und die Kolonnade sind noch da. Anstelle der Basilika sieht man eine große Fläche nackter Erde. An den Rändern eine kleine Schar von Neugierigen. „Verdammt, wie kann so etwas passieren?" – „Es war gut, daß ich es dir nicht vorher gesagt habe, denn du würdest es nicht geglaubt haben", sagt Anna. „Wer weiß, was der Papst dazu sagen wird", bemerke ich. „Und alle, die von ihren Fenstern aus die Kuppel sehen", fügt meine Frau hinzu. Wir stellen fest, daß sich mit dem Verschwinden der Peterskirche das Panorama Roms verändern wird, und machen uns auf den Heimweg. Auch von unserem Haus aus wird man die Kuppel nicht mehr sehen, was soll man tun? In Rom geschehen wirklich merkwürdige Dinge, sagen wir uns. „Es geschehen merkwürdige Dinge, aber diesmal haben die Terroristen nichts damit zu tun." – „Aber sie sind zu weit gegangen", sagt Anna. „Wer?"

Luigi Malerba (geb. 1927)

ENGELSBURG, PRATI
UND MONTE MARIO

Animula vagula blandula

Unstete kleine zärtliche Seele,
Gast und Gefährtin des Körpers,
wohin wirst du nun gehen,
an welchen fahlen, kalten, kahlen Ort?
Und wirst nie mehr wie früher scherzen.

Kaiser Hadrian (76–138)

Bittprozession zum Hadriansgrab

ein graues Rinnsal, ein Wurm, zogen sie gegen die Seuche, voran
die Kinder, die Kinder bestimmten das Tempo zwischen langsam
und völligem Stillstand, sie trödelten häufig, und hinter den Kindern kam eine Bahre mit einer vermummten Gestalt, einer in
Schleier gehüllten Figur, das Gesicht mit einer Goldenen Maske bedeckt, die Bahre holperte und schwankte über das löchrige Pflaster
oder über den Schotter, das offene Erdreich der ungepflasterten
Straße, ob Menschen sie trugen, ob sie auf Rädern fuhr, das blieb
unter einem Tuch, das ringsum bis zum Boden herabhing, verborgen, die Bahre mit der vermummten, von Schleiern verhüllten Gestalt mit der Goldenen Maske holperte und schwankte an der Spitze
des Zugs gleich hinter den trödelnden Kindern, zwischen den Hütten und zwischen den Trümmern hindurch über das löchrige
Pflaster oder über die ungepflasterten Straßen, wer weiß es?, dem
Fluß zu, die Bahre mit der vermummten Gestalt, die Prozession, der
Zug der Kinder, die vor der Bahre, der Frauen und Männer, die hinter der Bahre hergingen, kam jetzt ans Ufer des Flusses, staute sich
am Eingang der Brücke

und als er die Brücke betrat, als der Zug der Männer, Frauen und Kinder die Brücke erreichte und an den Flügelfiguren vorbei, die links und rechts zu beiden Seiten der Brücke auf dem Geländer aufgestellt waren, den Fluß zu überqueren begann, als die Kinder, Frauen und Männer in ihren härenen Kleidern, in ihren Säcken die Brücke betraten und zwischen den Geländern mit den Flügelfiguren auf beiden Seiten hindurch überschritten, auf einmal erblickten sie auf dem Gebäude, vor dem die Brücke endete, auf welches die Brücke mit den Flügelfiguren, eine jede Figur trug ein anderes Werkzeug, Gerät, ein anderes Attribut in ihren Händen: einen Kranz aus Dornenzweigen geflochten, ein Schild zum Aufnageln oder Ankleben mit einer Inschrift, eine Stange oder einen Stock mit einem Schwamm auf der Spitze

(...)

sieh da, auf einmal erblickten sie, als sie die Brücke überschritten, als sie zwischen den beiden Reihen der Flügelfiguren mit den Werkzeugen, Geräten, Instrumenten, Attributen in Händen rechts und links auf den Geländern hindurch den Fluß überquerten, erblickten sie auf dem Rundbau, der Trommel, dem Grabmal, dem Speicher, der Kaserne, dem Gefängnis, der Festung, in deren tieferen, unter der Erde gelegenen Teilen, Kellern, Gewölben besonders suspekte, gemeingefährliche Individuen wie der erwähnte Mönch verwahrt wurden – in den oberen Stockwerken jedoch, auf der luftigen Galerie unter den Zinnen, wo es eine schöne Aussicht gab über die Stadt und bis tief hinein in die blauen, von unzähligen Malern reproduzierten Gebirge, genossen Staatsgefangene, auf deren Gesundheit und gute Laune es ankam, in eleganten bequemen Gemächern eine Vorzugsbehandlung, man wollte sie jederzeit gegen andere Gefangene austauschen oder sich ihrer als Unterhändler und Vermittler bedienen können, oder sie waren einfach unterhaltsam wie jener vorgebliche Graf C. aus Palermo, den man jeden Abend im Sommer auf der Terrasse besuchte, um sich neue Zauberkunststücke vorführen zu lassen, um zu sehen, ob es ihm endlich gelang, Blei in Gold und nicht bloß, wie ein anderer Hochstapler unlängst, in chinesisches Porzellan zu verwandeln – sieh da, auf einmal, als sie, um den

Fluß zu überschreiten, die Brücke betraten, erblickten sie auf der Höhe des Grabmals, der Festung, des Speichers, der gewaltigen, mit Zinnen bekrönten Trommel eine Flügelgestalt, ähnlich den Flügelgestalten links und rechts auf den Brückengeländern, die Kinder, Männer und Frauen, als sie in ihren härenen Kleidern, in ihren Säcken die Brücke, um den Fluß zu überqueren, betraten, erblickten auf einmal eine Gestalt, Erscheinung, Figur, gleichfalls geflügelt, aber sehr groß, sehr viel größer als die Flügelfiguren auf den Brückengeländern, und auch diese Flügelerscheinung hielt etwas, womit sie hantierte, in Händen, in der einen Hand hielt sie ein Schwert und in der anderen Hand eine Scheide

sie steckte das Schwert in die Scheide, das jedenfalls glaubten die Männer und Frauen und Kinder, als sie in ihren härenen Kleidern, in ihren Säcken über die Brücke herankamen, zu sehen, das behaupteten sie alle nachher, gesehen zu haben (…)

Kuno Raeber (1922–1992)

Engelsbrücke · Achtung Gegenverkehr

Hier gab es Scharen nackter Leidenskinder;
Von ihnen kam die Hälfte uns entgegen,
Die andre ging wie wir, nur viel geschwinder,

Wie sie in Rom des großen Andrangs wegen,
Der sich zusammenstaut im Jubeljahr,
Den Brückenübergang zu regeln pflegen,

Daß rechts nur gehen darf die Menschenschar:
Wer nach Sankt Peter will, sieht zum Kastelle,
Doch wer zurückkommt, nimmt des Berges wahr!

Dante Alighieri (1265–1321)

Sacco di Roma

Schon war alles in Waffen! Papst Clemens hatte sich vom Herrn Johann von Medicis einige Haufen Soldaten ausgebeten, welche auch ankamen; diese trieben so wildes Zeug in Rom, daß es gefährlich war, in öffentlichen Werkstätten zu arbeiten. Deswegen zog ich in ein gutes Haus hinter den Bänken und arbeitete daselbst für alle meine Freunde; doch bedeuteten in der Zeit meine Arbeiten nicht viel, und ich schweige deshalb davon. Ich vergnügte mich damals viel mit Musik und andern ähnlichen Lustbarkeiten.

Papst Clemens hatte indessen auf Anraten des Herrn Jakob Salviati die fünf Kompagnien des Johann von Medicis, der schon in der Lombardie umgekommen war, wieder verabschiedet. Bourbon, der erfuhr, daß keine Soldaten in Rom waren, drang mit seinem Heer gerade auf die Stadt. Bei dieser Gelegenheit griff jedermann zu den Waffen, und Alexander del Bene, dessen Freund ich war, und dem ich schon einmal, zu der Zeit, als die Colonneser nach Rom kamen, das Haus bewacht hatte, bat mich bei dieser wichtigen Gelegenheit, daß ich fünfzig bewaffnete Männer aufbringen und an ihrer Spitze wie vormals sein Haus bewachen solle. Ich brachte fünfzig der tapfersten jungen Leute zusammen, und wir wurden bei ihm wohl unterhalten und bezahlt.

Schon war das bourbonische Heer vor den Mauern von Rom, und Alexander bat mich, ich möchte mit ihm ausgehen. Wir nahmen einen der besten Leute mit, und unterwegs schlug sich noch ein junger Mensch zu uns, der Cecchino della Casa hieß. Wir kamen auf die Mauern beim Campo Santo und sahen das mächtige Heer, das alle Gewalt anwendete, grade an diesem Flecke in die Stadt zu dringen. Die Feinde verloren viel, man stritt mit aller Macht, und es war der dickste Nebel. Ich kehrte mich zu Alexandern und sagte: Laß uns sobald als möglich nach Hause gehen; hier ist kein Mittel in der Welt. Jene kommen herauf, und diese fliehen. Alexander sagte ganz erschrocken: Wollte Gott, wir wären gar nicht hergekommen! und wendete sich mit großer Heftigkeit, nach Hause zu gehen. Ich tadelte ihn und sagte: Da Ihr mich hergeführt habt, müssen wir auch irgend etwas Männliches tun! Und so kehrte ich meine Büchse gegen den Feind und zielte in ein recht dichtes Gedräng nach einem, den ich über die andern erhoben sah; der Nebel aber ließ mich nicht unterscheiden, ob er zu Fuß oder zu Pferd sei. Ich wendete mich zu Alexandern und Cecchino und sagte ihnen, wie sie auch ihre Büchsen abschießen und sich dabei vor den Kugeln der Feinde in acht nehmen sollten. So feuerten wir unsere Gewehre zweimal ab. Darauf schaute ich behutsam über die Mauer und sah einen außerordentlichen Tumult unter ihnen. Es war der Connetable von Bourbon von unsern Schüssen gefallen; denn, wie man nachher vernahm, so war es der gewesen, den ich über die andern erhoben gesehen hatte. Wir machten, daß wir über Campo Santo wegkamen, gingen durch St. Peter und gelangten mit größter Schwierigkeit zu dem Tore der Engelsburg; denn die Herren Rienzo da Ceri und Orazio Baglioni verwundeten und erschlugen alle, die von der Verteidigung der Mauer zurückweichen wollten. Schon aber war ein Teil der Feinde in Rom, und wir hatten sie auf dem Leibe. Der Kastellan wollte eben das Fallgatter niederlassen, es ward ein wenig Platz, und wir vier kamen noch hinein. Sogleich faßte mich der Kapitän Pallone von den Mediceern an als einen, der zum Hause des Papstes gehörte, und führte mich hinauf auf die Bastei, so daß ich wider Willen Alexandern verlassen mußte.

Zu gleicher Zeit war Papst Clemens über die Galerien des Kastells gekommen, denn er wollte nicht früher aus seinem Palaste gehen und glaubte nicht, daß die Feinde in die Stadt dringen würden. So war ich nun mit den andern eingesperrt und fand mich nicht weit von einigen Kanonen, die ein Bombardier von Florenz, namens Julian, in Aufsicht hatte. Dieser sah durch eine Öffnung des Mauerkranzes sein Haus plündern und Weib und Kinder herumschleppen; er unterstand sich nicht zu schießen, aus Furcht, die Seinigen zu treffen, warf die Lunte auf die Erde und zerriß sich heulend und schreiend das Gesicht; ebenso taten einige andere Bombardiere. Deswegen nahm ich eine Lunte, ließ mir von einigen helfen, die nicht solche Leidenschaften hatten, richtete die Stücke dahin, wo ich es nützlich glaubte, erlegte viele Feinde und verhinderte, daß die Truppen, die eben diesen Morgen nach Rom hereinkamen, sich dem Kastell nicht zu nahe wagten; denn vielleicht hätten sie sich dessen in diesem Augenblicke bemächtigt, wenn man ihnen nicht das grobe Geschütz entgegengestellt hätte. So fuhr ich fort zu feuern, darüber mich einige Kardinäle und Herren von Herzen segneten und anfeuerten, so daß ich voller Mut und Eifer das möglichste zu tun fortfuhr. Genug, ich war Ursache, daß diesen Morgen das Kastell erhalten wurde, und so hielt ich mich den ganzen Tag dazu, da denn nach und nach die übrigen Artilleristen sich wieder zu ihrem Dienste bequemten. (…)

Indessen tat ich alle Tage etwas Bedeutendes mit meinen Stücken und erwarb die gute Meinung und Gnade des Papstes. Er stand einst auf der runden Bastei und sah auf den Wiesen einen spanischen Hauptmann, den er an einigen Merkmalen für einen ehemaligen Diener erkannte, und sprach darüber mit seinen Begleitern. Ich war oben beim Engel und wußte nichts davon, aber ich sah einen Mann, der, mit einem Spieß in der Hand, an den Laufgräben arbeiten ließ und ganz rosenfarb gekleidet war. Ich überlegte, was ich ihm anhaben könnte, wählte ein Stück, lud es mit Sorgfalt und richtete es im Bogen auf den roten Mann, der aus einer spanischen Großsprecherei den bloßen Degen quer vor dem Leibe trug. Meine Kugel traf den Degen, und man sah den Mann, in zwei Stücke geteilt, niederfallen.

Der Papst, der so etwas nicht erwartete, teils weil er nicht glaubte, daß eine Kugel so weit reichen könne, teils weil es ihm unbegreiflich war, den Mann in zwei Stücke geteilt zu sehen, ließ mich rufen, und ich erzählte ihm umständlich, welche Sorgfalt ich beim Schießen gebraucht hatte; wie aber der Mann in zwei Teile geteilt worden, konnte ich so wenig als er erklären.

Ich kniete nieder und bat ihn, er möchte mir diesen Totschlag und die übrigen, die ich von hier aus im Dienste der Kirche begangen hatte, vergeben. Darauf erhob er die Hand und machte mir ein gewaltiges Kreuz über meine ganze Figur, segnete mich und verzieh mir alle Mordtaten, die ich jemals im Dienste der apostolischen Kirche verübt hatte und noch verüben würde. Ich ging wieder hinauf, fuhr fort zu schießen und traf immer besser; aber mein Zeichnen, meine schönen Studien, meine angenehme Musik gingen mir alle im Rauch fort, und ich hätte wunderbare Sachen zu erzählen, wenn ich alle schönen Taten aufzeichnen wollte, welche ich in diesem grausamen Höllenwesen verrichtet habe. Ich will nur noch gedenken, daß ich den Feind durch anhaltendes Feuer verhinderte, seine

Ablösungen durch den Portone von Santo Spirito zu führen, worauf er mit großer Unbequemlichkeit jedesmal einen Umweg von drei Miglien machen mußte.

Benvenuto Cellini (1500–1571)

Prati · Spekulationsfieber

„Hören Sie, wir werden jetzt ganz langsam nach den Prati del Castello gehen, deren Gebäude Sie da unten, gegenüber, bemerken. Während des Gehens werde ich Ihnen erzählen, was ich weiß. Oh, es ist eine ganz außerordentliche Geschichte, einer jener Wahnsinnsanfälle der Spekulation, die schön sind wie das ungeheuerliche, schöne Werk irgendeines verrückten Genies... Ich habe es von meinen Verwandten gehört, die hier gespielt und beträchtliche Summen verdient haben."

Nun erzählte er Pierre die seltsame Geschichte mit der Klarheit und Genauigkeit eines Finanzmannes, indem er die technischen Ausdrücke mit vollkommener Sicherheit anwandte. Nach der Eroberung Roms, als ganz Italien vor Begeisterung verrückt wurde, weil es nun endlich die so lange ersehnte Hauptstadt besaß, die antike, glorreiche, die ewige Stadt, der das Reich der Welt verheißen war, da fand ein ganz gerechtfertigter Ausbruch der Freude und der Hoffnung statt. Das junge, erst seit gestern geborene Volk wollte nun seine Macht beweisen. Man mußte von Rom Besitz ergreifen, es zu einer modernen, eines großen Königreichs würdigen Hauptstadt machen. Vor allem mußte man es gesund machen, von dem Schmutze reinigen, der es entehrte. Man kann sich nicht mehr vorstellen, in welchem Schmutz die Stadt der Päpste schwamm, um die es den Künstlern so leid tut: es gab nicht einmal Abtritte, die öffentliche Straße diente allen Bedürfnissen, die erhabenen Ruinen waren in Düngerhaufen verwandelt, die Umgebung der alten Fürstenpaläste von Ausscheidungen besudelt. Kurz, überall stieg der üble Geruch von Abfall, Trümmern, von verwesenden Stoffen auf, der die Straßen in vergiftete Gossen verwandelte, von denen fortwährend Epidemien ausgingen. Die Notwendigkeit großer, städtischer Arbeiten drängte sich gebieterisch auf. Diese Maßregeln bedeuteten tatsächlich Rettung, Verjüngung, ein gesichertes und erweitertes Leben. Ebenso gerechtfertigt war der Gedanke, neue Häuser für die neuen Bewohner zu bauen, die von allen Seiten zufließen mußten. Die Bevölkerung der Stadt nahm blitzählnlich zu Hunderttausenden von Seelen zu. Rom würde sich sicherlich verdoppeln, verdreifachen, verfünffachen, die lebendige Kraft der Provinzen an sich ziehen und der Mittelpunkt des nationalen Lebens werden. Von nun an trat auch der Stolz hinzu: man mußte der gefallenen Regierung des Vatikans zeigen, wessen Italien fähig war, in welchem Glanz das neue Rom, das dritte Rom, strahlen würde, das die beiden anderen, das kaiserliche und das päpstliche, durch die Pracht seiner Straßen und die überströmende Flut seiner Einwohner übertreffen mußte.

Trotzdem blieb während der ersten Jahre die Baubewegung in den Grenzen der Vorsicht. Man war klug genug, um nur den Bedürfnissen gemäß zu bauen. Mit einem Satze hatte sich die Bevölkerung verdoppelt, war sie von zweimalhunderttausend auf viermalhunderttausend Einwohner gestiegen. Den größten Teil lieferte dazu die kleine Welt der Angestellten, der Beamten, die mit der Verwaltungsbehörde kamen, die ganze lärmende Menge, die vom Staate lebt oder zu leben hofft, ganz abgesehen von den Müßiggängern, die ein Hof stets nach sich zieht. Das war die erste Ursache des Rausches. Niemand zweifelte daran, daß dieses Aufsteigen sich fortsetzen, ja sogar beschleunigen werde. Von nun an genügte die Stadt von gestern nicht mehr. Man mußte ohne Zögern den Bedürfnissen von morgen Rechnung tragen, indem man Rom über Rom hinaus, auf alle die verlassenen, antiken Vorstädte ausbreitete. Man sprach auch von dem Paris des zweiten Kaiserreiches, das sich so vergrößert, in eine Stadt des Lichtes und der Gesundheit verwandelt hatte. Aber an den Ufern des Tibers gab es leider von der ersten Stunde an weder einen allgemeinen Plan noch einen klar sehenden Mann, der die Lage beherrscht und sich auf mächtige Finanzgesellschaften gestützt hätte. Was nun der Hochmut, der Ehrgeiz, das Rom der Cäsaren und der Päpste an Glanz zu übertreffen, die Absicht, aus der ewigen, vorbestimmten Stadt den Mittelpunkt und die Königin der Welt zu machen, begonnen hatten, das beendete die Spekulation. Es war einer jener außerordentlichen Spekulationsstürme, die, ohne daß etwas sie verkündet oder aufhalten kann, entstehen, wüten und alles zerstören und mitreißen. Jählings erhob sich das Gerücht, daß Grundstücke, die fünf Frank den Meter gekostet hatten, zu hundert Frank verkauft würden. Da brach das Fieber los, das Fieber eines ganzen, von der Spielwut erhitzten Volkes. Ein Schwarm von Spekulanten aus Oberitalien hatte sich auf Rom, die edelste und leichteste Beute, gestürzt. Für diese armen, ausgehungerten Gebirgsbewohner begann in diesem wollüstigen Süden, wo das Leben so süß ist, die Hetzjagd der Begierden, so daß die verderblichen Wonnen des Klimas die moralische Zersetzung beschleunigten. Außerdem brauchte man sich anfangs wirklich nur zu bücken: das Geld lag anfangs zwischen den Trümmern der ersten, niedergerissenen Viertel scheffelweise auf der Straße. Findige Leute, die die Linien der neuen Straße witterten, hatten sich in den Besitz der von der Zwangsenteignung bedrohten Grundstücke gesetzt und verzehnfachten ihr Vermögen in weniger als zwei Jahren. Nun verbreitete sich die Ansteckung und vergiftete nach und nach die ganze Stadt. Die Bewohner wurden nun ebenfalls mitgerissen, alle Klassen vom Wahnsinn erfaßt – die Fürsten, die Bürger, die kleinen Hauseigentümer bis zu den Krämern, Bäckern, Kolonialwarenhändlern und Schuhmachern. So erzählte man später von einem einfachen Bäcker, der mit fünfundvierzig Millionen Bankerott gemacht habe. Es war nur noch ein verzweifeltes, furchtbares, fieberhaftes Spiel, das an die Stelle des kleinen, geregelten päpstlichen Lotto getreten war- ein Spiel mit Millionen, bei dem Grundstücke und Bauten nur Vorwände für Börsenunternehmungen wurden. Der alte Hochmut, der Rom in die Hauptstadt der Welt verwandeln wollte, erhitzte sich durch dieses heiße Spekulationsfieber bis zum Wahnsinn: es wurde gekauft, gebaut, um wieder zu verkaufen, ohne Maß, ohne Aufhalten, wie Aktien aufgelegt werden, solange die Pressen nur drucken wollten. (…)

In Rom hatten sich auch Gesellschaften zur Errichtung breiter Straßen durch die niedergerissenen, ungesunden alten Viertel gebildet, und diese verkauften oder vermieteten ihre Grundstücke, aus denen sie großen Nutzen schlugen. Aber je mehr der Wahnsinn wuchs, desto mehr Gesellschaften entstanden, um den Gewinnhunger zu befriedigen. Sie verfolgten den Zweck, auch außerhalb Roms neue Viertel zu errichten – immer wieder neue Viertel, wahre kleine Städte, deren niemand bedurfte. Vor der Porta San Giovanni, vor der Porta San Lorenzo wuchsen die Vorstädte wie durch ein Wunder in die Höhe. Auf den ungeheuren Gründen der Villa Ludovisi von Porta Salaria bis zur Porta Pia, bis Santa Agnese entstand der Entwurf einer Stadt, und auf den Prati del Castello wollte man mit einem Male eine ganze Stadt samt Kirche, Schule und Markt aus dem Boden wachsen lassen. Es handelte sich aber nicht um kleine Arbeiterhäuser, um bescheidene Wohnungen für das geringe Volk und für Beamte, sondern um gewaltige Bauten, um wahre Paläste zu drei und vier Stockwerken mit gleichförmigen, übermäßig großen Fassaden, die aus diesem neuen, überspannten Viertel babylonische Stadtteile machten, wie sie nur Hauptstädte mit einem regen Industrieleben gleich Paris oder London bevölkern können. Das sind die ungeheuerlichen Erzeugnisse des Hochmuts und des Spieles. Und was für eine bittere, historische Lehre ist es, da Rom, nun zugrunde gerichtet, außerdem von diesem häßlichen Gürtel aus großen, kreidigen, leeren und meist unvollendeten Gerippen entehrt wird, deren Trümmer bereits die grasbewachsenen Straßen bedecken! (…)

Wenn die Million Einwohner gekommen wäre, um die Wohnungen zu beziehen, die man ihnen in einem so wunderlichen Hoffnungstraum vorbereitete, so wären die Gewinste unberechenbar gewesen: Rom hätte sich in zehn Jahren bereichert und würde eine der blühendsten Hauptstädte der Welt geworden sein. Aber diese Einwohner wollten nicht kommen, man konnte nichts vermieten, die Wohnungen blieben leer stehen. Da brach nun die Krise wie ein Donnerschlag herein. Aus zwei Gründen: erstens waren die von den Gesellschaften gebauten Häuser viel zu große Stücke, eine viel zu schwierige Anlage, vor der der größte Teil der mittleren Rentner, die ihr Geld in Grundbesitz anlegen wollten, zurückschreckte. Der Erbstolz hatte sein Werk getan: die Bauherren hatten im Größenwahn eine Reihenfolge prächtiger Paläste gebaut, die dazu bestimmt waren, die der anderen Zeitalter zu erdrücken, aber düster und verlassen als die unerhörtesten Zeugen des ohnmächtigen Hochmuts stehenblieben. Es waren also keine Privatkapitalien zu finden, die an Stelle der Gesellschaften zu treten wagten oder zu treten vermochten.

Außerdem sind anderswo, in Paris, in Berlin, die neuen Viertel, die Verschönerungen mit nationalem Kapital, mit erspartem Gelde geschaffen worden. In Rom hingegen wurde alles auf Kredit, mit

Dreimonatswechseln und vor allem mit fremdem Gelde gebaut. Man schätzt die derart verschlungene, ungeheure Summe auf beiläufig eine Milliarde. Davon waren vier Fünftel französisches Geld. Es war einfach ein Geschäft von Bankier zu Bankier: die französischen Bankiers liehen den italienischen zu dreieinhalb oder vier Prozent, und diese liehen wieder den Spekulanten, den römischen Bauherren, zu sechs, sieben und sogar acht Prozent. Man kann sich daher die Katastrophe vorstellen, als Frankreich, nachdem es das Bündnis Italiens mit Deutschland erfuhr, seine achthundert Millionen in weniger als zwei Jahren zurückzog. Ein ungeheurer Rückfluß entstand, der die italienischen Banken leerte. Die Grundgesellschaften und alle, die in Bauplätzen und Häusern spekulierten, waren nun ebenfalls gezwungen, zu tilgen, und mußten sich an die Emissionsgesellschaften wenden, die Papier ausgeben konnten. Gleichzeitig schüchterten sie den Staat ein: sie drohten die Arbeit einzustellen und vierzigtausend feiernde Arbeiter auf das Pflaster Roms zu werfen, wenn der Staat nicht die Emissionsgesellschaften zwinge, ihnen die fünf bis sechs Millionen zu leihen, deren sie bedurften. Das tat der Staat zuletzt, da ihn der Gedanke eines allgemeinen Bankerotts erschreckte. Natürlich konnten die fünf oder sechs Millionen zur Verfallszeit nicht eingelöst werden, da Häuser weder zu verkaufen noch zu vermieten waren. So begann nun der Zusammenbruch, nahm blitzschnell zu, und Schutt fiel auf Schutt: die kleinen Spekulanten fielen auf die Bauherren, diese auf die Terraingesellschaften, diese wieder auf die Emissionsgesellschaften, und diese zuletzt auf den öffentlichen Kredit, womit sie die Nation zugrunde richteten. So kam es, daß eine einfache städtische Baukrise eine furchtbare finanzielle Katastrophe, eine nationale Gefahr wurde. Eine ganze Milliarde war unnützerweise verschlungen. Rom war häßlich geworden und trug nun die Last der schmählichen, jungen Ruinen, der gähnenden, leeren Wohnungen für die erträumten fünf- oder sechshunderttausend Einwohner, auf die man noch immer wartete. (…)

„Ja, mein lieber Freund", fuhr Narcisse fort, „wenn ich mich auf die Geschichten einlassen würde, die im Umlauf sind, die man sich ins Ohr flüstert, wenn ich Ihnen gewisse Tatsachen anführen wollte, so würden Sie über den Grad von Wahnwitz, bis zu dem sich diese im Grunde so vernünftige, so lässige und egoistische Stadt durch das schreckliche Fieber der Spielleidenschaft versteigen konnte, verblüfft und entsetzt sein. Nicht nur die kleinen Leute, die Unwissenden und Dummen haben sich zugrunde gerichtet, sondern auch die großen Familien, fast der ganze römische Adel hat dabei seine uralten Vermögen, das Geld, die Paläste und die Galerien von Meisterwerken, die er der Freigebigkeit der Päpste verdankte, verloren. Diese gewaltigen Reichtümer sind in kaum zehn Jahren wie Wachs im Feuer des Spekulationsfiebers zerschmolzen.“

Emile Zola (1840–1902)

Auf Monte Mario

Schwarz und trauernd stehn auf des Monte Mario
First im stillen Licht die Cypressen abends,
Und sie schaun, wie stumm durch die grauen Felder
    Fließet der Tiber,

Schaun zu Füßen tief in dem Schweigen Rom sich
Weit ausbreiten und wie ein ries'ger Hirt, der
Große Herden stolz überwacht, im Vorgrund
    Ragen Sankt Peter.

Mischt hier oben auf dem beglänzten Gipfel,
Freunde, mischt den Wein, und die Sonne soll sein
Gold durchfunkeln, lacht, o ihr Schönen: Morgen
    Müssen wir sterben!

Lydia, unberührt in dem duft'gen Wäldchen
Laß den Lorbeer, laß ihn der Ewigkeit sich
Rühmen – dir im Haar, in dem braunen, würd' er
    Weniger glänzen.

Mir zum ersten Lied, das die Schwingen reget,
Reicht des Bechers Lust und der Purpurrose
Blüte, die so hold uns im Wintergrauen
    Tröstet und hinstirbt.

Morgen sterben wir, so wie gestern starben
Die wir liebten, aus dem Gedächtnis derer
Die uns Freunde sind, werden wir wie luft'ge
    Schatten entschwinden.

Sterben werden wir, und die alte Erde,
Mühvoll wird sie noch um die Sonne kreisen,
Tausend Leben noch jeden Augenblick wie
    Funken versprühend.

Leben, denen neu sich enthüllt die Liebe,
Neu der ew'ge Kampf, der die Welt durchwütet,
Und es schwingen auf sich zu neuen Göttern
    Lieder der Zukunft.

Ungeborne ihr, deren Hand die Fackel
Faßt, die uns entglitt, seid gewiß, auch ihr müßt
Untertauchen einst von dem holden Licht in
    Ewige Tiefen.

Erde, lebe wohl, meines kurzen Denkens
Süße Mutter du und der flücht'gen Seele!
Wieviel Ruhm und Leid wirst du Jahr für Jahr noch
    Drehn um die Sonne!

Bis dann, eingeengt am Äquator, wo der
Wärme letzter Rest sie noch hegt, die Menschheit
Müd' und abgezehrt nur besteht aus einem
    Einzigen Paare.

Das, aufrecht, umringt von der Berge Schutt und
Wäldern tot und fahl, mit verglasten Augen
Dich vielleicht noch sieht über Gletscherwüsten
    Untergehn, Sonne.

Giosue Carducci (1835–1907)

PINCIO UND VILLA BORGHESE

Mandelblüten und Nachtigallen

Ich kam heute morgen hinauf auf den Monte Pincio, noch ehe das, ich möchte sagen, vorbereitende Morgenrot, das die Italiener alba nennen und was es im Norden eigentlich nicht gibt, aufgehört hatte, den Horizont mit seinem weißlichrötlichen Zauberglanz zu umgürten. Es ist wie ein jungfräulicher Seufzer des Entzückens, der die Haut auf den Wangen der schlummernden Aurora wärmer macht, noch ehe sie die Augen aufgeschlagen und sich in das Purpurgewand gekleidet hat. Erst allmählich bestieg sie ihren Wagen in ihrer ganzen königlichen Pracht: Mandelblüten dufteten, die Nachtigallen erwachten, zur Rechten breitete die Villa Borghese zwischen hohen Gängen von Lorbeer und Buchsbaum ihre Parks, Gewässer, Tempel und grünenden Ebenen wie ein Elysium aus, wo unter dem kronenähnlichen Schirm der Pinien Guarinis Pastor fido zum ersten Male aufgeführt wurde. Zur Linken, etwas entfernt, auf der anderen Seite des Tiber, erhob der Monte Mario seinen Kranz von Zypressen; unter ihnen die verfallene Villa Madama, in deren jetzt verwildertem Lustgarten dasselbe mit Tassos Aminta geschah, und zwar wie jetzt: auf dem Blumenrasen zur Frühlingszeit, als die Mandelblüten aufbrachen und die Nachtigallen sangen. Vor mir lag eine Reihe von Weingärten und Landhäusern, unter ihnen die kleine Villa Nelli, wo Raffael in der Umarmung einer Geliebten einen glücklichen Sommer verlebt hat; weiter weg die öden Randbezirke der ernsten Campagna; auf der gegenüberliegenden Seite das im jugendlichen Morgenglanz herrlich schimmernde Rom!

Per Daniel Amadeus Atterbom (1790–1855)

Vom Pincio

Erfrischt hebt sich der Berg, duftend von feuchtem Grün,
durch die zerriss'ne Wolke lacht der blaue Mai.

Ein Lächeln zwischen Tränen ist's. Ein süßer Friede
senkt von der Höhe sich in uns're tiefste Brust.

Und von den Kuppeln leuchtet er und von den Bäumen,
die deine Hügel rings bekränzen, o mein Rom!

In mildem Glanze strahlst du, Rom. Auf Purpurkissen,
in gold'ne Schleier eingehüllt, still liegst du da.

Es droh'n am Himmel noch die dunklen Wolken, donnern –
und sieh, schon lacht der Mai durch die zerriss'ne Wolke!

So, nach so dumpfem Zwiespalt, langen dunklen Nächten –
voll Widerwillens, Ekels, feigen Klagens, Haders –

(O flieht auf ewig, dunkle Träume, bleibet fern
von uns auf ewig, Träume, die wir einst so suchten!)

So, frei von aller Angst, atmet die Seele auf:
es quält sie kein Erinnern mehr und kein Begehren,

nicht Sehnsucht mehr nach einer Liebe, die gewesen,
und nicht nach neuer – neuer, unbekannter Lust.

Die Seele ruht: ein klarer Spiegel, nimmt sie auf
das Leben, nimmt die Seele aller Dinge auf.

Gabriele d'Annunzio (1863–1938)

Casino Borghese · Fest für einen Wittelsbacher

Mittwoch, 27. May wurde von dem Principe Borghesi in deßen Vornehmen Palast und Garten vor der Stadt Ihro Durchlaucht dem Churprinzen ein Herrliches Festin gehalten, wohin sich Seine Durchlaucht gegen 1 Uhr Mittags samt Dero ganzen Hof-Stadt Begeben. Bey der Anlangung daselbst wurden Seine Durchlaucht bey dem eintritt in den Garten von dem alten, wie auch deßen 2 jungen Prinzen, bey dem eingang des Palastes aber von der Gemahlin und der jungen Princessin empfangen, und durch den ersten Saal, alwo zu Beeden seithen die ganze Wänd mit kostbarer Credenz, so meistens alles von purem Gold, und künstlich verfaßtem Porcelan Geschirr bestanden, ausspaliret, und folglich durch das apartemant, welches zum Speisen destiniret gewesen, hierauf in die obere Zimmer geführet, um sowol den schönen Prospect des Gartens und der herumliegenden gegend, als auch die darin befindliche Vornehme Kunst-Stücke und verschiedene antiquitäten, in augenschein zu nehmen.

Da nun indeßen alles, was zur Tafel gehörig, verfertiget worden, verfügten sich Dieselbe wiederum hinunder, daselbst auch die junge Princeßin, welche indeßen unten geblieben, mit ihrem Frauenzimmer zugleich eingetretten, und Ihre Durchlaucht empfangen. Bey der Tafel, wobey sich bis 50 Personen Versammelt, haben die Fürstlichen Personen den Siz nebeneinander genommen, wobey Ihro Durchlaucht zwischen der Fürstlichen Gemahlin und der Princessin Ihren Plaz occupiret. Nach der Tafel, bey welcher man sich bis 2 Stund aufgehalten, Haben Seine Durchlaucht nebst dem Principe und denen zwey Prinzen eine Promenade durch den Blumengarten, welcher um des Schattens halber völlig mit Leinwand überzogen, gemacht; nachdem Dieselbe wieder zurück gekehret, stunden sowol die Reittpferde als zum Fahren gewidmete Kutschen in Bereitschaft, wobey sich auch das von Seiner Durchlaucht zu einem Praesent destinirte, und mit schönem Zeig gezierte Reittpferd befunden, welches von dem Älteren Prinzen Seiner Durchlaucht dem Churprinzen vorgeritten, und geschenket worden, auf welches sich Dieselbe gesezet, und nebst denen übrigen Fürstlichen Personen, auch anderen Cavallieren, alles zu Pferd,

Sich auf eine Jagd in den negst gelegenen Thiergarten Begeben, welchen auch die Fürstlichen und anderen Frauenzimmer in denen Kutschen gefolget. (…) Nach endigung deßen Hat sich samentliche Gesellschaft wiederum in den Palast Begeben, wo man sich bey aufsezung des Confects mit allerhand Sorbet, unter einer Vocal- und Instrumental Music erfrischet und dieses Fest mit einem darauf folgenden Bal, so bis über Mitternacht gedauret, beschloßen.

Karl Albrecht von Bayern (1697–1745)

Römische Fontäne

Zwei Becken, eins das andre übersteigend
aus einem alten runden Marmorrand,
und aus dem oberen Wasser leis sich neigend
zum Wasser, welches unten wartend stand,

dem leise redenden entgegenschweigend
und heimlich, gleichsam in der hohlen Hand,
ihm Himmel hinter Grün und Dunkel zeigend
wie einen unbekannten Gegenstand;

sich selber ruhig in der schönen Schale
verbreitend ohne Heimweh, Kreis aus Kreis,
nur manchmal träumerisch und tropfenweis

sich niederlassend an den Moosbehängen
zum letzten Spiegel, der sein Becken leis
von unten lächeln macht mit Übergängen.

Rainer Maria Rilke (1875–1926)

Ehemalige Villa Schultheiss · Deutsches Künstlerfest

Das Fest, welches gestern abend von den deutschen Künstlern außerhalb der Porta del Popolo in einer hochgelegener Villa gefeiert wurde, war äußerst glänzend. Da der Kronprinz von Bayern, dessen Hauptleidenschaft schöne Künste und – schöne Damen sind, der Abgott aller deutschen Künstler ist, war es selbstverständlich, daß die ganze Festlichkeit in der poetischsten und künstlerischsten Weise eingerichtet wurde Nicht bloß Illumination, Kanonenschüsse, Comus und Terpsichore, welche auch unsere schwedischen Feste verherrlichen, ohne sie minder prosaisch zu machen, gaben hier der Liebe der deutschen Jugend für den ritterlichen Kronprinzen Ausdruck, sondern die schönen Künste taten dies buchstäblich in eigener Person. Vortreffliche Transparente von Cornelius, Veit und Overbeck nahmen den Hintergrund des großen Saales ein; das mittelste Bild, von Cornelius gemalt, stellte die Poesie dar, lorbeergekrönt, göttlich von Gestalt, mit Schwingen, auf einem Throne unter dem kolossalen Baume der Weisheit und des Lebens sitzend, in der einen Hand die Lyra, in der anderen einen flatternden Codex haltend; um sie herum saßen im Halbkreis auf niederen Sitzen ihre Töchter, die übrigen Künste, jede sinnig mit einem bezeichnenden Attribute versehen – alles ebenso schön erdacht wie geschmackvoll ausgeführt. (…)

Der Kronprinz war äußerst guter Laune und behandelte alle Künstler, besonders die ausgezeichneteren, wie seinesgleichen. (…)

Bei Tische wurden verschiedene Toaste vorgeschlagen und ausgebracht, die ziemlich bedenklich für die Fraktion der Philister klangen, wie zum Beispiel: „Es lebe hoch die deutsche Einheit!" Rückert las dann ein hübsches Gedicht an den Kronprinzen vor, in dem die schönen Künste sprachen; es war gewissermaßen ein Kommentar zu des Cornelius' Malereien.

Nach der Tafel eröffnete der Kronprinz den Ball und tanzte mit allen anwesenden jungen deutschen Damen sowie mit den Künstlerfrauen, welche sämtlich Italienerinnen und größtenteils jung und schön sind. Hier sah ich zum ersten Male die schönen und naiven Volkstänze Saltarella und Lavandarina, die auch von den deutschen Damen (Fräulein von Humboldt und anderen) mit viel Anmut und

Geschicklichkeit getanzt wurden, aber weit gegen die Ausführung der Römerinnen zurückstanden, wie dies ja mit der Nachahmung gegenüber dem Ursprünglichen nicht anders sein kann. Besonders sah eine kleine, modellschöne Signora, die mit einem Berliner Landschaftsmaler verheiratet ist, gleichzeitig so unschuldig und verführerisch bei ihrem Tanze aus, daß manchem der Zuschauer der Kopf verdreht wurde und auch mein Nacken in bedenklicher Weise knackte. Am deutlichsten gewahrte man in den Augen des Kronprinzen, die beständig auf die kleine schöne Frau geheftet waren, mit der er augenscheinlich am liebsten tanzte, ein allergnädigstes Feuer, vor dem ihrem Manne hätte bange werden können, im Falle er nicht (wie ich hoffe) starken Glauben in die Tugend seiner Frau setzte.

Der Kronprinz nahm auch an den italienischen Tänzen teil; dann setzte er sich zu den älteren Damen, den Frauen von Humboldt, Herz usw., worauf die anderen Damen um ihn einen glänzenden Halbkreis bildeten, und nun bat er um das Absingen einiger deutscher Nationallieder. Ein vortrefflicher Chor, geleitet von Dr. Ringseis, dem Leibarzt des Kronprinzen und intimen Freunde Baaders, stimmte nun vor diesem Halbkreise das bekannte „Am Rhein, am Rhein“ an, darauf Goethes „Was hör’ ich draußen vor dem Tor“, dann das alte „Es ritten drei Reiter zum Tore hinaus, ade!“ und zuletzt einige Tirolerweisen. Diese Szene kam mir wirklich wie ein schöner Traum aus dem Mittelalter vor: dort der Königssohn und werdende König in altdeutscher Tracht, um ihn der Kreis altdeutsch gekleideter Damen, und alle einem Chore von Sängern lauschend, die auch fast sämtlich das geschmackvolle Kleid jener Zeit trugen.

Der geniale und liebenswürdige Maler Cornelius, in dem die Deutschen einen neuen Dürer erwarten, saß beständig an der Seite des Kronprinzen und wurde unaufhörlich von ihm karessiert. Bei den Worten: „Gegrüßt, ihr schönen Damen! Welch reicher Himmel, Stern bei Stern, wer nennet ihre Namen?“ schwang der Kronprinz ein blitzendes Weinglas und verneigte sich vor den Schönen. Kurzum, alles war froh und lustig. Militärische Symphonien, ausgeführt von wohlbesetzten Orchestern, die so aufgestellt waren, daß man sie nicht sah, schmetterten dann und wann hinein in den allgemeinen Jubel, während Kanonensalven in wohlberechneten Pausen aus dem Garten heraufdröhnten. (…)

Ich glaube, daß dieser Fürst gewiß viel für die Wissenschaft, besonders aber für die Künste tun wird; ob er im übrigen, ungeachtet seines Wohlwollens und der Hoffnung vieler Deutschen, Charakter, Energie und Talent genug besitzen wird, um ein großer König und Deutschlands Befreier zu werden – das ist bis auf weiteres Zweifeln unterworfen. Er sieht mir überdies, um mich grob schwedisch auszudrücken, etwas zu verlebt aus. Sonst ist er sehr tapfer und hat bei mehreren Gelegenheiten militärisches Genie an den Tag gelegt. – Mit seinem Vater lebt er nicht auf dem besten Fuß, nichtsdestoweniger hat er es durchgesetzt, den vornehmsten Minister, Günstling und Ratgeber seines Herrn Vaters, den beim bayrischen Volke äußerst verhaßten Montgelas, zu stürzen. Lustig ist es auch, daß, während in München, zufolge königlichen Verbots, kein Mensch altdeutsche oder sogenannte deutsche Kleider anzulegen wagt, des Königs leibhaftiger Sohn sich hier in Rom beständig öffentlich in dieser von den deutschen Regierungen für schwärmerisch und revolutionär angesehenen Tracht sehen läßt.

Per Daniel Amadeus Atterbom (1790–1855)

VIA APPIA UND RÖMISCHE CAMPAGNA

Eine Welt von Trümmern

Eines Tages wanderten wir zu dritt die vierzehn Meilen hinaus nach Albano, beseelt von dem Wunsch, die alte Via Appia zu verfolgen, die seit langem verfallen und überwuchert ist. Um halb acht Uhr morgens brachen wir auf und waren in etwa einer Stunde draußen in der offenen Campagna. Zwölf Meilen lang kletterten wir ununterbrochen über Hügel und Haufen von Trümmern. Zerstörte oder eingestürzte Grabmäler und Tempel, kleine Bruchstücke von Säulen, Friesen, Sockeln, große Blöcke von Granit und Marmor, verwitterte, unkrautbewachsene Bogen, Steine genug, um eine ganze Stadt damit zu bauen, lagen verstreut um uns her. Manchmal stellten sich uns Wälle, die von Schäfern aus diesen Brocken lose aufgeschichtet worden waren, in den Weg, dann wieder wurde unser Weiterkommen durch einen Graben zwischen zwei Trümmerbergen behindert. Zuweilen waren es solche Bruchstücke selbst, die unter unseren Füßen wegrollten und das Gehen beschwerlich machten. Aber es waren immer Trümmer. Das eine Mal stießen wir auf ein freiliegendes Stück der alten Straße, ein anderes Mal mußten wir sie unter einer Grasdecke suchen, als wäre das ihr Grab. Trümmer auf dem ganzen Weg. In der Ferne stelzten eingefallene Aquädukte auf ihrer Gigantenbahn über die Ebene, und jeder Windhauch, der uns entgegenwehte, neigte frühe Blumen und Gräser, die auf Meilen von Ruinen wild hervorsprossen. Die unsichtbaren Lerchen, die allein die unheimliche Stille störten, hatten ihr Nest in Ruinen, und die Schäfer in derben Schaffellen, die uns zuweilen aus ihren Schlupfwinkeln anstierten, hausten in Ruinen. In der Richtung auf die Ebene zu erinnerte mich diese öde Campagna an eine amerikanische Prärie, aber was ist die Einsamkeit einer Gegend, wo niemals Menschen gewohnt haben, gegen die einer Wüste, wo ein mächtiges Volk seine Fußspuren in dem Boden hinterlassen hat, von dem es verschwunden ist, wo die Ruhestätten seiner Toten wie seine Toten selbst zerfallen sind und wo das geborstene Stundenglas nur noch ein Haufen eitlen Staubes ist. Auf unserem Heimmarsch über die Straße bei Sonnenuntergang schaute ich von ferne auf den Weg zurück, den wir am Morgen gegangen waren. Wie schon das erste Mal, als ich den Blick zu dieser Tageszeit in mich aufgenommen hatte, überkam mich das Gefühl, als sollte die Sonne niemals wieder aufgehen, sondern an diesem Abend zum letzten Mal herabsehen auf eine Welt von Trümmern.

Charles Dickens (1812–1870)

Fosse Ardeatine · Hinrichtungsstätte und Grab

Im Bewußtsein der Menschen ist der schlimmste Tod der zufällige und sinnlose, weshalb denn auch alles getan wird, um aus unglückseligen Opfern Märtyrer und nach freiem Ermessen handelnde Helden zu machen. Auf den Inschriften des großen Mahnmals bei den Fosse Ardeatine kommt dieses Bedürfnis zum Ausdruck, – wir, die wir hier… da reden die Toten voll Pathos und könnten doch schweigen, da schon der Ort ihre Geschichte auf die erschütterndste Weise erzählt. Für die zweiunddreißig bei einem Bombenattentat im März des Jahres 1944 umgekommenen SS-Soldaten war an Menschenleben die zehnfache Zahl gefordert worden. Eine Anzahl mehr oder weniger Verdächtiger hatte man an Ort und Stelle aufgegriffen, darunter völlig Unbeteiligte, die sich gerade in der Nähe, etwa eingeseift, in einem Barbierstuhl, befanden. Die Gefängnisse, auch die polizeilichen Überwachungsstellen hatten Opfer geliefert, Juden, Antifaschisten, Mißliebige aller Art. Am 24. März wurden die für den Sühnetod Bestimmten auf der Via Ardeatina in die Campagna hinausgeführt, an einen Ort, der beides zugleich sein konnte, Hinrichtungsstätte und Grab. In den Sandhügel eingeschnitten fanden sich hier Gänge, hoch und verzweigt, man begeht sie noch heute und folgt damit dem letzten Weg der vom Tode zusammengewürfelten Schar. Nur daß es damals dort drinnen dunkel war, während jetzt der Himmel hereinschaut, gerade die Sprengung, durch die das Massengrab unzugänglich und unauffindbar gemacht werden sollte, riß ein Stück der Erddecke weg. Jetzt brennen zudem hier und dort an den glatten Lehmwänden Lämpchen, eines auch über der besonderen Grabstätte der menschlichen Überreste, die keine Gestalt mehr ergaben. Die andern Toten liegen draußen in nach der Art römischer Triklinien aufgemauerten Reihensarkophagen, – ein gewaltiges finsteres Rechteck, das eine einzige auf niederen Stützen ruhende Betonplatte überdeckt. Das sind die Denkmäler der Toten der Fosse Ardeatine: die monumentale Grabplatte, die Dreiergruppe des Bildhauers Coccia, welche drei Männer, einen jungen Erschrockenen, einen trotzig Aufbegehrenden und einen leidend Gebeugten, zusammenbindet, die Gitter aus schwarzem, gußeisernem Dornengeschlinge, der Hügel, von dem aus man über das junge Lorbeergebüsch eines künftigen Haines zum Grabmahl der Caecilia Metella hinüberblicken kann. Von dem allem bleibt die tropfnasse Grabesfinsternis unter der Betonplatte am nachhaltigsten im Gedächtnis, das furchtbar Abschließende jedes Todes, aber auch das gewaltsame Ersticken und Verbergen dieser besonderen Hinrichtung sind in der einfachen Anlage erschütternd zum Ausdruck gebracht. Ein wenig gelbes Licht dringt dort durch blütenförmige Schlitze im Steinboden wie aus einem warmen, hellen Erdinnern herauf. Auf den welligen Granitplatten schließen bronzene Lorbeerzweige kleine Photographien ein, Namen und Berufe sind verzeichnet, Kaufmann und Bauer, Musiklehrer und Fallschirmabspringer und dazwischen die Ignoti, die Unbekannten, in deren Photographienrähmchen kindliche Heiligenbildchen stecken. Ein Freund, dessen Familienangehörige an ähnlichen Orten und ebenso unbekannt ruhen mögen, führte mich durch die Höhlengänge, über den kleinen Hügel und zwischen den Sarkophagreihen hin. Er war es, der mir angesichts meiner wachsenden Bedrückung erzählte, daß unter den Toten auch ein SS-Mann des Erschießungskommandos, ein Verweigerer des furchtbaren Auftrags, gewesen sei.

Marie Luise Kaschnitz (1901–1974)

S. Sebastiano · Die Katakomben

Was gibt's in Rom doch alles zu entdecken!
Die Katakomben Sankt Sebastians allein
Sind wunderbar, da ging'n die Christen rein,
Um sich für ihren Glauben zu verstecken.

Ein heil'ges Labyrinth, da sind verstreute
Schienbeine, Beckenknochen, Finger, Zehen,
Man kann auch hier und da ein Steißbein sehen,
All die Reliquien finden sich noch heute.

Im bleichen Flackerschein des ew'gen Lichts
Sammelt man sich das heilige Gebein
Und macht ein Skelett davon, das kostet nichts

Und bringt noch Geld, denn es wird gern gekauft.
Wo noch was fehlt, flickt man ein Stückchen ein,
Das Ganze wird als Märtyrer getauft.

Giuseppe Gioachino Belli (1791–1863)

Fisch, Taube, Muschel

20. Oktober 1984

Dann steigen wir in die Katakomben von San Sebastiano hinunter.
Im Eingang schlägt uns Stickluft entgegen. An der Treppe steht ein
Führer, er ruft: „English speaking people!" und alle Engländer, Iren
und Schotten, Amerikaner und Kanadier verschwinden in der Tiefe.
Eine Viertelstunde später ruft ein Pater: „Italiani, Italiani!" und sogleich stürzen die Italiener in die Tiefe. Schließlich, wieder eine
Viertelstunde später, ruft ein zweiter Pater: „Deutsche!" und, zwei
und zwei im Gänsemarsch, marschieren die Deutschen durch die
Gänge. Der Pater führt uns an den Graböffnungen, den Mausoleen,
den Kapellen entlang, er läßt den Strahl seiner Taschenlampe spielen, der Fisch, die Taube, die Muschel erscheinen im Lichtkegel, hin

und wieder liegt auch ein Totenschädel auf einer Konsole. Im Graffitisaal sehen wir die eingekratzten Wandinschriften der Christen: Petrus, Paulus ist da zu lesen, aber hinter dem Rücken des Paters haben 1974 ein Arne und 1980 ein Sam ihre Unsterblichkeit bezeugt. Der Pater ist Pole, wohlbeleibt und kurzatmig, er spricht langsam und sorgfältig, doch aus den hintereinandergehängten Silben bilden sich oft keine Wörter. Tief unter der Erde, im finstersten Dunkel, im engsten Gang, sagt Hans: „Hoffentlich rührt jetzt den Pater nicht der Schlag. Hier wären wir für alle Zeit verloren."

Ludwig Harig (geb. 1927)

Grab der Caecilia Metella

Ein ernster, runder Turm aus alten Tagen,
Wie eine Festung stark, umzäumt von Stein,
Der eines Heeres Sturm wohl könnt' ertragen,
Steht da mit halben Zinnen, ganz allein;
zweitausendjähr'ger Efeu hüllt ihn ein,
Der Kranz der Ewigkeit, der, was uns rauh
Die Zeit zerschellt, umlaubt mit grünem Schein.
Was war der feste Turm? Sein sichrer Bau
Birgt welchen Schatz in sich? – Das Grabmal einer Frau.

Wer aber war die edle Tote, daß
Sie ein Palast deckt? War sie keusch und schön,
Wert, daß ein Fürst, ein Römer sie besaß?
Ließ ein Geschlecht von Helden sie erstehn,
Auf Töchter ihre Schönheit übergehn?
Wie lebte, liebt' und starb sie? Ward gegeben
Ihr dieses Grabmal, glänzend anzusehn,
Dem kein gemeiner Staub sich durft' verweben,
Um darzutun ihr mehr als irdisch Los im Leben?

Liebte sie ihren Gatten, war vielleicht
Von fremden Gatten sie die Buhlerin? –
Denn solche auch hat eh'dem Rom erzeugt. –

War eine Frau sie von Cornelias Sinn?
Glich sie Ägyptens holder Königin,
Leichtfertig, schwelgerisch? Hat sie geübt
Standhafte Tugend? Neigte sie sich hin
Zur Liebe, oder hat sie nie geliebt
Und schloß klug von sich ab, was Herzensruhe trübt?

Sie starb vielleicht noch jung, vielleicht gebeugt
Von Schmerz, der schwerer als die Erde drückt,
Die ihren zarten Staub beschwert; vielleicht,
Daß Wolken ihrer Schönheit Glanz erstickt,
Daß aus der Augen Strahl ein Los geblickt,
Wie's Gottes Liebling trifft, der frühe Tod;
Daß sie der Reiz des Abendrots geschmückt,
Daß ihre Wange, wie das Herbstlaub rot,
Den Hesperus des Tods, die Glut der Hektik bot.

Sie starb vielleicht bejahrt und überlebte
Verwandte, Kinder, Schönheit, – silberweiß
Ihr langes Lockenhaar, das noch umschwebte
Manch stiller Nachklang aus der Zeit des Mais,
Als man es flocht, als sie der Formen Preis,
Den stolzen Putz beneidet trug zur Schau
In Rom! – Wer sagt's? Nur eins ist, was man weiß:
Metella starb, des reichsten Römers Frau,
Und Liebe oder Stolz trieb ihn zu diesem Bau.

Seltsam, O Grab! so stehend neben dir,
Wähn' ich, ich hätt' die Tote selbst einmal
Gekannt; die alte Zeit geht auf in mir,
Nachklingend wie Musik, – nur ist der Schall
Verwandelt, feierlich, wie trüber Hall
Des Donners, der erstirbt im fernen Winde.
Ich möchte ruhn an diesem Efeuwall,
Bis für des Geistes Glut ich Formen finde
Und Leben in dem Wrack, das vor mir schwimmt, ergründe, –

Und aus den Planken, fern am Strand zerstreut,
Ein Hoffnungsboot mir baun mit neuem Mut,
Um frisch zu kämpfen mit dem Meer, umdräut
Von lauter Brandung und vom Sturm der Flut,
Der an dem Ufer tobt in ew'ger Wut,
Wo ich, was je mir teuer war, sah stranden;
Doch zimmerte ich aus geborgnem Gut
Mir auch mein rohes Boot, wo sollt' ich landen,
Da Heimat, Hoffnung, Glück und Lebenslust mir schwanden?

George Gordon Lord Byron (1788–1824)

Stätten tiefsten Grames

Auch die Campagna verbreitet sich noch nach allen Seiten und vor
allen Toren so öde und schön wie ehedem, und es hat nicht den Anschein, als ob sie sich nächstens in ein blühendes Kulturgefilde verwandeln werde. Noch immer ziehen die Schafherden langsam wei-
dend über die vulkanischen Hügel, die einst alte verschollene Städte
trugen, lagern sich bei Sonnenuntergang zusammengedrängt in der
Nähe eines Mauerwerks oder erdbedeckten Grabes, und der Hirte
zündet aus Dornsträuchern ein Feuer an, dessen Rauch sich am
Boden langsam fortzieht. Bei Ponte Salaro, Acqua Acetosa und
gegenüber an der Flaminischen Straße liegen noch immer am Tiber
die Anschwemmungen und Abspülungen des Stromes, wie eine
Reihe gewaltiger Schollen oder Bastionen, fast regelmäßig ab-
gestuft, schwarze Schatten werfend, von einzelnen abgebrochenen
Türmen oder Ruinen gekrönt – Stätten tiefsten Grames, wo der
Erdgeist dunkel waltet und schwer drückt. Bei Porta Furba, auf der
Landstraße nach Frascati, bilden die drei sich kreuzenden Wasserleitungen noch immer die herrliche Gruppe in der *Nähe* mit dem Blick
auf das Gebirge in der *Weite*, und auch die einsame Pinie steht noch
als Wahrzeichen für die gleichnamige Osteria. Vor Porta Pia, nachdem man die Mauern der Villen überwunden hat, gelangt der Wanderer noch immer zu den mit dürren Dornen, auch mit Anemonen
und Veilchen bewachsenen Höhen, an deren Fuß noch immer der

Anio, der kleine Tiber, den das Sabinerland gesendet hat, von der nomentanischen Brücke überspannt, sich windet. Jenseits der Cäcilia Metella zieht sich noch immer jener Weg erhabener Trauer hin, die *regina viarum*, die alte *Via Appia*, die Gräberstraße: zu beiden Seiten aufgegrabene Platten und Bruchstücke, Inschriften und Figuren, hin und wieder konische, mit jungen Zypressen und Pinien in die Runde umpflanzte Hügel, die nichts anderes sind als Grabmäler; man ersteigt sie und überschaut schweigend die schweigende, gehobene und versunkene Öde. Der größte dieser wieder zu Erde gewordenen Bauten, das *Casale Rotondo*, von runder Zylinderform, wie ein kleineres Kastell St. Angelo, geschält und seines Marmors entkleidet, wie Cäcilia Metella, trägt auf seiner Höhe einen kleinen Olivenhain und eine steinerne Hütte, und man kann sich dort oben im Grase lagern: fern zieht sich langgestreckt die Stadt hin, Maria Maggiore und der Lateran sind grade noch zu unterscheiden, drüber leuchtet Villa Mellini als weißgelber Punkt, zum Greifen nahe aber hält auf der entgegengesetzten Seite das Albanergebirge seine hellen, schimmernden Häusergruppen dem Blick entgegen. Auf diesem Wege öffnen sich auch die feuchten Modergruben, in denen sich anfangs das Christentum verbarg, und viele steigen bei Fackellicht in diese Katakomben hinab: der Verfasser eilte immer schaudernd vorüber, blickte lieber zum Himmel und wiederholte im stillen Helenas Worte:

Die grausen Nachtgeburten drängt der Schönheitsfreund
Phöbus hinweg in Höhlen oder bändigt sie.

Wer ein gutes Pferd hat und zu reiten liebt, oder auch der geübte Fußgänger kann auch auf Quer- und Nebenwegen frei durch die Campagna schweifen, und wenn den erstern die hölzernen Zäune, den andern ein Graben oder böse Hunde zwingen, sich seitwärts zu schlagen, gerade dann treffen sie in dieser Unendlichkeit von Erdbildungen und Beleuchtungsmomentan auf unerwartete, so noch von niemand gesehene Szenen. Die Campagna ist noch so unbewohnt oder der Anbau, die Niederlassung so zerstreut wie je; die kleinen Wirtschaften, in denen man einkehrt, so ursprünglich, wie vor grauen Jahren. Ein Schilfdach, an den Seiten offen, grobe Tische, ländlicher Wein, hartes Brot – wenn's hoch kommt, roher Schinken und hartgesottene Eier. Der Wirt oder die Wirtin stecken ihre Finger in die Gläser und tragen sie so auf den Tisch: der Gast, wenn er ekel ist, spült sie sich mit demselben Wein, den er trinken soll, notdürftig aus. Etwas, doch nicht viel besser sieht es in den Osterien in der Nähe der Stadt, bei Ponte Molle, vor Porta Pia, Salara usw. aus, die besonders sonntags sich mit Fahrgästen füllen und bei Ave Maria sich wieder leeren.

Victor Hehn (1813–1890)

Feld vor Rom

Von höhen maassen wir die abendgegend
Der welten trümmer sich im glanze regend
Wir treten in die fluren öd und streng
Von nah und fern ein hauch macht bang und eng.

Denn mussten wir vor aufgehäuftem prunke
Vor grosser gruft glorreichem säulenstrunke
Weniger weinen? und was war uns seit
Der kronen zier · der völker herrlichkeit!

Wir fühlen scheidend: säen oder roden
Verwehrt den schmerzlichen der stolze boden..
Sieh! weit in wolken schein des ewigen tors
Und blut- und veilchenfalten eines flors

Auf wehem grün der welligen ebne fliegend
Frascati bleicher an den berg sich schmiegend..
Noch einmal halt an diesem hügel still,
Pflückend die schattenlilie asphodill.

Stefan George (1868–1933)

Einmarsch der Amerikaner

Die Kolonne setzte sich wieder in Bewegung, aber bei Capo di Bove, wo das Grabmal des Athleten steht, mußten wir die Fahrt verlangsamen, um den GI's Zeit zu lassen, die Statue des Boxers mit Namenszügen zu bedecken. „Go on! go on!" schrie General Cork, aber im Ort Capo di Bove selbst, vor der berühmten Schenke „Qui non si muore mai", drehte ich mich zu General Cork um und rief, auf das Wirtshausschild deutend: „Hier stirbt man nie!"

„What?" rief General Cork, der versuchte, mit der Stimme das Getöse der Raupenketten seiner Shermans und das fröhliche Lärmen der GI's zu übertönen.

„Here we never die", rief Jack.

„What? we never dine?" brüllte General Cork.

„Never die!" wiederholte Jack.

„Why not?" schrie General Cork, „I will dine, I'm hungry! Go on, go on!"

Vor dem Grabmal der Caecilia Metella bat ich Jack, einen Augenblick anzuhalten, und mich zu General Cork zurückwendend, rief ich, daß dieses das Grab einer der vornehmsten Matronen des alten Rom sei, das Grab jener Caecilia Metella, die mit Sulla verschwägert war.

„Sulla? Who was this guy?" rief General Cork.

„Sulla, the Mussolini of the ancient Rome", rief Jack. Und ich verlor mindestens zehn Minuten, um General Cork klarzumachen, daß Caecilia Metella „wasn't Mussolini's wife", nicht Mussolinis Frau war.

Die Nachricht flog von Wagen zu Wagen, und in Massen stürmten die GI's das Grabmal der Caecilia Metella, the Mussolini's wife. Endlich setzten wir uns wieder in Marsch, fuhren hinab gegen San Sebastiano, wieder hinauf zum Eingang der Katakomben des heiligen Callistus, und als wir uns vor der kleinen Kirche „Domine quo vadis" befanden, rief ich General Cork zu, daß man hier anhalten müsse, selbst auf die Gefahr hin, Rom als letzte zu erobern, denn dies sei die Kirche „Quo vadis".

„Quo what?" rief General Cork.

„The Quo vadis church!" schrie Jack.

„What? what means Quo vadis?" rief General Cork zurück. „Where are you going?" antwortete ich.

„To Rome, of course!" schrie General Cork. „Wo denken Sie denn, daß ich hin will? Ich will nach Rom! I'm going to Rome!"

Im Jeep stehend, erzählte ich daraufhin mit lauter Stimme, daß eben hier an dieser Stelle der Straße, vor diesem Kirchlein, Sankt Peter Jesus begegnet sei. Die Nachricht lief die Kolonne entlang, und ein GI rief: „Which Jesus?"

„The Christ, of course!" brüllte General Cork mit donnernder Stimme.

Die ganze Kolonne wurde still, und die GI's drängten sich ehrfürchtig und schweigend vor der Tür der kleinen Kirche. Sie wollten hinein, aber die Tür war verschlossen. Manche versuchten, mit Gewalt die Türflügel einzudrücken und stemmten sich mit den Schultern dagegen, andere bearbeiteten sie mit Fäusten und Fußtritten, und der Mechaniker eines Sherman wollte sie mit einer Eisenstange aus den Angeln heben. Da öffnete sich plötzlich das Fenster eines der schmutzigen Häuser gegenüber der kleinen Kirche, und eine Frau beugte sich heraus und schleuderte einen Stein gegen die GI's, spuckte nach ihnen und schrie:

„Svergognati! Tedeschi puzzoni! Ihr Schamlosen, ihr deutschen Stinkkerle! Fii de mignotta! Ihr Hurensöhne!"

„Sagen Sie dieser guten Frau, daß wir keine Deutschen sind – wir sind Amerikaner!" rief mir General Cork zu.

„Siamo americani!" schrie ich.

Auf diese Worte hin wurden plötzlich alle Fenster jener Häuser aufgerissen, hundert Köpfe streckten sich heraus, und ein jubelnder Chor schallte von allen Seiten: „Hoch die Amerikaner! Es lebe die Freiheit!" Eine tobende Menge von Frauen, Männern, Kindern, mit Knüppeln und Steinen bewaffnet, kam hinter Türen und Hecken hervor, warf ihre kümmerlichen Waffen fort und sprang auf die GI's los: „Die Amerikaner! Die Amerikaner!"

Während die GI's und die Volksmenge sich mit lautem Jubel umarmten und ein unbeschreibliches Getümmel verursachten, winkte mich General Cork, der bei diesem ganzen Durcheinander sich nicht aus seinem Jeep gerührt hatte, zu sich heran und fragte mich leise, ob es wahr sei, daß der heilige Petrus gerade hier an dieser Stelle Jesus Christus begegnet sei.

„Weshalb sollte das nicht wahr sein?" antwortete ich, „in Rom sind Wunder die natürlichste Sache der Welt."

„Nuts!" entschied General Cork. Und nach kurzem Schweigen bat er mich, ihm in allen Einzelheiten zu berichten, wie sich das zugetragen habe. Ich erzählte ihm vom heiligen Petrus, von seiner Begegnung mit Jesus Christus, von der Frage des Petrus: „Quo vadis, domine?, wohin gehst du, Herr?" und General Cork schien mir sehr angetan von dieser Erzählung, besonders von den Worten des heiligen Petrus.

„Sind Sie wirklich sicher", fragte er mich, „daß Sankt Petrus den Herrn gefragt hat, wohin er gehe?"

„Was sollte er ihn sonst fragen? Was hätten Sie an Stelle des heiligen Petrus denn Jesus gefragt?"

„Natürlich", antwortete General Cork, „ich hätte ihn auch gefragt, wohin er geht." Und er schwieg. Dann, den Kopf schüttelnd, sagte er: „Das ist also Rom!" Und weiter sagte er nichts.

Curzio Malaparte (1898–1957)

Neue Ghettos

Man tut, als sei die römische Campagna, die Goethe so liebte, noch immer die romantische Wildnis, die von den Hirten auf den Stichen Pinellis bewohnt wird. In Wirklichkeit gibt es dort 100 Trabantensiedlungen, in denen eine halbe Million Menschen unter Lebensbedingungen haust, die denen der rückständigsten Zonen Süditaliens vergleichbar sind. Mindestens weitere 500 000 Personen leben in Slums, in Hütten aus Brettern, Blech und sogar Pappe. Dort haben die ärmsten Zuwanderer aus dem Süden Unterschlupf gefunden, jene, die nicht einmal ein Fleckchen Erde kaufen konnten, um sich ein Häuschen zu errichten. Wo es eine Höhle, eine Mauer, einen Eisenbahndamm, den Rest eines Aquädukts, ein verlassenes Gebäude oder verlassenes Plätzchen gibt, finden sich solche Hütten. Dazu kommen die Siedlungen, die der Faschismus um 1930 errichtete, als in Rom das Krebsgeschwür der Ghettos zu wuchern begann. Die Römer haben die Tragödie tausender Familien nicht vergessen, die von der Abbruchsspitzhacke im Namen des imperialen Roms vertrieben, in die Gemeinschaftsunterkünfte der Garbatella deportiert und dann in winzige Häuschen ohne sanitäre Einrichtungen in Acilia, Pietralata, Trullo, Tiburtino, Ottavia, Quarticciolo, Tufello, San Basilio, Val Melaina umgesiedelt wurden. Es waren die Siedlungen, die dann in der Nachkriegszeit für einen Augenblick durch Literatur und Film berühmt wurden. Schwarz gebaute Trabantensiedlungen, Slums, Baracken, Betonkäfige in Tiburtino, Quarticciolo, Pietralata sind das Ergebnis der Zuwanderungsflut, die Rom von 1948 an bis heute heimsucht. Von 1964 an zogen jährlich rund 100 000 Menschen in die Hauptstadt um, fast allesamt Bauern aus Süditalien, Latium und Mittelitalien; es handelt sich um die Ärmsten, am schlechtesten Ausgebildeten, und sie sind unfähig, Arbeit in den Fabriken Norditaliens oder Westeuropas anzunehmen. Ergebnis: Rom besitzt ein Subproletariat von einer Million, das größte Subproletariat Italiens.

Giovanni Russo (geb. 1925)

ABSCHIED VON ROM

Distichon, da er der Römerstadt Lebewohl sagte

Rom, leb wohl! Ich hab dich gesehn genug; ich kehr wieder,
    wenn ich Kuppler und Hur', Witzbold und Wollüstling bin.

Erasmus von Rotterdam (1466–1536)

Beim Abschied von Rom im Jahre 1566

Beschmutzter Leichnam blühnder Anmut von einstmals,
der alten Reinheit schmählich Abbild voll Schande,
hast nicht mehr Teil an Rom, bist aber Rom trotzdem,
ein Rom jedoch, das nichts von Rom mehr kann bieten,
genährt wirst vom Betrug du, förderst Trug selber,
du Stadt, die abgewrackt ist, mehr noch als Huren,
und die nach Hurenart in Geilheit lebt, lüstern,
die fast vergeht im Schlamm und Abschaum von Dirnen,
als Dirne übertriffst du dich und bist selber
in deinem Puff zum eignen Puff gemacht worden:
Leb wohl, du Stadt der falschen Scham, die doch immer
die rechte Scham und ihren Namen bankrott macht,
ein Schandfleck bist du, unverdienten Guts Makel,
du Perle einstmals, jetzt jedoch des Glücks Abgrund,
der Müßiggänger Mutter, im Geschäft rastlos;
leb wohl, Verruchte du, geschändet, voll Unzucht,
befleckte Kupplerin der unvermählten Quiriten,
besudelt: Soll ich mich denn wundern, daß deine
Gesittung fault, da doch dein Leben längst faul ist?

Joseph Justus Scaliger (1540–1609)

Als er auß Rom geschieden

Ade, Begriff der Welt, Stadt der nichts gleich gewesen /
Vnd nichts zu gleichen ist / In der man alles siht
Was zwischen Ost vnd West / vnd Nord vnd Suden blüht,
Was die Natur erdacht / was je ein Mensch gelesen.

Du / derer Aschen man / nur nicht vorhin mit Bäsen
Auff einen Hauffen kährt / in der man sich bemüht
Zu suchen wo dein Grauß / (fliht trüben Jahre! fliht)
Bist nach dem Fall erhöht / nach langem Ach / genäsen.

Ihr Wunder der Gemäld / ihr prächtigen Palläst /
Ob den die Kunst erstarr't / du starck bewehrte Fest /
Du herrlichs Vatican / dem man nichts gleich kan bawen;

Ihr Bücher / Gärten / Grüfft'; ihr Bilder / Nadeln / Stein /
Ihr / die diß vnd nochmehr schliß't in die Sinnen eyn /
Ade! Man kan euch nicht satt mit zwey Augen schawen.

Andreas Gryphius (1616–1664)

Klassische Reminiszenzen

Auf eine besonders feierliche Weise sollte jedoch mein Abschied aus
Rom vorbereitet werden; drei Nächte vorher stand der volle Mond
am klarsten Himmel, und ein Zauber, der sich dadurch über die ungeheure Stadt verbreitet, so oft empfunden, ward nun aufs ein-
dringlichste fühlbar. Die großen Lichtmassen, klar, wie von einem
milden Tage beleuchtet, mit ihren Gegensätzen von tiefen Schatten,
durch Reflexe manchmal erhellt, zur Ahnung des Einzelnen, setzen
uns in einen Zustand wie von einer andern, einfachern, größern
Welt.

Nach zerstreuenden, mitunter peinlich zugebrachten Tagen
macht' ich den Umgang mit wenigen Freunden einmal ganz allein.
Nachdem ich den langen Korso, wohl zum letztenmal, durchwan-

dert hatte, bestieg ich das Kapitol, das wie ein Feenpalast in der Wüste dastand. Die Statue Mark Aurels rief den Kommandeur in „Don Juan" zur Erinnerung und gab dem Wanderer zu verstehen, daß er etwas Ungewöhnliches unternehme. Dessenungeachtet ging ich die hintere Treppe hinab. Ganz finster, finstern Schatten werfend, stand mir der Triumphbogen des Septimius Severus entgegen; in der Einsamkeit der Via Sacra erschienen die sonst so bekannten Gegenstände fremdartig und geisterhaft. Als ich aber den erhabenen Resten des Koliseums mich näherte und in dessen verschlossenes Innere durchs Gitter hineinsah, darf ich nicht leugnen, daß mich ein Schauer überfiel und meine Rückkehr beschleunigte.

Alles Massenhafte macht einen eignen Eindruck zugleich als erhaben und faßlich, und in solchen Umgängen zog ich gleichsam ein unübersehbares Summa Summarum meines ganzen Aufenthaltes. Dieses, in aufgeregter Seele tief und groß empfunden, erregte eine Stimmung, die ich heroisch-elegisch nennen darf, woraus sich in poetischer Form eine Elegie zusammenbilden wollte.

Und wie sollte mir gerade in solchen Augenblicken Ovids Elegie nicht ins Gedächtnis zurückkehren, der, auch verbannt, in einer Mondnacht Rom verlassen sollte. „Cum repeto noctem!" seine Rückerinnerung, weit hinten am Schwarzen Meere, im trauer- und jammervollen Zustande, kam mir nicht aus dem Sinn, ich wiederholte das Gedicht, das mir teilweise genau im Gedächtnis hervorstieg, aber mich wirklich an eigner Produktion irre werden ließ und hinderte; die auch, später unternommen, niemals zustande kommen konnte.

Wandelt von jener Nacht mir das traurige Bild vor die Seele,
    Welche die letzte für mich ward in der römischen Stadt,
Wiederhol' ich die Nacht, wo des Teuren so viel mir zurückblieb,
    Gleitet vom Auge mir noch jetzt eine Träne herab.
Und schon ruhten bereits die Stimmen der Menschen und Hunde,
    Luna, sie lenkt' in der Höh' nächtliches Rossegespann.
Zu ihr schaut' ich hinan, sah dann kapitolische Tempel.
    Welchen um sonst so nah unsere Laren gegrenzt.

Johann Wolfgang Goethe (1749–1832)

Abenddämmerung eines festlichen Tages

Ein schöner Zeitabschnitt meines Lebens geht zu Ende. Die Nähe meines Abschiedes von Rom umzieht mir die Seele mit einem Schatten, welcher der tieferen Abenddämmerung eines festlichen Tages gleicht. Ich verlasse unvergeßliche Stellen. – Was ist es, hab' ich oft mich gefragt, wodurch Rom, trotz aller abstoßenden Mängel, dennoch eine so anziehende Gewalt über mich ausübt! – In Neapel erfuhr ich, daß es nicht die ewig heitre Milde des südlichen Himmels allein ist, die meinem ganzen Wesen so zusagt. Die Geschichte der Menschheit, die in Rom, diesem Mittelpunkte der alten Welt, sich vor mir aufblättert, und meinen Geist lebendig beschäftiget: die ist es, die so wunderbar mächtig auf mich einwirkt, und mit einer unvertilgbaren Zuneigung mich erfüllt. Nicht Tage; – Jahrtausende sind es, die hier vor dem Anschauen vorübergehn, ihre Tatenverzeichnisse aufschlagen und hinweisen auf die Denkmale, die sie zurückließen. Vor solchem Anschauen fallen des Daseins enge Schranken nieder! Da leuchtet es ein, welche Arbeit es der Menschheit kostete, den Menschen zu bilden, von welchem hinwiederum jene gebildet wird.

Elisa von der Recke (1754–1833)

Nie mehr recht glücklich

Basel, 11. September 1846

O wie ist mir diesmal der Abschied von Italien schwer geworden! Ich weiß es jetzt, daß ich außerhalb Roms nie mehr recht glücklich sein werde und daß mein ganzes Streben sich törichter Weise in dem Gedanken konzentrieren wird, wieder hinzukommen und wäre es auch als Lakai eines Engländers. Ich könnte Dir in Rom verschiedene Stellen zeigen, auf der Straße, in Gärten u.s.w., wo mich ohne besondern Anlaß das Gefühl überraschte, daß ich jetzt vollkommen glückselig sei; es war eine plötzliche, vom Genuß nicht abhängige, innere Freude. Eine dieser Stellen ist auf der Treppe des Palazzo Farnese, beim ersten Absatz, also nicht einmal eine sonderliche Lokalität. Eine andere Stelle, wo ich in den ersten Tagen des Mai einmal dasselbe Gefühl hatte, ist rechts von der Fontana di Trevi. Ich fühlte

mich zu Rom in einer Harmonie aller Kräfte wie ich sie nie gekostet, einige gute Tage in Bonn ausgenommen. Denn verliebte Zeiten, wo man zwar bisweilen glückselig, aber dabei außer allem
Gleichgewicht ist, rechne ich nicht in dieses Kapitel, weil es da gar
keine Kunst ist, sich glücklich zu fühlen. – Als ich am 8. Juli Rom
zum letztenmal verließ und der Wagen um der Pässe willen vor
Porta del popolo stille hielt, stieg ich noch einmal aus und ging
feierlich wieder 3 Schritte weit zum Tor hinein, wodurch ich meine
künftige Wiederkehr habe versinnbildlichen wollen. Am Ponte
Molle hat es doch einige Zähren gekostet.

Jacob Burckhardt (1818–1897)

Nie wieder ganz unglücklich

Der Abschied von Rom ist schmerzlich und ein Aufreißen der Seele.
Er stellt einem alles Ungenügen des irdischen Zustandes vor Augen.
Wer scheidet, nach einem Aufenthalt von Tagen oder von Jahren,
der scheidet mit dem Bewußtsein, kaum erst begonnen zu haben.
Und niemand weiß, ob er der Wiederkehr gewiß sein kann.
    Es ist alter Gebrauch, vor dem Aufbruch aus der Fontana Trevi zu
trinken und ein Geldstück in ihr Wasser zu werfen; wer das tut,
heißt es, dem sei die Rückkehr verbürgt. Der Trunk steht einem
jeden frei. Wer im Zeitalter der schmierigen, oft schon in trockenem
Zustande sich auflösenden Geldscheine am Einwurf festhalten will,
dem sei ein Gettone empfohlen, eines jener spielmarkenähnlichen
Scheibchen, die für den Telephonautomaten bestimmt sind.
    Wem nur eine kurze römische Zeit gewährt war, der mag sich
trösten. Denn gemessen an der Unausschöpfbarkeit dessen, was
diese Stadt in Bereitschaft hält, sind auch zwanzig, sind auch vierzig
Jahre römischen Lebens bloß ein Anfang. Und nur wer die Fähigkeit
hätte, ein Jahrhundert oder deren zwei mit unabnützbarer Sinnen-
frische in Rom zu leben, nur der dürfte vielleicht sich rühmen, die
Brunnenschale leergetrunken zu haben. Uns anderen ist der Trank
fingerhutweise zugemessen, – was ist da an der Zahl der Fingerhüte
gelegen? Es ist ja nicht die Aufgabe, in Rom Kenntnisse zu erwer-

ben. Kenntnisse vergessen sich und bleiben ein Bruchstück. Du warst hergekommen, um eine Erweiterung deiner Seele zu erfahren, die dir nie wieder verloren gehen kann.

Vielleicht liegt auch eine Gnade darin, daß dem, der nur ein flüchtiger Gast sein durfte, das Bild Roms in aller Strahlenkraft des Anfangs erhalten bleibt. Er muß nicht die Erfahrung machen, daß es auch in Rom zugeht wie anderwärts mit Verdrießlichkeiten, Zahnschmerzen, Ämtern und unauffindbaren Kragenknöpfchen, und daß der Mensch nicht gemacht ist, in einem erhöhten Seelenzustande auszudauern wie der ohne Füße und darum ohne Erdberührung erschaffene Paradiesvogel des Märchens. Ihm bleibt eine ewigwährende Sehnsucht zurück, die mehr ist als alle Erfüllung, ein Heimweh nach Rom als Abbild jenes höheren Heimkehrverlangens, das in die Brust des Menschen gelegt wurde.

Wer einmal, und sei es für eine noch so sparsam bemessene Zeit, in Rom war, der hat in Jahrhunderten und in Jahrtausenden gelebt. Er hat eine Erhabenheit der Anschauung gewonnen, die ihm seine alltäglichen Kleinlichkeiten und Kümmernisse in ihrer Nichtigkeit dartut. Sein Auge war unausgesetzt mit bedeutenden oder doch mit anmutenden Gegenständen beschäftigt; es war nicht anders möglich, als daß auch sein Sinn sich zu ihnen erhöhte. Erlebnisse und Begegnungen, es sei nun mit Menschen, Schicksalsfügungen, Kunstwerken, Gedankengängen, Landschaften oder Örtlichkeiten, bemessen wir danach, wie weit ihnen eine verwandelnde Kraft innewohnt. Du kamst in die Stadt der höchsten Universalität, die wie in alle Zeiten so auch bis an die Enden der Erde ausstrahlt. Du erfuhrst ihre geheimnisvolle Fähigkeit, sich alles Neue anzuverwandeln, von den Obelisken Ägyptens an, und es mit dem Alten, dem Urältesten in ein lebendiges Gebilde zu verschmelzen. Dich überkam das große Gefühl des Bleibenden, des natürlich-ruhigen Fortbestandes, der auch durch noch so vulkanische Vorgänge nur beeinträchtigt, nicht aber aufgehoben werden kann, ja, wenn der Ausdruck gestattet ist, der zeitlichen Ewigkeit. Solange du in Rom warst, schienen die Grenzen menschlicher Endlichkeit dir geweitet. Alle Geschicke der Welt wie in einem Auszuge an einem einzigen Orte überblickend, meintest du, zum mindesten zaungastweise, mit im Rate der Götter zu sitzen. Und wie die Alten vom Zeus von Otricoli sagten, wer einmal sein Angesicht gesehen habe, der könne in seinem Leben nie wieder ganz unglücklich werden, so möchte ich meinen, wem ein römischer Aufenthalt beschieden war, dem müßte es unmöglich sein, ganz so weiterzuleben, als sei nichts geschehen, und in einer hergebrachten Gesinnung seine Geschäfte zu fördern.

Deutlicher als an jedem anderen Ort spürst du in Rom, daß etwas vom Pilger in uns allen steckt. Möchtest du auch spüren, daß jedem Pilger die Heimkehr verheißen ist.

Werner Bergengruen (1892–1964)

NACHWORT

Über keine Stadt der Welt ist mehr geschrieben worden als über Rom: Jahrhundertelang hat Rom die Welt regiert – eine Stadt aus Marmor und Gold, eine Stadt der Wunder, eine Stadt, deren Tempel, Theater und Thermen, deren Paläste, Brunnen und Stadien, deren Luxus und Pracht nicht ihresgleichen hatten. Mit den Barbareneinfällen des fünften Jahrhunderts begann der tausend Jahre währende Verfall. Die Stadt verlor ihre weltliche Macht – und herrschte doch immer noch über die Welt, als Haupt der Kirche auf Erden. Erst in der Renaissance und im Barock erwuchs aus den Ruinen ein neues Rom. Nun zeigte es sich wieder durch seinen äußeren Glanz, daß es *caput mundi*, Hauptstadt der Welt, geblieben war.

Als italienische Truppen am 20. September 1870 die irdische Herrschaft des Papstes beendeten, sank die Hauptstadt der Welt zur Hauptstadt Italiens herab, die Heilige Stadt wurde weltlich, eine Stadt wie andere Städte – und doch mit keiner zu vergleichen. Gewiß war der einstige Zauber dahin: Der malerische Tiberlauf wurde zwischen „gigantische Festungsmauern" (Zola) gesperrt, die Gärten und Weinberge innerhalb der Aurelianischen Mauer verschwanden, wurden bebaut, und auch außerhalb der Mauern entstanden für die neue Gesellschaft der Verwaltungsbeamten ganze neue Stadtviertel. Die Bauspekulation blühte. Das Nationalmonument zerstörte den innersten Kern, und wenige Jahrzehnte später schlug der Faschismus neue Wunden in mittelalterliche Quartiere. Heute ist die Bevölkerungszahl Roms mehr als zehnmal so hoch wie vor hundert Jahren. In den Abgasen der Autos zerbröckeln die Steine, Marc Aurel mußte innerhalb der Museumsmauern Schutz suchen, und nur noch eine Kopie des Meisterwerks hält die Hand über die Stadt.

Und doch ist Rom vielleicht noch immer die Stadt der Städte, der Inbegriff des Urbanen, eine Stadt, in der die alte Welt mit der neuen auf lebendigste Weise verschmilzt, so daß die Ewige Stadt nicht zur

Mumie erstarrt, nicht zum Museum geworden ist, obwohl sie die Geschichte fast dreier Jahrtausende in sich trägt: sichtbar und unsichtbar, gehegt und unbarmherzig überrollt, und nun, nach den gigantischen Renovierungen für das Jubeljahr 2000, in überwältigender Schönheit und Frische.

Die in diesem Buch gesammelten Texte zeigen Rom in seinem Glanz und in seinem Elend, als Ziel der Lebensreise, als Erfüllung aller irdischen Träume, aber auch als „Grab der Vergangenheit", als Schutthaufen der Geschichte. Manche Texte sind kritisch, voll Verachtung, manche haßerfüllt. Auch diese Tradition ist alt und nie verstummt.

Die meisten Autoren aber stehen im Bann der Stadt, versuchen ihre Wunder zu beschreiben, ihr Wesen zu begreifen oder doch wenigstens die Trauer über die Vergänglichkeit ihrer Größe auszusprechen. Viele erzählen von Plätzen, Monumenten und Traditionen, die es nicht mehr gibt. Sie bereichern den Anblick des Sichtbaren, vergegenwärtigen das Verschwundene, im Neuen Aufgegangene. Die Steine beginnen zu reden, wenn man ihr Schicksal kennt, und ein Menschenleben wird nicht reichen, ihnen zuzuhören.

Bei manchen Texten wird man nur lockere örtliche Beziehungen finden. Oft ist ein Platz, ein Brunnen, ein Palast nur Anlaß, auslösendes Moment für einen Gedanken oder ein Gedicht. Aber gerade in solchen Texten zeigt sich der *genius loci*, klarer und schöner als in unmittelbaren Beschreibungen.

Die Texte stammen aus der Zeit von 200 v. Chr. bis zur Gegenwart, und das bunte Mosaik, das sie bilden, fügt sich fast zu einem Panorama europäischer Literatur: Rom war und ist eines ihrer großen Themen.

Die Auswahl aus der fast unendlichen Fülle der Romliteratur ist subjektiv. Mancher Leser wird daher einen Text, den er besonders schätzt, oder den Platz, den er am liebsten aufsucht, vermissen. Bevorzugt wurden Texte, die sich in ihrer Sprache und in ihrer Absicht vom üblichen Reiseführer möglichst weit abheben. Das persönliche Urteil (auch wenn es falsch ist), der flüchtige Eindruck, das merkwürdige Erlebnis, die Kuriosität, das Originelle und Amüsante sollten eher zur Sprache kommen als die sachliche Information, als historische und kunstgeschichtliche Einzelheiten.

Die Anordnung der Texte folgt – abgesehen von den einleitenden Kapiteln und vom Schluß – topographischen Gesichtspunkten. Der literarische Rundgang beginnt in der Mitte, auf dem Kapitol, dem Forum und dem Palatin. Von den mittelalterlichen Vierteln um den Campo de' Fiori wandern wir dann, immer noch innerhalb der Mauern, um das Zentrum herum, überschreiten mit dem Kapitel „Trastevere und Gianicolo" den Tiber und ziehen einen zweiten, weiteren Kreis meist außerhalb der Mauern bis zur Via Appia.

Zahlreiche Anregungen haben die im Quellenverzeichnis genannten Textsammlungen gegeben. Für Literaturhinweise danke ich Lewis W. Beck, Susanna Bette, Rudolf Reiser, Eva Stroh, Marjory Woods und Albert von Schirnding. Besonderen Dank schulde ich Gertrud Leutenegger, in deren Fotografien viel vom melancholischen Zauber der Stadt sichtbar wird, und Kristof Wachinger, ohne den das Buch nicht entstanden wäre.

Nach drei Auflagen im Deutschen Taschenbuch Verlag erscheint der literarische Romführer nun in überarbeiteter und erweiterter Form in der Wissenschaftlichen Buchgesellschaft Darmstadt. In die Neuausgabe wurden einige der seither erschienenen Rom-Texte und mehrere 'klassische' Stücke aufgenommen. Ich danke der Wissenschaftlichen Buchgesellschaft für die Übernahme und Herrn Daniel Zimmermann für die angenehme Zusammenarbeit.

München, 1. März 2000   Franz Peter Waiblinger

Autoren- und Quellenverzeichnis

ADLER, Jacob Georg Christian (1756–1834). Reisebemerkungen auf einer Reise nach Rom. Altona 1784. Abdruck nach KUHN (s. u.). *Seite 54*

ALFIERI, Vittorio (1749–1803), Sonetto. Übersetzung von August Kellner. Abdruck nach: Stendhal (Henri Beyle): Wanderungen in Rom. Deutsch von Friedrich von Oppeln-Bronikowski und Ernst Diez. Berlin 4. Aufl. o. J. *Seite 26*

ALVERDES, Paul (1897–1979). Die Grotte der Egeria. Tage in Rom und Oberitalien. Konstanz 1950. Mit freundlicher Genehmigung von Wolf Alverdes. *Seite 199*

AMBROSIUS (ca. 334–397). Hymnus de SS. Petro et Paulo apostolis. Übersetzung: Johannes Linke. Die Hymnen des Hilarius und Ambrosius. Bielefeld und Leipzig 1884. *Seite 21*

AMMIANUS MARCELLINUS (geb. um 330). Rerum gestarum libri, 14,6, 3–6; 16,10, 13–17; 17,4, 12–15; 28,4, 29–31. Übersetzungen: Hrsg. *Seite 3, 20, 87, 160*

ANDERSCH, Alfred (1914–1980). Aus einem römischen Winter. © 1979 by Diogenes Verlag AG Zürich. *Seite 144*

ANDERSEN, Hans Christian (1805–1875). Eines Dichters Basar. Reiseerlebnisse in Deutschland, Italien, Griechenland und dem Orient. Herausgegeben von Gisela Perlet. Weimar o. J. *Seite 122, 135*

D'ANNUNZIO, Gabriele (1863–1938). Römische Elegien. Deutsch von Eugen Guglia. Wien 1903. *Seite 243*

ATTERBOM, Per Daniel Amadeus (1790–1855). Ein Schwede reist nach Deutschland und Italien. Jugenderinnerungen eines romantischen Dichters und Kunstgelehrten aus den Jahren 1817 bis 1819. Nach dem Erstdruck von 1867 neu herausgegeben von Elmar Jansen. Weimar o. J. (1967). *Seite 242, 246*

AUGUSTINUS (354–430). Confessiones 6,8,13–6,9,14. Confessiones/Bekenntnisse. Lateinisch und Deutsch. Eingeleitet, übersetzt und erläutert von Joseph Bernhardt. Kösel-Verlag, München 1960. *Seite 90*

AUGUSTUS (63 v. Chr. – 14 n. Chr.). Res gestae divi Augusti, c. 12–13. Übersetzung: Hrsg. *Seite 123*

AUSONIUS (D. Magnus Ausonius, 4. Jahrhundert). Ordo urbium nobilium. Übersetzung: Hrsg. *Seite 20*

Bachmann, Ingeborg (1926–1973). Gedichte, Erzählungen, Hörspiel, Essays. München 1964. © Piper Verlag, München 1978. *Seite 109*

Beda Venerabilis (672–735). Die Prophezeiung ist unter seinem Namen überliefert. Übersetzung: Hrsg. *Seite 92*

Belli, Giuseppe Gioachino (1791–1863). Die Wahrheiten des G. G. Belli. Römer, Huren und Prälaten. Eine Auswahl seiner frechen und frommen Verse. Vorgestellt und aus dem Italienischen übertragen von Otto Ernst Rock. Frankfurt 1984. *Seite 88, 121, 253*

Bergengruen, Werner (1892–1964). Römisches Erinnerungsbuch. Freiburg 1949. *Seite 43, 103, 170, 198, 268*

Brinkmann, Rolf Dieter (1940–1975). Rom, Blicke. © 1979 by Rowohlt Taschenbuch Verlag GmbH, Reinbek. *Seite 13, 96, 155*

Brosses Charles de (1709–1777). Des Präsidenten De Brosses vertrauliche Briefe aus Italien an seine Freunde in Dijon 1739–1740. Übersetzt von Werner Schwartzkopf. München 1918 und 1922. *Seite 25, 130*

Burckhardt, Jacob (1818–1897). Briefe. Vollständige und kritisch bearbeitete Ausgabe, mit Benutzung des handschriftlichen Nachlasses, hergestellt von Max Burckhardt, Dritter Band. Benno Schwabe & Co. Verlag, Basel 1955. *Seite 267*

Butor, Michel (geb. 1926). Paris–Rom oder die Modifikation. Aus dem Französischen von Helmut Scheffel. München 1958. *Seite 10*

Byron, George Gordon Lord (1788–1874). Childe Harolds Pilgerfahrt (Str. 99–105). Übersetzt von A. H. Janert. Byrons Werke. Herausgegeben von Friedrich Brie. Erster Band. Leipzig und Wien o. J. *Seite 254*

Carducci, Giosue (1835–1907). Ausgewählte Gedichte. Übertragen von Otto Haendler. Dresden 1905. *Seite 239*

Carossa, Hans (1878–1956). Aufzeichnungen aus Italien. © Insel Verlag Frankfurt am Main 1948. *Seite 157*

Casanova, Giacomo (1725–1798). Memoiren, Band 3. Nach der Übersetzung von Franz Hessel und Ignaz Ježower bearbeitet von Walter Hess. Ausgewählt und herausgegeben von Ernesto Grassi. Hamburg 1959. *Seite 138*

Cassander, Georg (1513–1566). Text: Kytzler (s. u.). Übersetzung: Hrsg. *Seite 23*

Cellini, Benvenuto (1500–1571). Leben des Benvenuto Cellini. Von ihm selbst geschrieben. Übersetzt von J. W. Goethe. Berlin 1924. *Seite 231*

Celtes, Conrad (1459–1508). Text: Kytzler (s. u.). Übersetzung: Peter Staucher. *Seite 6*

Chateaubriand, Francois-René de (1768–1848). Erinnerungen. Mémoires d'outre-tombe. Herausgegeben, neu übertragen und mit einem Nachwort von Sigrid von Massenbach. München 1968. *Seite 26, 162, 220*

DANTE ALIGHIERI (1265–1321). Die göttliche Komödie. Hölle, 18. Gesang, 25–33. Neu übertragen und erläutert von Richard Zoozmann. Leipzig o. J. *Seite 230*

DICKENS, Charles (1812–1870). Bilder aus Italien. Herausgegeben und ins Deutsche übertragen von Ulrich C.A. Krebs. Frankfurt 1981. *Seite 250*

DUMAS, Alexandre (1802–1870). Der Graf von Monte Christo. Bearbeitung einer alten Übersetzung. Frankfurt 1978. *Seite 147*

DUPATY, Charles Marguerite Jean Baptist Mercier (1746–1788). Briefe über Italien vom Jahr 1785. Aus dem Französischen von Georg Forster. Mainz 1789. *Seite 55*

EICH, Günter (1907–1972). Gesammelte Werke, Band I. © Suhrkamp Verlag Frankfurt am Main 1973. *Seite 132*

EICHENDORFF, Joseph Freiherr von (1788–1857). Aus dem Leben eines Taugenichts. Werke. Herausgegeben von Wolfdietrich Rasch. München ²1959. *Seite 9*

ENNIUS (239–169 v. Chr.) Annales 77 Vahlen. Übersetzung: Peter Staucher, nach Friedrich Leo, Geschichte der römischen Literatur. Berlin 1913. Nachdruck Darmstadt 1967. *Seite 176*

ERASMUS VON ROTTERDAM (1466–1536). Text: Kytzler (s. u.). Übersetzung: Peter Staucher. *Seite 264*

FELLINI, Frederico (1920–1993). Roma. Aus dem Italienischen von Toni Kienlechner. © 1972 by Diogenes Verlag AG Zürich. *Seite 47*

FLAUBERT, Gustave (1821–1880). Correspondance – Deuxième série (1850–1854). Paris 1907. Übersetzung: Patrick Lang. *Seite 33*

FREUD, Sigmund (1856–1939). Der Moses des Michelangelo. Aus: Ders., Gesammelte Werke in 18 Bänden. Band X. Alle Rechte vorbehalten S.Fischer Verlag GmbH, Frankfurt am Main. *Seite 168*

FÜHRICH, Joseph von (1800–1876). Joseph von Führichs Briefe aus Italien an seine Eltern (1827–1829). Freiburg 1883. Abdruck nach SMIDT (s. u.). *Seite 194*

GASS, Karl Eugen (1912–1944). Pisaner Tagebuch. Aufzeichnungen / Briefe. Aus dem Nachlaß eines Frühvollendeten. Herausgegeben und mit einem Nachwort versehen von Paul Egon Hübinger. Heidelberg (Lambert Schneider) 1961. *Seite 119*

GEORGE, Stefan (1868–1933). Sämtliche Werke in 18 Bänden. Hrsg. von der Stefan George-Stiftung, Stuttgart. Band 5: Der Teppich des Lebens und die Lieder von Traum und Tod mit einem Vorspiel. Klett-Cotta, Stuttgart 1984. *Seite 258*

GERNHARDT, Robert (geb. 1937). Ein merkwürdiges Missverständnis im Petersdom. Aus: Gedichte 1954–1997. © 1999 by Haffmans Verlag AG, Zürich. *Seite 224*

Goethe, Johann Caspar (1710–1782). Goethes Vater reist in Italien. »Reise durch Italien« von J. Caspar Goethe. Herausgegeben von Erwin Koppen. Mainz und Berlin 1972. *Seite 6*

Goethe, Johann Wolfgang (1749–1832). Goethes Werke. Hamburger Ausgabe. Band I. Hamburg ⁶1962. Band XI. 51961. *Seite 2, 3, 206, 265*

Grasser, Johann Jacob (1579–1627). Newe und volkomne Italiänische/ Frantzösische/und Englische Schatzkammer: Das ist: Wahrhaffte und eigendtliche Beschreibung aller Stätten in Italia/Sicilia/Sardinia/Corsica/Franckreich/Engelland/und darumb ligenden Provintzen (…). Basel 1609. *Seite 66, 186*

Gregorovius, Ferdinand (1821–1891). (1 und 2) Römische Tagebücher. Herausgegeben von Friedrich Althaus. Stuttgart ²1893. (3) Wanderjahre in Italien, mit einer Einführung von Hanno Walter Kruft, C. H. Beck'sche Verlagsbuchhandlung, München 1967. (4) Die Grabdenkmäler der Päpste. Marksteine der Geschichte des Papsttums. Zweite neu umgearbeitete Auflage. Leipzig 1881. *Seite 35, 42, 70, 116*

Grillparzer, Franz (1791–1872). Sämtliche Werke. Im Auftrage der Stadt Wien herausgegeben von August Sauer und Reinhold Backmann. Zehnter und elfter Band. Gedichte. Erster Teil. Wien 1932. *Seite 78*

Gryphius, Andreas (1616–1664). Gesamtausgabe der deutschsprachigen Werke. Herausgegeben von Marian Szyrocki und Hugh Powell. Band l: Sonette. Band 2: Oden und Epigramme. Tübingen 1963 ff. *Seite 24, 265*

Hadrian (76–138). Scriptores Historiae Augustae, Vita Hadriani 25,9. Übersetzung: Hrsg. *Seite 228*

Harig, Ludwig (geb. 1927). Die Laren der Villa Massimo. Ein römisches Tagebuch. Landau i. d. Pfalz 1986. *Seite 98, 179, 253*

Hebbel, Friedrich (1813–1863). Werke. Herausgegeben von G. Fricke, W. Keller und K. Pörnbacher. Vierter Band. München 1966. *Seite 95*

Hehn, Victor (1813–1890). Italien. Ansichten und Streiflichter von Victor Hehn. Herausgegeben von W. Rehm. Text der Ausgabe Berlin 1879, Nachdruck Darmstadt 1992. *Seite 38, 256*

Heinse, Wilhelm (1746–1803). (1) Sämtliche Werke. Herausgegeben von Carl Schüddekopf. Band 10: Briefe Band 2. Leipzig 1910. (2) Ardinghello und die glückseligen Inseln. Frankfurt o. J. *Seite 112, 156*

Herbert, Zbigniew (geb. 1924). Inschrift. Gedichte. Herausgegeben und übertragen von Karl Dedecius. © Suhrkamp Verlag Frankfurt am Main 1967. *Seite 67*

Heyse, Paul (1830–1914). Gesammelte Werke. 3. Reihe, Band V. Stuttgart/ Berlin o. J. *Seite 69, 95*

Humboldt, Wilhelm von (1767–1835). (1) Werke in fünf Bänden, Band V.

Herausgegeben von Andreas Flitner und Klaus Giel. Darmstadt 1981. (2) Briefe. Auswahl von Wilhelm Rößle. Einleitung von H. Gollwitzer. München 1952. *Seite 28, 180*

HUTTEN, Ulrich von (1488–1523). Ulrichs von Hutten poetische Schriften mit erläuternden Zugaben herausgegeben und mit Anmerkungen versehen von Eduard Böcking. Leipzig 1862. Übersetzung: Hrsg. *Seite 22*

JUNG, Carl Gustav (1875–1961). Erinnerungen, Träume, Gedanken. Aufgezeichnet und herausgegeben von Aniela Jaffé. © 1971 Patmos Verlag GmbH & Co. KG, Düsseldorf. Walter Verlag, Düsseldorf und Zürich. *Seite 14*

KARL ALBRECHT VON BAYERN (1697–1745). Wolfgang Johannes Bekh: Ein Wittelsbacher in Italien. Das unbekannte Tagebuch Kaiser Karls VII. München 1971. *Seite 244*

KASCHNITZ, Marie Luise (1901–1974). (1 und 3) Engelsbrücke. Römische Betrachtungen. 1988 Claassen Verlag Düsseldorf, jetzt München. (2) Gesammelte Werke. Herausgegeben von Christian Büttrich und Norbert Miller. Insel Verlag Frankfurt 1985. *Seite 150, 173, 251*

KESTEN, Hermann (1900–1996). Einleitung zu Nico Jesse, Menschen in Rom. Gütersloh (S. Mohn) 1960. *Seite 60*

KEYSSLER, Johann Georg (1689–1743). Neueste Reisen durch Deutschland, Böhmen, Ungarn, die Schweiz, Italien und Lothringen. Hannover 1751 (neue und vermehrte Auflage). *Seite 118, 145*

KIRCHER, Athanasius (1601–1680). Text: KRANZ (s. u.). Übersetzung: Peter Staucher. *Seite 118*

KÖLLE, Christoph Friedrich Karl von (1781–1848). Rom im Jahre 1833. Stuttgart und Tübingen 1834. *Seite 121*

KOEPPEN, Wolfgang (1906–1997). (1) Der Tod in Rom. © Suhrkamp Verlag Frankfurt am Main 1975. (2) Nach Rußland und anderswohin. Empfindsame Reisen. © Suhrkamp Verlag Frankfurt am Main 1973. *Seite 45, 171*

LESSING, Hermann (1817–1898). Torso und Korso. Aus dem alten und neuen Rom. Berlin 1859. *Seite 140*

LEUTENEGGER, Gertrud (geb. 1948). Roma, Pompa, Loredana. In: Tages-Anzeiger Magazin Nr. 45, 9. November 1985. *Seite 163*

LIVIUS (59 v. Chr.–17. n. Chr.). Fragment 120, bei Seneca d.Ä., Suasoriarum liber 6, 17, 22. Übersetzung: Hrsg. *Seite 75*

MAGNANI, Franca (1925–1996). Rom. Herausgegeben von Sabina Magnani-von Petersdorff und Marco Magnani. © 1998 by Verlag Kiepenheuer & Witsch Köln. *Seite 61, 132*

MALAPARTE, Curzio (eig. Kurt Erich Suckert, 1898–1957). Die Haut. © Stahlberg Verlag, Karlsruhe 1950; alle Rechte vorbehalten S.Fischer Verlag GmbH, Frankfurt am Main. *Seite 259*

MALERBA, Luigi (geb. 1927). Tagebuch eines Träumers. Aus dem Italienischen von Joachim A. Frank. © der deutschen Übersetzung Suhrkamp Verlag Frankfurt am Main 1984. *Seite 205, 225*

MARINO, Giambattista (1569–1625). Text und Übersetzung: KRANZ (s. u.). *Seite 223*

MARTIAL (um 40–102). Epigrammaton liber XII 8,1 f.; Liber spectaculorum, Epigr. 2. Übersetzung: Peter Staucher. *Seite 20, 90*

MELINNO (wohl 2. Jh. v. Chr.). Text: Anthologia lyrica Graeca. Ed. Diehl. Leipzig 1925. Übersetzung: Albert von Schirnding. *Seite 18*

MENDELSSOHN BARTHOLDY, Felix (1809–1847). Briefe aus den Jahren 1830 bis 1847. Herausgegeben von Paul Mendelssohn Bartholdy und Carl Mendelssohn Bartholdy. Leipzig ⁷1899. *Seite 134*

MEYER, Conrad Ferdinand (1825–1898). Sämtliche Werke in vier Bänden. Mit einer Einführung von Robert Faesi. Band 2. Berlin o. J. *Seite 117, 221*

MEYSENBUG, Malwida von (1816–1903). Briefe von und an Malwida von Meysenbug. Herausgegeben von Berta Schleicher. Berlin 1920. *Seite 38*

MIRABILIA URBIS ROMAE (anonym überlieferter Rom-Führer aus dem 12. Jahrhundert). Lateinischer Text in: Cesare D'Onofrio: Visitiamo Roma mille anni fa. La città dei Mirabilia. Roma 1988. Übersetzung: Peter Staucher. *Seite 69*

MISSON, Maximilien (Mitte des 17. Jh. – 1721). Herrn Maximilian Missons Reisen Aus Holland durch Deutschland in Italien. Leipzig 1701. *Seite 108*

MODICK, Klaus (geb. 1951). Das Licht in den Steinen. Roman. © 1992 by Frankfurter Verlagsanstalt GmbH, Frankfurt am Main. *Seite 98*

MONTAIGNE, Michel de (1533–1592). Tagebuch einer Badereise. © by Langen Müller in der F. A. Herbig Verlagsbuchhandlung GmbH, München. *Seite 23, 161*

MORANI-HELBIG, Lili (1868–1954). Jugend im Abendrot. Römische Erinnerungen. Stuttgart 1953. *Seite 82*

MORAVIA, Alberto (1907–1990). Rom: Zerstörte Illusionen. In: Akzente, 24. Jahrgang, Heft 1, Februar 1977. Übersetzung von Paul-W. Wührl. *Seite 49*

MORETTI, Ugo (geb. 1918). Ein Viertelmond für die Liebe (Gente al Babuino). Übersetzt von Wendla Lipsius-Eckstein. Wien 1963. *Seite 136*

MÜLLER, Wilhelm (1794–1827). Rom, Römer und Römerinnen. Eines deutschen Dichters Italienbuch aus den Tagen der Romantik. Neu herausgegeben von Chr. M. Schröder. Bremen 1956. *Seite 76, 115, 125*

NICOLAI, Gustav (1795–1852). Italien wie es wirklich ist. Bericht über eine merkwürdige Reise in den hesperischen Gefilden, als Warnungsstimme für Alle, welche sich dahin sehnen. Leipzig 1834. *Seite 32, 113*

NIEBUHR, Barthold Georg (1776–1831). Lebensnachrichten über Barthold

Georg Niebuhr aus Briefen desselben und aus Erinnerungen einiger seiner nächsten Freunde. Zweiter Band. Hamburg 1838. *Seite 30*

NIETZSCHE, Friedrich (1844–1900). »Ecce homo« und »Also sprach Zarathustra«. Werke in drei Bänden. Herausgegeben von Karl Schlechta. Zweiter Band. © 1994 Carl Hanser Verlag, München/Wien. *Seite 152*

NIZON, Paul (geb. 1929). Canto. © Suhrkamp Verlag Frankfurt am Main 1976. *Seite 51*

OVID (43 v. Chr. – 18 n. Chr.). (1) Fasti 1,85 f. Übersetzung: Peter Staucher. (2) Metamorphosen 15, 624–742. Übersetzung nach: Ovids Werke. Deutsch in den Versweisen der Urschrift. Dritter Band. Metamorphosen. Von R. Suchier. Berlin 1855 ff. Bearbeitung von Peter Staucher. *Seite 66, 190*

PASOLINI, Pier Paolo (1922–1975). Gramsci´s Asche. Gedichte. Italienisch/ Deutsch. Übersetzung von Toni und Sabina Kienlechner. München 1980. *Seite 200*

PETRARCA, Francesco (1304–1374). De rebus familiaribus 2, 14. Übersetzung: Hrsg. *Seite 5*

PICCOLOMINI, Enea Silvio (1415–1464). Text: KYTZLER (s. u.). Übersetzung: Hrsg. *Seite 22*

PLATEN, August Graf von (1796–1835). Platens Werke. Herausgegeben von G. A. Wolff und V. Schweizer. Erster Band. Leipzig/Wien o. J. *Seite 177*

PLAUTUS (um 250–184 v. Chr.). Curculio 467–484. Übersetzung nach: Titus Maccius Plautus. Lustspiele. Deutsch von Dr. Wilhelm Binder. Zwanzigstes Bändchen. Parasit und Kornwurm (Curculio). Stuttgart 1869. Bearbeitung von Peter Staucher. *Seite 74*

PLINIUS der Ältere (23–79). Naturalis Historia 36, 72–73. Cajus Plinius Secundus: Von der Bildhauerei und der Baukunst. Aus der »Historia naturalis«. Kleine Schriften zur Kunst. Neudrucke der Frankfurter Kunstgewerbe-Bibliothek. Herausgegeben von W. Schürmeyer. 6. Band. Frankfurt 1925. *Seite 120*

PLINIUS der Jüngere (ca. 61–113). Epistulae 4, 11, 6–9. Übersetzung: Hrsg. *Seite 76*

POE, Edgar Allen (1809–1849). The Coliseum. In: Gesammelte Werke. Herausgegeben von Franz Blei. Sechster Band. Die Gedichte und Aufsätze. München 1922. *Seite 94*

RABUS, Jakob (ca. 1545–1585). Rom. Eine Münchner Pilgerfahrt im Jubeljahr 1575. Beschrieben von Dr. Jakob Rabus, Hofprediger zu München. Herausgegeben von Karl Schottenloher. München 1925. *Seite 6*

RAEBER, Kuno (1922–1992). Sacco di Roma. Roman. ©1989 by Amman Verlag & Co., Zürich. *Seite 228*

RECKE, Elisa von der (1754–1833). Tagebuch einer Reise durch einen Theil Deutschlands und durch Italien, in den Jahren 1804–1806. Herausgegeben von Hofrath Böttiger. Zweiter Band. Berlin 1815. *Seite 143, 187, 267*

RICHTER, Ludwig (1803–1884). Lebenserinnerungen eines deutschen Malers. Selbstbiographie nebst Tagebuchniederschriften und Briefen von Ludwig Richter. Frankfurt ²1886. Abdruck nach SMIDT (s. u.). *Seite 8*

RIEDLER, Rudolf (1927–1987). Römischer Winter 16. In: Mit den Haien schwimmen. Gedichte und Prosa. München 1983. Mit freundlicher Genehmigung von Elisabeth Feldweg. *Seite 107*

RILKE, Rainer Maria (1875–1926). Werke in drei Bänden. Frankfurt am Main 1966. *Seite 245*

ROSENDORFER, Herbert (geb. 1934). Mitteilungen aus dem poetischen Chaos. © 1991 by Verlag Kiepenheuer & Witsch Köln. *Seite 114*

RÜHMKORF, Peter (geb. 1929). Walther von der Vogelweide, Klopstock und ich. © 1975 by Rowohlt Taschenbuch Verlag GmbH, Reinbek. *Seite 48*

RUSSO, Giovanni (geb. 1925). Rom: Zerstörte Illusionen. In: Akzente, 24. Jahrgang, Heft 1, Febr. 1977. Übersetzung: Paul-W. Wührl. *Seite 261*

SCALIGER, Joseph Justus (1540–1609). Text: KYTZLER (s. u.). Übersetzung: Hrsg. *Seite 264*

SCHACK, Adolph Friedrich Graf von (1815–1894). Gesammelte Werke. Stuttgart 1883. Abdruck nach RIEMERSCHMID (s. u.). *Seite 131*

SCHILLER, Friedrich (1759–1805). Maria Stuart I 6. Sämtliche Werke. Auf Grund der Originaldrucke herausgegeben von Gerhard Fricke und Herbert G. Göpfert in Verbindung mit Herbert Stubenrauch. Zweiter Band: München 1965. *Seite 212*

SCHIRNDING, Albert von (geb. 1935). Giordano. In: Mit anderen Augen. Gedichte. Ebenhausen 1986. *Seite 100*

SCHLÖZER, Kurd von (1822–1894). Römische Briefe 1864–1869. Herausgegeben von Karl von Schlözer. 11. und 12. Auflage Stuttgart/Berlin 1922. *Seite 34*

SENECA (um 4 v.Chr.–65 n.Chr.). Consolatio ad Helviam matrem 6,2–3. Übersetzung: Peter Staucher. *Seite 19*

SEUME, Johann Gottfried (1763–1810). Spaziergang nach Syrakus im Jahre 1802. Herausgegeben und kommentiert von Albert Meier. München 1985. *Seite 27*

STAËL, Germaine de (1766–1817). Corinna oder Italien. Aus dem Französischen übertragen von Dorothea Schlegel. Herausgegeben und überarbeitet von Arno Kappler. München 1985. *Seite 214*

STENDHAL (Henri Beyle, 1783–1842). Römische Spaziergänge. Verdeutscht von Friedrich von Oppeln-Bronikowski und Ernst Diez. Jena 1913. *Seite 57, 92, 104, 162, 207, 212*

SUETON (um 70–140). Caesar 80–82; Augustus 45; 100; 101, 3–4. Übersetzung: Hrsg. *Seite 87, 101, 124*

TACITUS (um 55–120). Annalen 1,38–44. Deutsch von August Horneffer. Alfred Kröner Verlag, Stuttgart 1964. *Seite 164*

TAINE, Hippolyte (1828–1893). Reise in Italien. Aus dem Französischen übertragen von Ernst Hardt. Düsseldorf/Köln 1967. Mit freundlicher Genehmigung von Nicola Greiff. *Seite 182*

THOMSON, James (1700–1748). The Dying Gladiator. Text und Übersetzung: KRANZ (s. u.). *Seite 68*

TRILUSSA (Carlo Alberto Salustri, 1871–1950). Li ricevimenti. In: Trilussa – Tutte le poesie. A cura di Pietro Pancrazi. Milano ⁴1953. Übersetzung: Hrsg. *Seite 150*

VASARI, Giorgio (1511–1574). Künstler der Renaissance. Lebensbeschreibungen der ausgezeichnetsten Maler, Bildhauer und Architekten nach Dokumenten und mündlichen Berichten. Herausgegeben und zusammengestellt von Fritz Schillmann. Wiesbaden/Berlin o. J. *Seite 218*

VERGIL (70–19 v. Chr.). Aeneis 6, 847–853. Übersetzung: Peter Staucher. *Seite 19*

VISCHER, Friedrich Theodor (1807–1887). Briefe aus Italien. Herausgegeben von R. Vischer. München 1907. *Seite 58*

WAIBLINGER, Wilhelm (1804–1830). St. Onofrio. Elegie. In: Oden und Elegien aus Rom, Neapel und Sizilien. Herausgegeben von Eduard Grisebach. Leipzig o. J. *Seite 207*

WILDE, Oscar (1854–1900). Werke in fünf Bänden. Erster Band. Gedichte. Übersetzt von Otto Hauser. Berlin o. J. *Seite 182*

WINCKELMANN, Johann Joachim (1717–1768). Briefe. In Verbindung mit Hans Diepolder herausgegeben von W. Rehm. Erster Band. 1742–1759. Berlin 1952. *Seite 54, 222*

ZOLA, Emile (1840–1902). Rom. Übersetzt von A. Berger. Berlin o. J. *Seite 83, 105, 106, 188, 203, 234*

Textsammlungen (Auswahl)

BRINITZER, Carl (Hrsg.): Deutsche Dichter führen nach Italien. Ein Reise-Handbuch. Mainz und Berlin 1964.

DUDLEY, Donald Reynolds: Urbs Roma. London 1967.

HAUFE, Eberhard (Hrsg.): Deutsche Briefe aus Italien. Von Winckelmann bis Gregorovius. Hamburg 1965.

HECK, Adrian van: Breviarium urbis Romae antiquae. Leiden–Rom 1977.

Jannattoni, Livio (Hrsg.): Roma e i poeti. Caltanisetta/Roma 1960.

Knapp, Margit (Hrsg.): Rom. Eine literarische Einladung. Mit einem Vorwort von Luigi Malerba. Berlin 1996.

Kranz, Gisbert (Hrsg.): Gedichte auf Bilder. Anthologie und Galerie. München 1975.

Kuhn, Dorothea (unter Mitarbeit von Anneliese Hofmann und Anneliese Kunz): Auch ich in Arcadien. Kunstreisen nach Italien 1600–1900. Sonderausstellung des Schiller-Nationalmuseums. Katalog Nr. 16. Stuttgart 1966.

Kytzler, Bernhard (Hrsg.): Roma aeterna. Lateinische und griechische Romdichtung von der Antike bis in die Gegenwart. Zürich und München 1972.

Riemerschmidt, Werner und Karlheinz De Bruyn (Hrsg.): Italien im deutschen Gedicht. München 1943.

Smidt, H. (Hrsg.): Ein Jahrhundert Römischen Lebens. Von Winckelmanns Romfahrt bis zum Sturze der weltlichen Papstherrschaft. Berichte deutscher Augenzeugen. Leipzig 1904.

Wolken, Karl Alfred (Hrsg.): Blick auf Rom. Neue Variationen über ein altes Thema. Gütersloh, o. J.

Einige der in diesem Band abgedruckten Texte, vor allem die Übersetzungen, sind redaktionell bearbeitet. Die Rechtschreibung wurde der heute üblichen angepaßt. Bei einigen älteren deutschen Autoren wurde die ursprüngliche Schreibweise beibehalten. Die Titel stammen im allgemeinen vom Herausgeber.

Wir danken den in den Quellenvermerken genannten Verlagen und Personen für die freundliche Genehmigung zum Abdruck der Texte. Nicht für jedes Zitat war die urheberrechtliche Situation zu klären. Die Rechtsinhaber werden gebeten, sich an den Verlag zu wenden.

Zu den Bildern

Die Fotografien machte Gertrud Leutenegger; einzig das Einbandbild und die Abbildung auf Seite 227 stammen von Ulrich Schmitzer.

Einbandbild

ENGELSBRÜCKE (Ponte S. Angelo, Pons Aelius, zwischen 133 und 134 errichtet) mit Blick auf die Engelsburg. Von Bernini (1598–1680) und seinen Schülern stammen die Engel mit den Symbolen der Passion. Der abgebildete Engel, der das Kleid und die Würfel in seinen Händen trägt, wurde von Pietro Paolo Naldini (1619–1691) geschaffen.

Seite 1

PORTA DEL POPOLO (in der Antike Porta Flaminia) in der Aurelianischen Mauer. Die abgebildete äußere Fassade wurde 1561 wahrscheinlich nach Plänen von Michelangelo gebaut (innere Fassade von Bernini 1655). Durch dieses Tor betraten jahrhundertelang die Reisenden aus dem Norden die Stadt.

Seite 17

Stadtgöttin ROMA aus Porphyr und Marmor, ursprünglich Minerva darstellend, aus der 2. Hälfte des 1. Jahrhunderts, 1588/89 in der Mitte der von Michelangelo entworfenen Freitreppe zum Senatorenpalast aufgestellt.

Seite 37

PIAZZA DEL QUIRINALE. Links der Quirinalspalast, ursprünglich die Sommerresidenz der Päpste, von Gregor XIII. im Jahr 1574 begonnen. Von 1870 bis 1948 Residenz der Könige von Italien, heute Sitz des italienischen Staatspräsidenten. Rechts der Palazzo della Consulta, der von Papst Clemens XII. (1730–1740) als Sitz des päpstlichen Gerichts erbaut wurde; nach 1870 Sitz des Außenministers und heute des Verfassungsgerichts.

Seite 53

Römische Marktfrau auf dem CAMPO DE' FIORI, auf dem seit 1869 Markt abgehalten wird. Das 'Blumenfeld' wurde unter Eugen IV. (1431–47) gepflastert und war bald ein Geschäftszentrum mit vielen Hotels und Osterien. Auf dem Platz wurden auch Hinrichtungen vollzogen.

Seite 65

Die von Michelangelo entworfene Treppe (Cordonata) zum KAPITOLSPLATZ (Piazza del Campidoglio). Im Hintergrund der Senatorenpalast, der auf den Ruinen des antiken Tabularium errichtet wurde; die Fassade stammt von Giacomo Della Porta (1533–1602) und Girolamo Rainaldi (1582–1605).

Seite 73

Blick vom Haus der Vestalinnen (Atrium Vestae) auf die drei Säulen des Tempels der Dioskuren (Castor und Pollux) auf dem FORUM ROMANUM. Der Tempel wurde 484 v. Chr. zur Erinnerung an den Sieg über die Latiner am Regillus-See (499 v. Chr.) eingeweiht. Die Säulen gehören zu einem 6 n. Chr. errichteten Neubau.

Seite 89

KOLOSSEUM. Das Amphitheater wurde an der Stelle eines Teiches im Park des 'Goldenen Hauses' errichtet, das Nero sich nach dem großen Stadtbrand (64 n. Chr.) hatte bauen lassen. Kaiser Vespasian finanzierte den Bau mit den bei der Eroberung von Jerusalem erbeuteten Schätzen, sein Sohn Titus weihte das 'Amphitheatrum Flavium' im Jahr 80 ein. Der Name Kolosseum kommt von einer kolossalen Bronzestatue vor dem Gebäude, die ursprünglich Nero, später dem Sonnengott geweiht war. Die Fundamente der Figur kann man heute noch sehen.

Seite 97

CAMPO DE' FIORI mit dem 1887 von Ettore Ferrari geschaffenen Denkmal für Giordano Bruno, der am 17. Februar 1600 auf diesem Platz verbrannt wurde.

Seite 111

PANTHEON, von Marcus Agrippa, dem Schwiegersohn des Augustus, 27 v. Chr. erbauter Tempel. Der heutige Kuppelbau entstand unter Hadrian zwischen 118 und 125 n. Chr. Die Kuppel hat einen Durchmesser von 43,30 m (zum Vergleich die Kuppel von St. Peter: 42,56 m). Der ursprünglich 'allen Göttern' geweihte Tempel ist das am besten erhaltene antike Bauwerk in Rom. Im Jahr 608 schenkte der byzantinische Kaiser Phokas den Tempel Papst Bonifaz IV., der das Gebäude der hl. Maria und allen Märtyrern weihte (S. Maria ad Martyres). Seitdem gibt es das Fest „Allerheiligen". Im Pantheon sind Raffael und andere Künstler begraben. Die Kirche ist auch die Grablege der italienischen Könige.

Seite 129

Fontana di Trevi, Mündungsbrunnen der von Nikolaus V. (1453) wieder instandgesetzten antiken Aqua Virgo. Die von Agrippa 19 v.Chr. angelegte Wasserleitung endete ursprünglich in der Nähe des Pantheons und versorgte Agrippas Thermen. Die heutige Form erhielt der Brunnen von Nicola Salvi (1732–51, vollendet 1762). Im Vordergrund ein Triton, der eines der beiden Pferde zu bändigen versucht, die den Wagen des Meeresgottes Okeanos ziehen.

Seite 149

Monument auf der Piazza del Quirinale. Das einzigartige Ensemble von Statuen, Obelisk und Brunnen entstand im Lauf von Jahrhunderten. Die sogenannten Dioskuren, die wohl Alexander d. Gr. darstellen, der sein Pferd Bukephalos bändigt, stammen aus den auf der Ostseite des Quirinalsplatzes gelegenen Thermen des Konstantin. Nach den Pferdestatuen wurde der Platz im Mittelalter Monte Cavallo genannt. Sixtus V. veränderte den Platz 1589, indem er die Figurengruppe in die Mitte versetzte und mit einem von der Acqua Felice gespeisten Brunnen schmückte. Pius VI. wandte 1786 die Statuen dem Quirinalspalast zu und stellte den Obelisken vom Augustus-Mausoleum auf. Pius VII. schließlich fügte 1818 die vom Forum stammende Brunnenschale hinzu.

Seite 159

S. Maria Maggiore, eine der vier Patriarchalbasiliken, der Legende nach von Papst Liberius um 358 an der Stelle gegründet, an der es am 5. August 356 geschneit hatte. Die heutige Kirche entstand wohl 432 unter Papst Sixtus III. Die Fassade wurde 1741–43 von Ferdinando Fuga neu gestaltet.

Seite 175

Trauernder Engel auf dem Protestantischen Friedhof (Cimitero acattolico). Nicht-Katholiken wurden seit der ersten Hälfte des 18. Jahrhunderts auf einer Wiese an der Cestius-Pyramide begraben, auf allgemein zugänglichem, öffentlichem Grund. Wilhelm von Humboldt erhielt 1803 von den Konservatoren das Privileg einer Familiengrabstätte auf einem abgegrenzten Platz. 1825 wurde ein neuer Friedhof eingerichtet, der erst 1911 mit dem alten Teil verbunden wurde. Auf dem protestantischen Friedhof sind u.a. John Keats, Percy Bysshe Shelley, Humboldts Söhne Wilhelm und Gustav, Goethes Sohn August, Wilhelm Waiblinger, Christian August Kestner (der Sohn von Goethes Lotte), Malvida von Meysenbug, Gottfried Semper, Hans von Marées und Antonio Gramsci begraben.

Seite 185
Tiberinsel mit der von dem curator viarum (Straßenbauminister) Lucius Fabricius im Jahr 62 v. Chr. erbauten Brücke (Pons Fabricius). Die beiden Bögen waren mit Travertinblöcken verkleidet. Die Ziegelverkleidung geht wahrscheinlich auf das Jahr 1679 zurück.

Seite 197
Bahnhof von Trastevere, 1886 für die Eisenbahn nach Viterbo gebaut.

Seite 211
Petersplatz (Piazza S. Pietro) mit Blick auf die von Bernini 1656–1667 erbauten Kolonnaden, den von Carlo Fontana 1677 errichteten Brunnen und die Kuppel von St. Peter.

Seite 227
Engelsburg (Castel S. Angelo), Mausoleum des Kaisers Hadrian, zwischen 135 und 139 errichtet, von Kaiser Aurelian (270–275) in die Stadtbefestigung einbezogen, seit dem 12. Jh. im Besitz der Päpste, im 15. Jh. zu einer Festung umgebaut; bis 1870 Festung, Papstwohnung und Gefängnis.

Seite 241
Auffahrt zum Pincio. Die Piazza del Popolo wurde von Giuseppe Valadier (1762–1839) neoklassizistisch gestaltet. Die von Valadier entworfenen und von Giovanni Ceccarini 1818–21 ausgeführten Figuren über dem Brunnenbecken stellen die Göttin Roma zwischen Tiber und Anio dar.

Seite 249
Gräber an der Via Appia, der 'Königin der Straßen´, die 312 v. Chr. vom Zensor Appius Claudius erbaut wurde.

Seite 263
Statue in der Villa Borghese, dem von Kardinal Scipione Caffarelli Borghese 1613 bis 1616 angelegten Park.

Ortsregister